# 장애인 평생교육

이복희 유인숙 김정연 변선옥 공저
한국평생교육HRD학회

# LIFELONG EDUCATION FOR PEOPLE WITH DISABILITIES

YANGSEOWON
양서원

# 머리말

장애인 평생교육은 단순한 교육 제공을 넘어, 모든 인간이 존엄성을 기반으로 자신의 삶을 주체적으로 설계하고 실천하도록 돕는 사회적 약속에서 출발한다. 평생교육이 지향하는 '누구나, 언제나, 어디서나'의 학습권은 장애의 유무와 상관없이 보편적으로 보장되어야 하며, 이는 교육·복지·노동·지역사회가 함께 책임져야 할 공동의 과제다. 그러나 현실에서 장애인은 여전히 학습 접근성, 교육 기회의 불평등, 사회적 인식 부족 등 다양한 장벽에 직면하고 있다. 이러한 문제는 장애인 평생교육이 단지 특정 집단에 대한 서비스가 아니라, 사회 전체의 학습 생태계와 직결된 의제임을 다시 확인하게 한다.

2025년 10월 26일 국회 본회의 심의를 통과한 「장애인평생교육법」은 장애인의 평생학습 참여권을 제도적으로 보장함으로써 자립생활과 사회참여를 촉진하고, 이를 통해 삶의 질 향상과 사회통합을 실현하기 위한 목적으로 제정된 법이다.

이렇듯 장애인 평생교육은 이러한 사회적 요구와 시대적 변화 속에서 새로운 정체성을 형성하고 있다. 더 이상 장애인 평생교육은 특별한 대상에게 선택적으로 제공되는 프로그램이 아니라, 사회구성원 모두의 학습권을 보장하는 '보편적 평생학습사회'로 가는 필수 경로로 자리 잡는 것이 필요하다.

이 책은 장애인 평생교육의 철학적 토대에서부터 실제 교육 프로그램 설계와 운영, 정책 분석, 국제적 흐름까지 포괄적으로 다루고자 하였다. 먼저 장애인 평생교육의 의미와 필요성을 통해 평생교육의 가치가 장애인 삶에서 어떤 의미를 갖는지 살폈다.

이어서 장애인 교육의 철학과 학습이론을 기반으로 장애의 이해, 대면 및 원격교육 방법, 프로그램 개발과 교수설계의 원리를 제시하였다. 또한 직업 및 자립교육, 통합교육, 지역사회 연계 방안을 통해 장애인 학습자의 실제 삶과 연결되는 교육의 방향을 모색하였다. 한국 장애인교육의 발전 과정과 정책 변화, 장애인 평생학습도시 사례, 국제 정책 비교는 향후 장애인 평생교육이 나아갈 제도적 기반을 재정립하는 데 중요한 시사점을 제공한다.

공저자들은 각자의 연구 분야와 현장 경험을 바탕으로 장애인 평생교육을 보다 깊이 있고 실천적으로 접근하고자 노력했다. 이 책이 현장에서 장애인 교육을 담당하는 실무자, 정책 입안자, 연구자, 예비 평생교육사와 사회복지사들에게 실질적인 참고자료가 되기를 바란다. 더 나아가 장애인 평생교육이 개인의 삶뿐 아니라 지역사회와 국가의 지속가능성과도 연결된다는 관점에서, 학습권의 평등 실현이라는 공동의 과제를 함께 고민하는 계기가 되기를 기대한다.

장애인은 보호의 대상이 아니라 학습을 통해 성장하고 사회에 기여할 수 있는 주체다. 이 책이 장애인의 배움과 삶이 더 넓게 확장되는 데 작은 디딤돌이 되기를 바라며, 장애인 평생교육의 새로운 장을 여는 데 보탬이 되기를 희망한다.

끝으로, 이 책의 출간에 관심과 애정을 주신 양서원의 박철용 회장님과 직원 여러분에게도 깊은 감사를 드린다. 그리고 이 책의 출간을 위해 격려와 지지로 응원을 해준 한국평생교육HRD학회 회원들과 공동 저자의 가족들에게도 깊은 고마움을 드린다.

2026년 1월

저자 일동

# 차 례

# 01 장애인 평생교육의 개념과 필요성

## 학습개요

장애인 평생교육은 장애인의 전 생애에 걸쳐 학습권을 보장하고, 사회적 통합과 삶의 질 향상을 목표로 하는 교육 활동을 의미한다. 우리나라는 2016년 「평생교육법」 개정을 통해 국가 차원의 장애인 평생교육 지원 체계를 마련하였으며, 2018년 교육부에 장애학생진로평생교육팀, 국립특수교육원에 국가장애인 평생교육진흥센터를 설치하여 정책 기반을 강화하였다.

이러한 정책적 노력은 장애인의 학습권 보장과 사회적 통합 실현(평생교육 백서, 2023)을 위한 필수적 과정이며, 장애인 평생교육은 장애인의 자아실현, 직업능력 개발, 사회참여 확대, 문화·여가 활동 지원 등 삶의 질 전반에 긍정적 영향을 미치는 중요한 교육 체계로 자리 잡고 있다.

이번 장에서는 평생교육의 개념에 기초해 장애인 평생교육을 정의하고, 장애인 평생교육의 개념에 대해 살펴보고자 한다.

## 학습목표

1. 장애인 평생교육의 개념과 필요성을 이해하고, 일반 평생교육과의 차이점을 설명할 수 있다.
2. 장애인 평생교육의 법적 근거와 주요 정책 추진 과정, 국가 및 지방자치단체의 역할을 설명할 수 있다.
3. 장애인의 생애주기별 평생교육 요구와 사회적 통합을 위한 장애인 평생교육의 역할과 중요성을 분석할 수 있다.

# 1 장애인 평생교육

평생교육(lifelong education)은 인간이 일생에 걸친 모든 형태의 학습과 교육활동(수직적 차원)을 포괄하는 개념이며, 학교 교육, 사회교육, 가정교육(수평적 차원) 등 교육이 이루어지는 모든 장소와 형식, 내용을 포함하는 교육 개념이다(김신일, 2008).

평생교육은 개인의 자아실현과 사회적 적응 능력 향상, 그리고 사회 발전을 위해 개인이 전 생애에 걸쳐 지속적으로 학습하고 성장할 수 있도록 지원하는 과정과 체계를 의미한다.

이는 단순히 성인교육이나 보완교육의 개념을 넘어, 태어나서 죽을 때까지 인간이 경험하는 모든 학습을 포함하는 넓은 개념으로, 형식적 · 비형식적 · 무형식적 학습활동을 말한다(UNESCO, 2015).

또한, 평생교육은 개인 삶의 질 향상과 더불어 사회적 통합, 경제적 발전, 민주시민으로서의 역량 함양 등 다양한 사회적 가치 실현에도 이바지하는 중요한 역할을 한다.

따라서 평생교육은 "전 생애에 걸쳐 언제, 어디서나, 누구나 자신의 필요와 관심에 따라 학습할 수 있는 열린 교육체제"라고 설명할 수 있다.

## 1) 평생교육의 개념

평생교육 개념은 세계 여러 나라에서 사용되고 있는데, 평생교육을 의미하는 용어의 포함된 의미에는 다소 차이가 있다. 유럽에서는 평생교육(lifelong education)이라는 용어를 주로 사용하고, 미국에서는 성인교육(adult education), 중국에서는 종생교육, 일본에서는 생애교육이라는 용어를 사용한다. 우리나라는 과거 '사회교육'이라는 용어를 사용하였으며, 1990년대 이후 '평생교육'이라는 용어로 대체되었다.

평생교육의 개념은 광의, 협의의 두 가지 범주로 구분할 수 있는데, 넓은 의미의 평생교육은 학교 교육과 학교 외 교육을 포함하며, 좁은 의미로는 정규 학교 교육에 대비되는 학교 외 교육을 의미한다. 광의의 평생교육은 수직적으로는 태교에서 노인 교육까지를 말하며 수평적으로는 가정·학교·사회에서 이루어지는 모든 교육을 말한다. 「평생교육법」 제2조에서는 '학교 교육을 제외한 모든 형태의 조직적인 교육활동'을 평생교육으로 정의하여 협의의 개념을 택하고 있으나, 최근에는 광의의 개념으로 인식이 넓어지고 있다.

오늘날 평생교육 개념은 유네스코를 기점으로 전 세계로 확장되고 있다. 평생교육 개념은 국가와 사회에 따라 다르게 형성되고 전개되고 있다. 예컨대, 영국의 평생교육은 1950년대부터 1970년대 초까지 낭만주의적 형태로 전개되었으며, 1970년대 중반부터 1980년대와 1990년대까지는 현대주의적 형태로 전개되었고, 1990년대 말부터 새로운 형태로 전개되었다. 이처럼 한 국가 안에서도 시대에 따라 전개되는 평생교육의 실제 모습은 다양하다(Jarvis, 2004).

'평생교육'은 '교육'과 동의어이다. 교육은 원래 평생교육으로 인간의 변화와 성장을 지원하는 인간 삶의 한 영역이다. 인간의 변화와 성장은 한 인간의 출생에서부터 죽음에 이르기까지 전 생애에 걸쳐 이루어진다. 또한, 인간의 성장은 인간이 살고 있는 모든 생활 속에서 이루어진다.

이 같은 인간의 변화와 성장을 돕는 활동이 교육이므로 교육은 한 인간의 전 생애에 걸쳐 이루어져야 하고, 다양한 삶의 영역에서 이루어져야 한다. 그러나 그동안의 학교 중심 교육제도는 아동·청소년이기에 학교에서 집중적으로 교육을 제공하였다. 이는 자연스러운 교육의 모습을 인위적으로 왜곡한 것이라고 할 수 있다.

평생교육은 교육이라는 단어에 평생이라는 접두어가 붙은 단어이다. 굳이 이 말을 사용하게 된 것은 학교 중심 교육이 왜곡시켜 놓은 교육의 본래 모습을 회복하고자 하는 의미를 표방하기 위한 것이다. 학교 중심 교육은 현재와 같이 급변하는 사회적 배경 속에서 사회가 필요로 하고 개인이 요구하는 교육의 역할을 더 이상 충족할 수가 없게 되었다.

인류의 교육사를 살펴보면, 교육의 모습은 사회의 변천과 교육에 대한 사회적 요구를 반영하는 형태로 형성되어 왔다. 현시대는 전통적 학교 중심 교육 형태가 아니라 평생교육 체제로서의 교육 형태가 필요한 시대이다.

평생교육 형태의 교육이란 한 인간의 전 생애에 걸쳐 계속되는 교육이며, 인간 삶의 모든 영역에서 이루어지는 교육이다(이복희 외, 2024).

이 같은 형태의 교육을 선구적으로 주창한 국제기구가 유네스코이다. 1960년대 초반 유네스코는 전 세계의 총체적 교육계획, 정책개발과 미래 실천을 위한 마스터 콘셉트로서 '평생교육'을 선포하였다. 유네스코는 일종의 느슨한 운동과 같은 프로젝트를 시작하였다.

이 프로젝트의 목적은 기존 교육을 현대사회의 전 장면에 전 생애적 과정으로 일상화되어 있고, 심지어는 학교교육(schooling)의 대체재로 여겨지는 '평생교육'으로 교체하는 것이었다. 그들의 핵심 아이디어는 학교 교육을 학습사회의 광범위한 교육 영역의 단지 한 부분으로 재규정하는 것이었다.

사실상 학습사회(learning society)는 전체 교육을 재조직화하는 원칙을 담고 있는 개념이다. 즉, 새로운 학습사회에서 전체 교육의 일부분을 담당하는 학교 교육(schooling)을 대신하여 전체 교육을 재조직하는 원칙을 제시하는 용어이다(UNESCO, 1972).

### 2) 장애인 평생교육의 개념

기술의 급격한 발전으로 인한 사회 변화는 구성원들에게 평생학습의 중요성을 더욱 부각시키고 있으며, 이에 따라 평생교육과 그 교육과정의 가치에 관한 관심이 높아지고 있다. 교육부(2018)는 제4차 평생교육진흥 기본계획(2018~2022)에서 평생교육을 세 가지 측면에서 정의하고 있다. 첫째, 일자리 창출과 성장잠재력 확충 등 성장을 위한 가장 효율적인 투자로서의 역할, 둘째, 양극화 해소를 위한 효과적인 복지정책의 기능, 셋째, 국민의 학습 기본권 보장과 삶의 만족도 제고를 실현하는 중요한 방법으로서의 의미를 강조하고 있다.

2018년 교육부에 장애 학생 진로 평생교육팀, 국립특수교육원에 국가장애인 평생교육진흥센터를 설치하여 정책 기반을 강화한 이후 「발달장애인 권리보장 및 지원에 관한 법률」에 따른 발달장애인 평생교육기관 지정 기준 마련, 장애인 평생학습도시 지정, 장애인 평생교육기관 종사자 인권 교육 의무화 등 제도적 기반이 확충되었다. 특히, 교육부 · 보건복지부 · 고용노동부 등 관계 부처가 합동으로 '장애인 평생교육 활성화 방안(2020~2022)'을 발표하고, 2023년에는 지역 기반의 장애인 평생학습도시 확대, 맞춤형 프로그램 개발, 종사자 역량 강화 등을 추진함으로써 장애인 평생교육의 참여 기회 확대와 질적 수준 향상을 도모하였다.

2000년대 이후, 평생교육 분야에서는 세부적인 정책과 실행에 관한 관심이 증대되었다. 특히, 학점은행제, 평생학습중심대학, 평생학습도시 등 국가 주도의 정책이 시행되면서 이러한 정책들의 정착과 정비에 큰 노력이 기울여졌다. 2010년대 중반 이후부터는 평생교육 수혜자의 다양화에 초점을 맞추어, 지역 및 공동체 문제에 관한 관심이 높아졌으며, 새로운 평생교육 수혜자로서 장애인에 대한 관심도 증가하기 시작하였다.

평생교육 과정과 프로그램의 효용성을 평가하는 데 있어, 여러 가지 평가 준거가 활용된다. 주요한 평가 준거로는 프로그램 전문가의 참여, 프로그램 개발 과정, 프로그램의 분류, 프로그램 내용 및 성격, 프로그램의 이론 및 원리 등이 언급된다. 이는 장애인 평생교육 프로그램 및 교육과정의 가치와 효용성을 검토할 때 중요한 지표로 활용될 수 있다(정미란, 이재준, 2024).

평생교육(lifelong education)은 인간의 생애 전반에 걸쳐 이루어지는 교육활동을 의미하며, 단순히 학교에서의 정규 교육뿐만 아니라 성인이 된 이후에도 지속되는 학습을 포괄한다. 본래 평생교육의 일차적인 관심은 소외된 계층이었다(김두영, 박미진, 정진숙, 2016).

이러한 평생교육의 개념을 장애인에게 적용한 것으로, 장애의 유형과 정도에 따라 맞춤형 학습을 제공하고, 장애인이 사회적 · 경제적으로 자립할 수 있도록 돕는 것을 핵심으로 한다. 특히, 「장애인차별금지법」과 「평생교육법」 등에 따라 장애인도 비장애인과 동등하게 교육받을 권리를 가지며, 이를 실현하기 위한 다양한 제도적 지원을 해야 한다.

장애인 평생교육은 대상만 장애인으로 할 따름이지 일반 평생교육의 개념과 동일할 수밖에 없다. 하지만 굳이 장애인 평생교육을 구분하는 이유는 장애라는 특성으로 인한 추가지원이 필요하기 때문이다. 「UN장애인권리협약」 제24조 '교육받을 권리(The Right to Education)'는 장애인들의 교육과 권리의 상관성을 기반으로 국가 정책적인 합리적 배려 전반을 강조하고 있다. 이는 학령기에서부터 성인기에 이르기까지 생애 전주기에 따른 평생교육 관점을 내포하고 있다(김기룡, 이경준, 2017).

2016년 5월 개정되어 2017년 5월 30일부터 시행된 「평생교육법」 제5조 제2항에 따르면, 국가와 지방자치단체는 장애인이 평생교육의 기회를 부여받을 수 있도록 장애인 평생교육에 대한 정책을 수립 · 시행해야 한다. 모든 국민에게 평생교육이 필요하지만, 장애인에 대한 평생교육은 더욱 강조된다(이동석, 2018).

이처럼 장애인 평생교육은 그동안 주류집단이 아닌 소외집단, 정상집단이 아닌 결함집단, 일반집단이 아닌 특수집단으로 인식되고 대우받아 온 장애인을 대상으로 그들의 삶의 질 제고를 위해 태도, 가치관, 도덕성 등을 함양하고 이들을 효율적으로 개발 · 활용 · 유지 · 관리하는 데 목표를 두어야 하는 교육활동이라고 할 수 있다. 장애 성인 평생교육은 한 인간으로 살아가는 데 요구되는 교육활동이 장애라는 특수한 조건과 양립할 수 있도록 하는 총체적인 활동으로서 전 생애에 걸친 교육이라고도 정의할 수 있다(박경희, 2014).

## 2 장애인 평생교육의 의미와 목적

### 1) 장애인 평생교육의 의미

장애인 평생교육은 장애가 있는 사람이 생애 전반에 걸쳐 자기 잠재력을 실현하고, 사회적 통합을 이루기 위해 수행하는 조직적인 교육활동 전반을 의미한다. 이는 형식적인 학교 교육에 한정되지 않고, 비형식적·무형식적 교육을 포괄하는 전 생애적 학습 과정으로 이해되어야 한다. 즉, 장애인의 평생교육은 개인의 자기 계발을 위한 수단일 뿐 아니라, 직업적 성장과 시민으로서의 사회적 참여를 위한 기반이기도 하다.

류인환 외(2024)는 장애인을 위한 평생교육은 단순히 교육 기회를 제공하는 데 그치지 않으며, 사회적 배제와 불평등을 극복하는 수단으로 기능한다. 특히 장애인은 다음과 같은 이유로 평생교육의 중요성이 더욱 강조된다고 하였다.

첫째, 사회적 장벽의 극복이다. 교육은 장애인이 신체적·사회적 제약을 극복하고, 독립적으로 삶을 영위할 수 있도록 돕는 핵심적인 자원이 된다.

둘째, 기회의 평등 보장이다. 지속적인 학습은 장애인이 경제적·사회적 기회를 공평하게 누릴 수 있도록 하며, 사회구성원의 권리 실현을 가능하게 한다.

셋째, 전환적 삶의 지원이다. 발달, 교육, 취업, 은퇴 등 생애주기마다 필요한 전환기 교육을 통해 지속적인 자립생활이 가능해진다.

이는 단순한 지식 전달을 넘어 장애인의 삶 전반에 긍정적인 영향을 미치는 것을 목표로 하며, 학교 교육을 제외한 성인 장애인이나 그 가족을 대상으로 학력 보완, 기초 문해, 직업 능력 향상, 인문 교양, 문화예술, 시민 참여 등 다양한 형태의 조직적인 교육활동을 포함한다. 장애인 평생교육은 개인의 성장과 역량 개발을 지원하는 동시에 사회적 통합을 촉진하며, 다양한 삶의 영역에서 자율성과 참여를 확대하는 데 이바지한다.

또한 장애인 평생교육기관 관계자를 위한 직무능력 향상 교육과 일반 평생교육 관계자나 비장애인을 대상으로 한 장애이해교육도 함께 추진되고 있다.

한국의 평생교육 프로그램은 7대 영역(기초문해교육, 학력보완교육, 직업능력교육, 문화예술교육, 인문교양교육, 시민참여교육, 성인 진로개발역량 향상교육)을 기준으로 프로그램 분류체계를 규정하고 있으며(국가평생교육진흥원) 그림 1-1 과 같다.

그림 1-1 **평생교육 프로그램 7대 영역**

## 2) 장애인 평생교육의 목적

장애인 평생교육의 목적은 다음과 같이 구체적으로 정리할 수 있다.

**첫째, 자기 계발 및 삶의 질 향상**

장애인의 자아실현을 지원하고 삶의 만족도를 높이는 학습 기회를 제공함으로써, 개인의 전반적인 삶의 질을 향상하는 것을 목표로 한다.

**둘째, 사회참여 및 통합 촉진**

장애인이 지역사회에서 적극적으로 활동하고 다양한 사회적 역할을 수행할 수 있도록 지원하여, 사회통합을 실현하는 데 이바지한다.

**셋째, 직업 능력 개발 및 경제적 자립 지원**

장애인의 경제적 독립을 위해 취업 및 창업을 위한 직업훈련과 경력 개발을 지원하고, 이를 통해 경제활동 참여를 확대한다.

**넷째, 정보 접근성과 디지털 리터러시 강화**

정보화 시대에 장애인의 정보 접근성을 높이고, 온라인 학습 및 디지털 활용 능력을 강화하여 정보격차를 해소하고 시대 변화에 적응할 수 있도록 한다.

**다섯째, 문화 · 예술 및 여가 활동 지원**

장애인의 정서적 안정과 창의성 계발을 위해 문화 · 예술 및 여가 활동 참여 기회를 확대하고, 풍요로운 삶을 누릴 수 있도록 지원한다.

이러한 목적을 달성하기 위해 장애인 평생교육은 단순히 교육 프로그램 제공에 그치지 않고, 장애에 대한 사회적 인식 개선과 지역사회의 적극적인 참여를 유도하는 노력을 병행해야 한다. 장애인과 비장애인이 함께 살아가는 사회를 구현하기 위해서는, 비장애인의 장애 이해 증진과 통합교육에 대한 사회적 인식 변화 또한 필수적으로 요구된다(김두영, 2022).

## 3 장애인 평생교육의 필요성

장애인은 비장애인과 같이 인간으로서 교육받을 권리와 삶의 질을 보장받아야 하며, 장애인을 위한 교육적 지원을 강화하기 위해 전 생애에 걸친 평생교육 서비스 제공 체제 구축의 필요성이 점차 커지고 있다. 「평생교육법」, 「장애인 등에 대한 특수교육법」, '제5차 평생교육진흥 기본계획(2023~2027)'은 장애인 평생교육 지원의 관련 근거를 밝히고 있으며, 국립특수교육원 내 국가장애인 평생교육진흥센터가 설립되어 장애인 평생교육 정책을 추진할 수 있는 체계를 마련하였지만, 평생교육을 통해 다양한 학습 경험을 활용할 수 있는 제도가 장애인 학습자에게는 정보 접근 제약이나 시스템 미비로 이에 따른 대책 마련이 시급하다(최진혁 외, 2024). 또한 장애인에게 평생교육은 급변하는 현대사회에 효과적으로 적응할 수 있는 역량을 키우고, 사회적 통합을 실현할 수 있는 중요한 수단으로서 그 가치가 더욱 강조되고 있다(윤점룡 외, 2010).

2007년 전부 개정된 「장애인 등에 대한 특수교육법」 제33조와 제34조는 장애인 평생교육의 법적 근거를 마련하였으나, 장애인 평생교육 과정의 실시 장소를 각급 학교로 제한하고, 별도의 장애인 평생교육시설도 학교 형태의 교육만 제공하도록 규정하여 장애인의 다양한 평생교육 수요를 충분히 반영하지 못한다는 비판을 받아왔다. 또한, 제33조에서는 평생교육기관, 국가평생교육진흥원, 시·도 평생교육진흥원의 역할을 규정하고 있으나, 이들 기관이 「평생교육법」에 따라 운영되기 때문에 해당 법률을 적용하여 장애인 평생교육의 모든 여건을 조성하기에는 한계가 있다(김삼섭 외, 2019).

장애인의 평생교육 참여율은 전체 장애인의 1%에도 미치지 못하며, 최소한의 학교 교육을 받지 못한 장애인이 전체의 40%를 초과하고 있다. 특히, 발달장애인이 낮에 이용할 수 있는 평생교육기관의 부재는 장애인 당사자, 가족, 단체 등이 평생교육 권리보장을 요구하는 옹호 활동으로 이어졌다.

이러한 요구는 교육청 차원의 장애인 야학 지원 대책 마련, 관련 조례 제정을 통한 발달장애인을 위한 별도의 평생교육시설 설립 등 지방자치단체의 평생교육 여건 조성에 이바지했다.

그러나 이러한 노력은 국가 차원의 평생교육 여건 개선으로 이어지지 못했다. 장애인 단체의 적극적인 활동과 일부 지방자치단체의 대응으로 인해 특정 지역에서는 평생교육이 제공되고 관련 시설이 확충되는 성과가 있었으나, 전국적 수준의 평생교육 여건 향상으로는 연결되지 못했으며, 지역 간 격차는 오히려 심화하였다(김기룡 외, 2023).

2023년 말 기준, 등록장애인은 264만 2,000명으로 전체 인구의 5.1%를 차지하며, 65세 이상 장애인의 비율은 53.9%로 지속해서 증가하고 있다(보건복지부, 2024).

이러한 상황을 개선하기 위해서는 국가 차원의 종합적인 정책 마련과 지역 간 균형이 있는 평생교육 기회 제공이 필요하다. 김두영(2022)은 장애인을 '느린 학습자'로 정의하며, 이들은 보고 듣는 과정, 신체적 움직임, 그리고 이해 과정에서도 전반적으로 더딘 특성이 있다. 이에 따라 장애인은 12년의 공교육을 마친 이후에도 지속적인 교육이 필요하며, 이러한 교육은 공교육 차원에서 적극적으로 지원되어야 한다고 강조한다. 특히 발달장애인의 경우, 공교육 종료 후 지속적인 교육적 지원이 이루어지지 않으면 그동안 습득한 기능과 기술을 상실할 위험이 커지므로 장애인에게는 12년의 공교육 이후에도 계속 교육의 관점에서 평생교육의 체계적이고 적극적인 지원이 절실히 요구된다고 하였다.

장애인 평생교육은 이들의 전 생애에 걸쳐 교육적 요구를 충족시키는 장으로서, 통합된 사회에 적응하고 독립적인 생활을 영위하며 일상생활에서 직면하는 문제를 해결하는 데 중요한 역할을 한다(김동일, 2018: 조창빈, 2018). 특히, 발달장애인의 경우 인지 능력과 의사소통 능력의 제한으로 인해 지역사회에서 일상생활 수행 및 사회적 상호작용에 어려움을 겪으므로, 생애주기에 따른 지속적인 지원이 더욱 필요하다(김동일 외, 2020).

장애인 평생교육의 필요성은 다음과 같은 여러 측면에서 강조된다. 국가평생교육진흥원(2019) 연구에서 제시된 필요성은 다음과 같다.

첫째, 개인 삶의 질 향상과 사회적 통합 측면이다. 장애인도 비장애인과 마찬가지로 교육을 받을 권리가 있으며, 이는 인간다운 삶과 사회참여를 위한 필수 조건이다. 평생교육은 장애인이 급변하는 현대사회에 적응하고, 사회적 통합을 이루는 데 중요한 역할을 한다.

둘째, 전 생애적 지원의 필요성 측면이다. 장애인은 개인마다 고유한 지적, 정서적, 신체적 특성과 요구를 지니고 있으며, 발달 속도와 형태가 비장애인과 다를 수 있다. 따라서 이들의 전 생애에 걸친 지속적인 교육 지원의 필요성이 증대되고 있다.

셋째, 고등교육 및 평생교육에 관한 관심 증대 측면이다. 장애인의 대학 진학률 증가로 인해 고등교육과 평생교육 전반에 관한 관심이 높아지고 있다. 이에 따라 지역사회 기반 평생학습기관뿐만 아니라 고등교육기관의 역할이 중요해지고 있다.

넷째, 정책적 지원과 제도적 기반 마련이다. 장애인 평생교육의 활성화를 위해서는 국가 및 지방자치단체의 재정 지원과 제도적 기반이 필요하다. 이는 장애인 삶의 질 향상과 사회참여를 촉진하는 데 이바지할 것이다.

이러한 이유로 장애인 평생교육의 추진은 필수적이며, 이를 통해 장애인의 전 생애에 걸친 학습권 보장과 사회적 통합을 실현할 수 있다.

### 연구문제

1. 장애인 평생교육 프로그램의 질적 개선을 위한 평가 준거를 만들어 보시오.
2. 장애인 평생교육 정책 수립 및 실행 과정에서 중앙정부와 지방자치단체의 역할 및 협력 방안에 대해 생각해 보시오.
3. 장애인 평생교육 필요성에 대해 논하여 보시오.

## 실습가이드

- **팀 구성**: 3~5인(1팀)
- **진행 시간**: 50분 권장
- **참고 자료**: 공공 정책자료, 유네스코 보고서, 지역 평생교육 사례 등
- **제출 형식**: 발표 자료(PPT), 보고서 또는 포스터 형태 가능

| 주제 | 핵심 활동 | 팀 토의 질문 예시 | 산출물 예시 |
|---|---|---|---|
| 장애인 평생교육 프로그램 평가 준거 개발 | 평가 기준 및 세부 지표 5가지 이상 개발 | 1. 프로그램 질 판단 요소는?<br>2. 유형별 평가? | 평가 기준표 적용 사례 예시 개선 제안 |
| | | | |

장 애 인 평 생 교 육

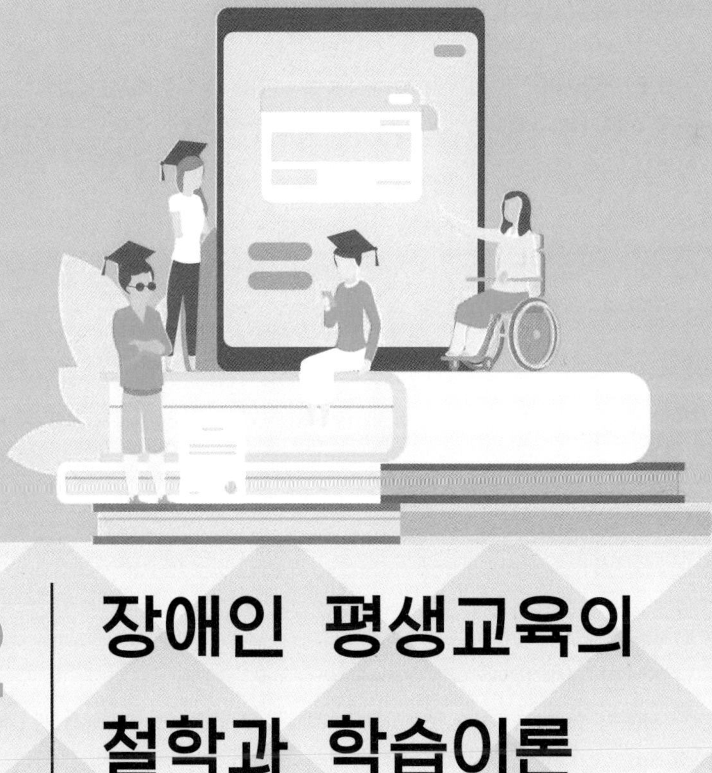

# 02 장애인 평생교육의 철학과 학습이론

## 학습개요

오늘날 평생교육은 모든 사람에게 열려 있는 학습의 권리이자 삶의 질을 높이는 사회적 기반으로 자리 잡고 있다. 그러나 현실 속에서 장애인은 여전히 교육의 주변부에 머물러 있으며, 그들의 학습권은 종종 '배려'나 '특수한 지원'의 문제로 축소되어 이해된다. 장애인의 평생교육을 바라보는 철학적 성찰은 단순히 교육의 기회를 제공하는 차원을 넘어, 인간의 존엄과 평등, 그리고 사회적 정의를 실현하는 과정과 연결된다. 또한 장애인 평생교육은 단순한 기술 습득이나 지식 습득을 넘어, 장애인의 삶의 질을 향상시키고 사회적 포용을 실현하는 데 중요한 역할을 한다. 국민이면 누구나 평생교육을 받을 권리를 보장하고 있다. 이는 인간의 존엄성과 평등을 기반으로 하며, 장애를 가진 모든 개인이 자신의 삶을 주도적으로 설계할 수 있도록 돕는 것을 목표로 한다. 이러한 교육이 효과적으로 이루어지기 위해서는 철학적 토대와 학습이론에 대한 깊은 이해가 필수적이다. 이 장에서는 철학적 관점에서 장애인 평생교육의 방향성과 가치를 탐색하고 이를 실천하는 데 필요한 학습이론을 조망하고자 한다.

## 학습목표

1. 장애인 평생교육에 있어 철학의 중요성을 설명할 수 있다.
2. 장애인 평생교육에서 학습이론을 적용한 사례를 2가지 이상 들 수 있다.
3. 인본주의 학습이론을 적용한 장애인 평생교육의 기대효과를 설명할 수 있다.

# 1 장애인 평생교육의 철학과 가치

## 1) 장애인 평생교육의 철학과 가치 중요성

장애인 평생교육은 인간의 존엄성과 평등을 바탕으로 모든 사람이 배움의 기회를 가져야 한다는 신념에서 출발한다. 장애를 가진 개인도 사회의 일원으로서 자아실현과 사회 참여를 위한 교육을 받을 권리가 있으며, 이를 보장하는 것이 평생교육의 중요한 역할이다. 특히, 미국 성인교육의 철학적 기초를 세운 린드만(Lindeman)은 "교육은 인생 그 자체다. 삶 전체는 곧 학습의 과정이다. 따라서 교육은 끝이 없다"라고 강조했다. 이는 장애를 가진 성인에게도 해당되며, 장애인의 교육은 특정 시점이나 훈련에 국한되지 않고 삶 전체를 포괄하는 지속적 과정으로 이해될 수 있다. 따라서 장애인 평생교육이 어떠한 철학적 기초 위에서 가능하며, 그 속에 담긴 핵심 가치가 무엇인지를 탐구하는 것은 매우 중요하다. 이는 곧 '누구를 위한 교육인가'라는 근본적인 질문과 맞닿아 있다. 교육은 정상성과 비정상성의 구분을 강화하는 장치가 아니라, 차이를 인정하고 공존을 가능하게 하는 삶의 장이 되어야 한다.

## 2) 장애인 평생교육적 철학과 가치

### (1) 교육받을 권리

모든 사람은 존엄한 존재이며, 장애 여부와 관계없이 동등한 교육 기회를 가져야 한다. 교육을 통해 장애인은 사회 활동에 적극적으로 참여할 수 있으며, 비장애인과의 상호작용을 통해 더 포용적인 사회를 만드는 데 기여한다.

인간은 평생교육을 통하여 끊임없이 발전하여야 하며, 교육권은 발달기에 한하여 「헌법」이 보장하는 권리가 아니라 국민이면 누구나 평생교육을 받을 권리를 보장하고 있다. 특히, "「장애인 등에 대한 특수교육법」은 과거 학령기 아동에게 제한적으로 적용했던 특수교육법의 범위를 고등교육 및 평생교육의 영역까지 확장시켰다는 데 중요한 의미를 갖는다(강대옥 외, 2017).

송섬별(2024)은 "나는 점점 보이지 않았습니다"의 번역서에서 삶의 감각으로 이야기한 장애의 세계에 대해서 장애를 가진 몸에 조금이라도 상상할 수 있었던 것은 극장을 비롯해 여러 상황을 고려한 베리어프리[1] 공연을 지속적으로 시도하는 창작들 덕분이었다고 하였다.

이와 같이 장애인 평생교육은 모든 학습자가 자신의 능력과 잠재력을 최대한 발휘할 수 있도록 하는 핵심 가치가 중요하다.

### (2) 느림의 성장

장애인 평생교육에서 중요한 것은 단기간의 성취가 아니라 느리더라도 의미 있는 성장이다. 작은 변화라도 발견하고 축하하는 과정이 교육의 본질이다. 장애인 학습자는 각자 고유한 속도로 학습하고 성장하며 속도를 존중해야 한다. 이는 평생교육의 개념과도 맞닿아 있다. 한 번 배우고 끝나는 것이 아니라 평생동안 배움이 지속되는 과정이기 때문이다(김두영, 2024).

### (3) 자기 결정(Self-Determination)과 자율성

장애인이 자신의 삶을 주체적으로 선택하고 결정할 수 있도록 지원해야 한다. 자기 결정 기술에는 선택하기, 결정하기, 문제 해결, 목표설정, 및 달성, 독립성, 자기 인식 및 자기 지각 등이 포함된다(Wehmeyer, 1996).

장애인 교육에서 흔히 빠지는 함정은 보호에 치우치는 것이다. 장애인 평생교육은 보호가 아니라 자립과 자기 결정권을 확장하는 과정이어야 한다.

발달장애인은 자신의 일상을 스스로 결정할 수 있도록 돕는 것이 핵심이며 장애

---

1) 배리어프리(Barrier-Free)는 장애인 및 노인 등 사회적 약자들이 편하게 살아갈 수 있게 물리적인 장애물, 심리적인 벽 등을 제거하자는 운동 및 정책이다.

인에게 단순한 정보 제공을 넘어 스스로 탐색할 수 있는 능력을 길러주는 것이 중요하다. 이를 위해 자기 주도 학습 역량을 강화하고, 개인의 필요와 관심을 반영한 맞춤형 교육을 제공하는 것이 중요하다.

### (4) 사회적 통합과 참여

장애인 평생교육은 단순한 지식 전달을 넘어, 사회 참여와 직업 능력 개발을 지원하는 방향으로 이루어져야 한다. 이를 통해 장애인이 지역사회에서 적극적으로 활동하며 경제적 · 사회적 자립을 이룰 수 있도록 해야 한다(김두영, 2024).

또한 교육은 단순한 지식 전달이 아니라 사회적 관계를 형성하고 함께 살아가는 과정이다. 장애인과 비장애인이 함께 학습할 수 있는 환경을 만들어야 하며 교육의 목표가 단순한 기술 습득이 아니라 사회적 소통과 관계 확장으로 이어져야 한다.

교육을 통해 장애인은 지역사회 활동에 적극적으로 참여할 수 있으며, 비장애인과의 상호작용을 통해 더 포용적인 사회를 만드는 데 기여한다.

이에 사회는 교육을 통해 장애인이 세상 속에서 자신의 역할을 찾고 당당히 살아갈 수 있도록 해야 한다.

### (5) 전 생애적 학습(Lifelong Learning) 학습권 보장

평생교육은 유아기부터 노년기까지 전 생애에 걸쳐 지속되어야 한다. 우리나라에서 장애인 교육은 장애를 가리키는 광의의 개념으로 맹인이라는 명칭이 사용되었던 삼국시대에서 찾을 수 있다(박원희, 2009). 평생교육만 받다가 일생을 마감한다고 하더라도 그 교육의 결과를 어떤 소득활동이나 생활에 활용하지 못한다고 하더라도 학습권은 권리이며, 소득과의 관계가 아니라 생각과 생활에서 어느 정도 활용도가 있었는가의 차이지 효과가 있고 없고의 차이는 결코 있을 수 없다(강대옥 외, 2017).

그리고 수준이 아닌 기본적 생활을 위한 교육은 더욱 기초적이고 중요하다. 따라서 사회에 적응하기 위하여 장애인의 학습은 특정 시기에 국한되지 않고, 전 생애에 걸쳐 지속되어야 한다. 누구나 평생 배울 권리를 가진다는 원칙을 실천함으로써 교육에서의 차별을 없애고, 사회적 정의를 실현하는 데 기여한다.

이러한 철학과 가치는 장애인 평생교육을 실천하는 과정에서 핵심적 지침이 되며, 궁극적으로 장애인의 삶을 더욱 풍요롭게 만드는 데 기여한다.

## 2 주요 학습이론

이 절에서는 철학적 관점에서 장애인 평생교육의 방향성과 가치를 실천하는 데 필요한 학습이론을 살펴보고자 한다.

### 1) 행동주의 학습이론

행동주의 학습이론은 자극(S: stimulus)과 반응(R: response)의 연계에 기초하여, 장애인 평생교육 현장에서도 학습경험의 설계와 실천에 중요한 시사점을 제공하는 이론이다.

#### (1) 행동주의 학습이론의 개념

손다이크(Thorndike, 1913)는 행동주의 학습이론가 중 가장 일찍이 알려진 학자로 자극과 반응의 S-R 이론을 통해 학습을 이해하려는 시도를 하였다. 그는 특히 시행착오(trial and error) 이론을 주창하여 학습이 시행착오를 거치면서 일어나게 된다고 주장하였으며, 자신의 이론을 뒷받침하기 위한 세 가지 학습법칙을 제시하였다.

첫째, 효과의 법칙(law of effect)으로 학습자는 만족스러운 결과가 기대되는 반응을 기억하고 습득한다.

둘째, 실행의 법칙(law of effect)으로 의미 있는 관계를 반복적으로 경험한 결과로써 실질적인 학습이 이루어진다.

셋째, 준비성의 법칙(law of readiness)으로 학습자가 학습할 준비가 되어 있지 않으면 학습에 방해를 받지만, 학습할 준비가 되어 있으면 학습을 위한 강화를 받는다는 법칙이다. 특히 손다이크는 효과의 법칙을 통해 학습자로 하여금 학습에 대한 만족감을 경험하도록 하는 것이 중요하다는 사실을 알려주었다.

파블로브(Pavlov)는 조건자극에 대한 조건반응의 결합이라는 개념에 기초한 고전적 조건화(classical conditioning) 이론을 제시하였다. 파브로브의 이론을 통해 장애인학습자들이 인정받지 못하던 기억으로 인하여 자발적인 학습참여를 주저하게 된다는 시사점을 생각할 수 있다. 스키너(Skinner)는 학습에 강화(reinforcement)의 개념을 도입한 그의 조작적 조건화(operant conditioning) 이론을 통해 행동주의 학습이론의 새로운 도약에 커다란 기여를 하였다. 조작적 조건화 이론에서는 특정 행동이나 반응을 더욱 빈번하게 일어나도록 하는 자극이나 보상으로써 강화의 역할이 특히 강조된다(이복희 외, 2023).

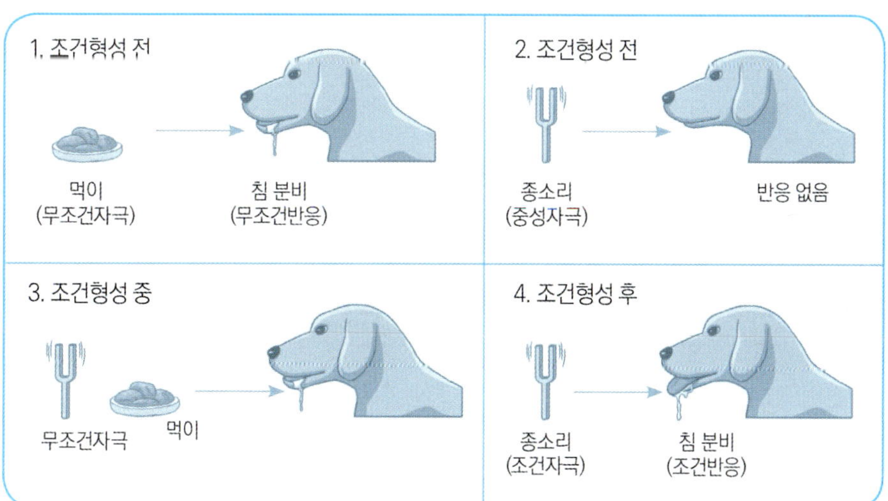


그림 2-1 파블로브의 실험

### (2) 장애인 평생교육에서 행동주의 학습이론의 적용

장애인 평생교육에서는 개별 학습자의 특성과 요구를 반영하여 행동주의 원리를 활용할 수 있다.

- 강화(Reinforcement) 활용을 한다.
  - 긍정적 강화: 목표 행동이 나타날 때 보상(예: 칭찬, 간식, 휴식시간 증가) 제공
  - 부정적 강화: 바람직한 행동을 했을 때 불편한 자극 제거(예: 과제 감소)
- 개별화 교육(Individualized Instruction)을 진행한다.
  - 장애인의 특성에 맞춰 난이도를 조정하고, 학습 속도를 개별적으로 설정하여 쉬운 단계에서 어려운 단계로 점진적 학습 진행
- 반복 학습과 연습(Drill & Practice)의 학습을 제공한다.
  - 기본적인 일상생활 기술(예: 식사 예절, 대중교통 이용법 등)을 반복적으로 연습
  - 학습한 내용을 실생활에서 적용할 수 있도록 체험학습 제공
- 즉각적인 피드백 제공을 한다.
  - 즉각적인 보상과 피드백을 통해 올바른 행동을 강화하거나 오류를 수정할 수 있도록 명확한 지침 제공
- 행동수정 프로그램 활용을 한다.
  - 문제 행동을 감소시키기 위한 행동 치료 기법 적용(예: 체계적 소거, 대체 행동 강화 등)

### (3) 장애인 평생교육에서의 기대 효과

행동주의 학습이론을 적용한 교육은 장애인의 자립생활 능력 향상, 사회적응력 강화, 직업 기술 습득 등에 긍정적인 영향을 미칠 수 있다. 또한, 보상과 피드백을 활용한 동기 유발을 통해 학습 지속성을 높일 수 있다.

또한 행동주의 학습이론은 장애인 평생교육에서 효과적인 학습 환경 조성, 일상생활 기술 습득, 사회적응 능력 향상을 위해 활용될 수 있으며, 개별화된 학습 프로그램과 강화 기법을 적절히 적용하면 장애인의 학습 효과를 극대화할 수 있다.

## 2) 구성주의 학습이론

### (1) 구성주의 학습이론의 핵심 개념

구성주의 학습이론에서 보는 학습이란 학습자가 실제 사회문화적 환경 속에서 자신만의 독자적인 경험과 인지구조에 의해 구성된 독특한 정신 모형을 바탕으로, 외부 세계와의 부단한 상호작용을 통해 자신에게 의미 있도록 지식을 구축해 나가는 과정이다(권대봉, 1999: 69 재인용). 즉 학습자가 자신의 경험으로부터 지식을 구성하며 관점을 재조정하게 된다고 인식한다.

사회적 구성주의 학자라 할 수 있는 칸디(Candy, 1991)는 구성주의적 관점들이 평생교육에서 적용될 수 있는 방법에 대해 연구하였으며, 또한 구성주의적 이론은 자기주도성의 개념과 조화를 이루어 구성주의적 이론의 적용이 늘고 있는 추세이다. 이는 학습자의 활동적 탐구, 독립성 및 학습과제에서의 개별성 등이 자기 주도 학습의 특성과 관련 있다고 보았기 때문이다(권두승, 2000). 또한 구성주의 이론은 비판적 사고능력 및 의미의 창출을 중시하는 전환학습론과도 연관이 있다.

구성주의 학습이론에서 학습자는 능동적 · 창의적 · 자기 주도적이며, 학습에 대한 스스로의 책임을 중시하며, 교수자는 학습자의 학습을 위해 조력함은 물론 촉진시키는 역할이 강조된다. 구성주의 이론에서는 학습자에게 더 많은 선택권과 자율권이 주어지므로 교수자 주도의 개발과 제시의 학습 방식은 권장하지 않는다.

구성주의에서 보는 학습자는 외부 세계에 존재하는 실재의 본성을 자신의 경험에 비추어 의미 있게 구성하는 과정을 통해 학습이 일어나며 자신의 학습목표 달성도를 탐색하게 된다. 또한 구성주의는 현실의 상황 속에서 실재적인 문제 상황을 다루며, 학습자들끼리의 상호작용을 통한 협동학습을 강조한다. 특히 자기 주도 학습의 핵심 개념인 학습자 개인의 독립성, 개별성 그리고 적극적 탐구 자세가 그것이라 할 수 있다. 칸디가 제시한 자기 주도 학습과의 연계 이외에도, 구성주의 영향을 받은 성인학습의 영역이 적지 않다. 예를 들어 근래 기업교육 분야에서 부각되고 있는 문제 해결 학습은 체험학습(action learning) 또는 성찰적 체험학습(action reflection learning)

과 비슷하며(강인애, 2006), 어떤 분야의 전문가가 문제를 해결하는 과정을 보고 학습하게 되는 인지적 도제학습이나 현장교육(OJT: on the job training) 역시 구성주의의 영향을 받은 분야라 하겠다(권대봉, 1999). 그러나 학습자 자신이 지식을 구성한다는 학습자 중심 교육을 강조하는 구성주의 학습이론의 주장은 목적 지향적인 교수자 활동에 대하여 회의적이라는 비판을 받고 있으며, 이에 대한 더 많은 검증이 필요할 것으로 보인다.

### (2) 장애인 평생교육에서 구성주의 학습이론의 적용

- 장애인은 각자의 경험과 사회적 환경 속에서 의미를 구성해 나가기 때문에, 지식의 일방적 전달이 아닌 경험 기반 학습이 중요하다.
- 실생활과 밀접한 학습 환경을 제공하여 장애인이 자기 주도적으로 학습하고 문제를 해결할 수 있도록 지원해야 한다.
- 사회적 상호작용과 협력 학습을 통해 장애인 학습자가 지역사회와 적극적으로 연결될 수 있도록 한다.
- 보조공학과 맞춤형 교수법을 활용하여 각 학습자의 필요를 반영한 개별화 교육을 실현한다.

이렇듯 구성주의 학습이론을 장애인 평생교육에 적용하면, 장애 학습자의 자기결정권을 존중하면서도 실질적인 삶의 질 향상을 위한 학습 환경을 조성할 수 있다.

### (3) 구성주의 학습이론 적용의 교육방법

① 문제 해결 중심 학습(Problem-Based Learning, PBL)

장애인 학습자가 현실적인 문제를 해결하는 과정을 통해 학습할 수 있도록 한다. 예를 들면 일상생활에서 겪는 어려움을 해결하는 프로젝트 수행(예: 금융 이해력 향상을 위한 가계부 작성 프로젝트) 등이다.

② 협력 학습(Cooperative Learning)

또래 학습자나 교사, 전문가와의 협력을 통해 지식을 구성할 수 있도록 한다. 예를 들면 장애인과 비장애인이 함께 참여하는 토론과 협력 프로젝트 등이다.

③ 학습자 맞춤형 교육(Differentiated Instruction)

개별 학습자의 특성과 필요에 맞춘 학습 환경을 제공한다. 예를 들면 학습자의 장애 유형에 따라 다양한 교수법(텍스트, 음성, 영상, 촉각 자료 등)을 활용하는 것이다.

④ 실천 공동체(Learning Community) 활용

학습자가 자신의 경험을 공유하고, 피드백을 주고받으며 성장할 수 있는 공동체를 형성한다. 예를 들면 장애인 평생학습 동아리, 직업 훈련 네트워크, 온라인 학습 커뮤니티 운영이다.

⑤ 보조공학(Assistive Technology)과 디지털 학습 활용

장애 특성에 맞춘 디지털 도구와 보조기술을 활용하여 학습 접근성을 높인다. 예를 들면 인공지능(AI) 기반 음성 인식 기술, 증강현실(AR)·가상현실(VR) 활용 학습이다.

### 3) 인본주의 학습이론

인본주의 학습이론은 인간의 자율성, 자아실현, 내적 동기를 강조하는 학습이론으로, 장애인 평생교육에서 개별 학습자의 존엄성과 잠재력 개발을 중요하게 여기는 교육 철학과 밀접하게 연결된다.

인본주의 학습이론은 학습자가 교육과정의 중심에 있으며, 교수자는 학습의 촉진자 역할을 하는 것이라고 봄으로 학습자 자신이 발견해 나가는 과정을 통해 학습이 이루어진다고 여긴다. 또한 인간은 선천적으로 학습 욕구를 지니고 있으며 잠재력을 지닌 것으로 본다(Elias & Merriam, 1980).

인본주의 이론가들은 학습자들의 선천성과 잠재력이 잘 발휘되도록 교수자와 학습자 간의 노력, 사회적 환경, 가르침에 대한 인식 변화가 중요하다고 하였다. 또한 학습을 함에 있어 학습자의 자유와 책임을 강조하며 특히 인간의 감정과 정의적 측면을 중요시한다. 인본주의적 관점에서는 외적 행동의 변화나 내적 인지 과정의 발달보다 인간의 성장 잠재력을 강조한다.

### (1) 인본주의 학습이론의 개념

인본주의 학습이론은 학습자가 주체적으로 의미 있는 학습을 경험하며 성장할 수 있도록 돕는 것을 목표로 한다. 주요 학자와 개념은 다음과 같다.

① 매슬로우(Maslow)의 욕구 위계 이론

인간은 생리적 욕구 → 안전 → 애정/소속 → 자존감 → 자아실현의 단계로 성장한다. 학습은 '자아실현(self-actualization)'을 위한 필수 과정으로 장애인도 자아실현의 기회를 가질 권리가 있으며, 교육을 통해 자기 잠재력을 실현해야 한다.

② 로저스(Rogers)의 인간 중심 학습

학습자는 스스로 성장할 능력을 가진 존재이다. 학습은 강요가 아닌 내적 동기와 경험을 바탕으로 자발적으로 이루어져야 하며, 교수자는 학습자의 감정과 개별적 요구를 존중하는 촉진자(facilitator) 역할을 해야 한다.

### (2) 장애인 평생교육에서 인본주의 학습이론의 적용

① 학습자 중심 교육

- 장애인의 개별적 특성과 흥미, 목표를 반영한 맞춤형 학습 제공
- 학습자의 자율성을 존중하고, 강압적이거나 획일적인 교육을 지양

② 자기 결정권(Self-determination) 강화

• 장애인이 자신의 학습목표를 설정하고 선택할 수 있도록 지원

• 자립적인 의사 결정 능력을 키우기 위한 프로그램 운영(예: 경제교육, 직업 교육)

③ 긍정적 자기 개념(Self-concept) 형성

• 장애인이 자신의 가치를 긍정적으로 인식할 수 있도록 교육 설계

• 소속감과 성취감을 높일 수 있도록 협동 학습, 심리 상담 프로그램 제공

④ 경험 학습(Experiential Learning) 강조

• 단순 이론 교육이 아닌 실제 경험을 통한 학습(예: 직업 체험, 커뮤니티 활동)

• 학습자가 자신의 경험을 통해 의미를 찾고 성찰할 수 있도록 지원

⑤ 관계 중심 교육

• 교육자는 장애인을 존중하며 감정적 지원을 제공해야 함

• 또래, 가족, 지역사회와의 소통 및 협력 활동을 통해 사회적 유대감 형성

### (3) 인본주의 학습이론 적용 기대효과

인본주의 학습이론을 적용한 장애인 평생교육은 다음과 같은 긍정적인 변화를 가져올 수 있다.

• 자기 주도적 학습 태도 형성을 통하여 학습에 대한 내적 동기 강화

• 긍정적 자아 개념 형성으로 자존감 향상, 사회 참여 증가

• 실제 생활과 연결된 의미 있는 학습 경험을 통한 실질적인 자립 능력 향상

• 사회적 유대감 증진을 통한 공동체 속에서 소속감과 협력의 가치 학습

장애인 평생교육에서 인본주의 학습이론은 장애인을 단순히 교육의 수혜자가 아닌, 성장 가능성을 가진 독립적인 존재로 존중하는 접근법이다. 장애인 학습자 스스로 의미 있는 학습을 경험하고, 자율적으로 성장할 수 있도록 돕는 것이 중요하다.

## 4) 사회학습이론

사회학습이론(Social Learning Theory)은 타인의 행동을 관찰하고 모방하는 과정을 통해 학습이 이루어진다고 설명하는 이론이다. 장애인 평생교육에서 이 이론은 롤모델(Role Model) 제공, 사회적 상호작용 강화, 실제 환경에서의 학습 기회 확대 등의 방식으로 적용될 수 있다.

### (1) 사회학습이론의 개념

사회학습이론은 행동주의 학습이론(강화 · 조건 형성)과 인지 학습이론(사고 · 판단)을 결합한 이론으로, 대표적인 학자는 반두라(Bandura)이다.

사회학습이론에서 학습은 단순한 관찰뿐만 아니라 모방이나 동일시의 개념도 포함되며, 사람과 사람과의 상호작용 또는 그들이 서로를 관찰함으로써 학습이 된다고 주장한다.

관찰학습은 주의, 기억보조, 암기, 행동연습 및 동기 등의 영향을 받는다. 관찰이 학습이 되려면 주의를 집중시키는 모범(모델)이 되는 상황으로부터 획득한 정보가 보존, 저장되어야 나중에 사용될 수 있다. 모델링을 통해 얻은 상징적 경험을 자신의 행동과 비교하여 동기가 유발되면 그 경험을 사용하게 된다. 사회학습이론에서 행동은 인간과 환경의 상호작용 결과이며, 학습은 개인, 환경 그리고 행동의 상호작용 결과라고 여긴다. 반두라(1977)는 관찰과 모방을 분리하여 설명하며, 자기 효능감(self-efficacy)의 개념을 강조하였다. 자기 효능감은 목표를 달성하기 위해 필요한 행동 과정을 조직화하고 실행할 수 있는 자신의 능력에 대한 신념으로, 자기 효능감이 높은 사람은 도전적이며 어려운 과제도 끝까지 수행하려는 성향을 볼 수 있다.

장애인 평생교육에서 특히 자기 효능감은 매우 중요하다. 장애인들이 자기 효능감을 가질 수 있도록 장애인의 눈높이에 적합한 학습목표를 설정하는 것이 필요하다.

사회학습이론은 관찰이나 모델링을 적용한 교육 방법을 비롯한 학습에 있어서 유용한 개념들을 제시한 것으로 평가된다. 특히 사회학습이론은 사회적 맥락을 고려하여 새로운 역할 모델 및 행동 모델을 개발하고 이에 대한 모델링을 통해 장애 학습자의 바람직한 사회화를 이끄는 것에 대한 시사점을 제공한다.

- **관찰 학습**: 사람들은 타인의 행동을 보고 이를 모방하거나 수정함
- **모델링**: 사회적 환경 속에서 롤 모델을 보고 배움
- **강화와 기대**: 행동의 결과(보상/처벌)에 대한 기대가 행동 결정에 영향
- **자기 효능감**: "나는 할 수 있다"는 신념이 학습과 행동 변화에 중요

### (2) 장애인 평생교육에서 사회학습이론의 적용

① 관찰 학습을 통한 기술 습득

장애인은 일상생활, 직업 기술, 사회적 의사소통 능력을 다른 사람을 관찰하며 학습할 수 있다. 예를 들면 교수자나 동료 학습자의 행동을 관찰 후 기술을 습득할 수 있다.

② 모델링을 활용한 사회적 역할 학습

성공적인 장애인 모델(롤모델) 제공을 통한 자립 및 사회 참여 의욕을 증진한다. 즉, 롤모델 장애인이 경험을 공유하는 멘토링 프로그램 운영을 한다.

③ 강화와 피드백을 통한 행동 유도

긍정적 강화(칭찬, 보상)를 제공하여 바람직한 행동을 지속하도록 유도한다. 예를 들면 장애인 학습자가 수업 참여 후 적극적인 피드백을 받을 경우 학습동기 상승이다.

④ 자기 효능감(Self-efficacy) 증신

장애 학습자가 "나도 할 수 있다"는 신념을 갖도록 다양한 성공 경험을 제공한다. 예로 작은 목표를 설정하고 달성하도록 도와주는 점진적 학습 방식을 적용한다.

### (3) 사회적 환경 속에서 학습 기회 확대

장애인들이 비장애인과 자연스럽게 상호작용하며 사회적 기술을 익힐 기회를 제공한다. 예를 들면 지역사회 활동, 협력 학습, 자원봉사 참여 등으로 사회학습이론을 적용한 장애인 평생교육은 다음과 같은 변화를 기대할 수 있다.

① 사회 적응력 향상으로 다양한 상황에서 적절한 행동을 배우고 실천

② 자립 능력 향상을 통해 실생활에서 필요한 기술과 태도 습득

③ 자기 효능감 증진을 통해 "나도 할 수 있다"는 자신감 고취

④ 사회적 관계 확대로 비장애인과 자연스럽게 어울리며 교류 기회 증가

사회학습이론은 관찰과 모방을 통해 학습이 이루어진다는 점에서, 장애인 평생교육에서 매우 효과적인 접근법이 될 수 있다. 롤모델을 제공하고, 사회적 상호작용을 촉진하며, 긍정적인 강화와 자기 효능감을 높이는 방식으로 교육을 설계하면 장애인의 자립과 사회 참여를 적극적으로 도울 수 있다.

## 5) 경험학습이론

경험학습이론(Experiential Learning Theory)은 직접적인 경험을 통해 학습이 이루어진다는 이론으로, 장애인 평생학습에서 실제생활 속에서 배우는 기회를 제공하는 것이 중요하다. 이 이론은 장애인이 체험과 반성을 통해 실질적인 능력을 기르고, 자기 주도적인 학습자로 성장하도록 지원하는 데 활용될 수 있다. 평생교육에서 학습자의 경험은 매우 중요한 요소로서 학습자의 요구나 고유한 경험을 학습에 반영하는 것은 학습자의 성장과 발달의 촉진에 영향을 미친다는 중요한 시사점을 갖는다.

경험학습을 강조한 듀이(Dewey, 2019)는 "교육은 경험의 내부에서, 경험에 힘입어 이루어지는 것이면서, 동시에 경험을 위하여 이루어지는 발달"이라고 하였다. 듀이와 피아제의 영향을 받은 콜브(Kolb)는 학습을 결과가 아닌 과정으로 보았으며, 경험에 기초한 연속적인 과정으로 이해하였다.

### (1) 경험을 통한 4단계의 주기

콜브는 학습은 경험을 통한 4단계의 주기를 통해서 발생한다고 보며, 경험이 관찰과 성찰의 토대가 되고, 새로운 의미를 생성할 수 있는 행동은 이론으로 통합되며 다시 새로운 경험을 형성하는 데 영향을 미친다고 하였다.

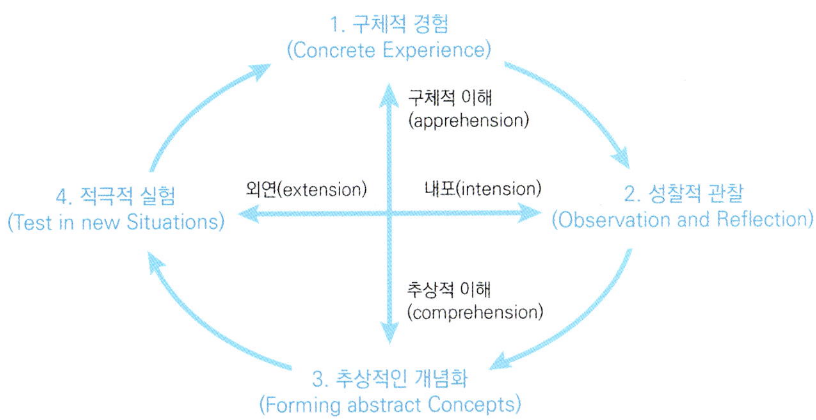


**그림 2-2 경험학습 순환 단계**

출처: Kolb(2015), p. 51.

① **1단계, 구체적인 경험**(concrete experience): 문제적 상황을 인식하며, 외부로부터 새로운 경험을 수용. 획득하는 과정이다. 즉 모든 경험이 학습을 촉발하는 것이 아니라 기본적 관점으로 이해되지 않거나 정서적 불편함을 제공하는 경험을 했을 때 학습이 시작

② **2단계, 반성적 관찰**(reflective observation): 반성적 관찰을 통해서 개인은 학습을 촉발한 구체적 경험의 의미를 해석하는 인지적 성찰활동을 수행하고, 의미를 탐색

③ **3단계, 추상적 개념화**(abstract conceptualization): 구체적인 경험에 들어있는 근본적이고 추상적인 지식, 원리, 가정을 이끌어 내어 그것을 규정하는 단계. 관찰 내용을 논리적으로 통합시키기 위해 아이디어와 개념을 창출하는 추상적 개념화

④ **4단계, 적극적 실험**(active experimentation): 새로운 도전에 직면하여 문제 해결과 의

사결정을 위해 새롭게 창출된 이론이나 학습 내용을 활용해 보는 적극적 실험

이처럼 학습의 원동력이 되게 하는 4단계의 과정이 상호 연계되어 순환되며 학습이 지속적으로 일어나게 된다.

장애를 가진 학습자는 경험학습을 통해 학습이나 삶을 성공적으로 보내는 데 필요한 기술이나 태도를 개발할 수 있다. 즉 대인관계 기술, 집단에서의 관계, 문화적 소통, 실생활에서의 문제 해결을 위한 다른 사람들과의 협동 등이 포함된다. 또한 윤리적 입장이나 도덕적 사고, 복잡한 상황에서의 판단력을 키우는 데도 적용된다.

콜브의 경험학습론은 학습자의 경험을 학습에 활용하는 중요성을 강조함으로써 평생교육에서 중요한 의의를 가지며, 장애인 평생교육에서도 시사하는 바가 크다.

### (2) 장애인 평생교육에서 경험학습이론의 의미

① 장애인 평생교육에서 경험학습이론은 학습자가 실생활에서 겪는 경험을 통해 의미 있는 학습을 이끌어 내는 것에 중점을 둔다.

② 장애인도 자기 경험을 통해 배운 지식을 실제 상황에 적용하고, 문제 해결 능력을 기를 수 있도록 하는 것이 핵심이다.

③ 학습자가 경험을 통해 자기 자신을 이해하고, 새로운 기술을 습득하며, 사회적으로 자립할 수 있는 능력을 개발하는 데 중요한 역할을 한다.

④ 경험학습이론을 장애인 평생교육에 적용하면, 장애인 학습자는 자신의 경험을 통해 지속적으로 성장하고, 실생활에 필요한 실용적이고 창의적인 기술을 습득할 수 있게 된다.

### (3) 경험학습이론을 장애인 평생교육에 적용하는 방법

① 실제 경험을 통한 학습

장애인 학습자들이 이론적인 학습에 그치지 않고, 실제 생활에서 겪을 수 있는 상황을 통해 배울 수 있는 기회를 제공해야 한다. 예를 들면 직업 훈련, 자립생활

교육, 실습 중심의 활동이다.

② 반성적 사고 촉진

학습 후에는 학습자가 경험을 돌아보며 반성할 수 있는 시간을 마련해야 한다. 예를 들면 학습 일지 작성, 토론, 그룹 반성 세션 등을 통해 학습자의 경험을 되돌아보고, 배운 점을 명확히 정리할 수 있다.

③ 능동적인 실험과 적용

학습자가 배운 이론이나 기술을 실제 상황에 적용해 볼 수 있도록 해야 한다. 예를 들면 장애인 학습자가 직무에서 경험을 쌓거나, 사회적 기술을 실생활에서 사용해 보는 기회를 제공한다.

④ 사회적 상호작용과 협력적 학습

다른 학습자와의 상호작용을 통해 공동의 문제를 해결해 나가며 학습하도록 한다. 예를 들면 장애인과 비장애인이 함께 참여하는 협력 학습, 팀 기반 프로젝트 등이다.

⑤ 다양한 학습 스타일 반영

콜브는 각 학습자가 선호하는 학습 스타일이 다르다고 보았다. 이 스타일에 맞는 학습 환경을 조성하는 것이 중요하다.

연구문제

1. 장애인 평생교육의 철학과 가치가 주는 의미에 대하여 토론해 보시오.
2. 장애인 평생교육에서 행동주의 학습이론이나 사회학습이론 사례가 있다면 경험한 사례를 가지고 토론하여 보시오.
3. 학습이론 중 장애인 평생교육에 적용할 방법을 논하여 보시오.

## 실습가이드

### 팀 빌딩 및 학습이론 적용 사례

- **준비물**: 이젤패드 또는 전지, 포스트잇, 네임펜 등 디지털 도구(패들렛, 멘티미터, 잼보드)를 활용하면 A4만 준비
- **소요시간**: 50분(팀 빌딩을 앞 시간에 하였다면 30분)

**1단계** 팀 빌딩을 한다: 팀 구성, 팀명, 팀 규칙(3가지) 정하기

- 팀 구성원의 다양한 특성(관심 분야, 연령, 사는 곳 등)을 고려하여 구성한다. 구성원 수는 4~6명으로 한다.

**2단계** 토론한다.

토론 주제는 연구문제에 제시된 주제, 또는 연구문제 외 다른 주제로 토론을 한다.
예: 〈구성주의 학습이론 적용 사례〉

**3단계** 팀원들이 논의한 것을 전지에 작성한다.

(다양한 의견들을 정리하여 발표할 수 있도록 준비)
또는 디지털 도구(패들렛이나 잼보드)를 활용한다.

**4단계** 각 팀별로 작성한 내용을 발표하고 구성원들은 궁금한 것을 질문한다.

**5단계** 전체 발표 후, 공통된 내용과 새로운 문제점으로 제기된 것들에 대하여 정리해 본다.

**6단계** 교수자는 토론 내용을 종합하면서 철학적 관점과 가치관을 토대로 학습이론을 적용할 수 있도록 도우며 인식을 심어주도록 한다.

# 03 한국장애인평생교육의 발전과정과 정책

## 학습개요

장애인 평생교육 발전과 정책은 정부가 장애인 평생교육을 보는 관점과 정책 자원의 우선 투자 결정, 정책 담당 조직의 강약, 장애인 평생교육 관련 집단의 참여 정도, 정책 자체의 오류 등에 의하여 변화된다.

1945년 해방 이후 민간 주도의 소규모 교육활동에서 시작된 장애인 교육은 1977년 12월 31일 제정되어 1979년 1월 1일부터 시행된 「특수교육진흥법」을 기점으로 국가 주도의 법적 · 제도적 지원 체계가 마련되었다. 이후 2000년대 들어 권리 중심의 장애인교육 패러다임으로 전환되었으며, 2016년 「평생교육법」 개정을 통해 장애인 평생교육이 장애인 관련 법령에만 명시된 제한된 분야가 아닌 평생교육의 의미있는 대상이 되었다.

특히, 「장애인 등에 대한 특수교육법」, 「장애인차별금지법」, 「발달장애인 권리보장법」 등 다양한 법령들이 장애인의 생애주기별 교육권을 보장하고, 장애인의 자립과 사회참여를 지원하는데 이바지하였다.

2025년 10월 26일 「장애인평생교육법」이 제정됨으로써 「평생교육법」에 따라 운영되면서 갖게 된 한계를 벗어나 장애인의 특성과 요구를 충분히 반영할 수 있게 되었다.

또한 장애인 평생학습도시 지정, 발달장애인 평생교육센터 운영, 장애 유형별 맞춤형 프로그램 개발 등 지역사회 기반의 장애인 평생교육 체계가 강화되고 있으며, 이는 장애인 삶의 질 향상과 포용적 사회 실현을 위한 기반이 되고 있다.

이 장에서는 한국 장애인 평생교육의 발전 과정을 시대별로 고찰하고, 관련 법령과 정책의 변화 과정을 체계적으로 살펴보고자 한다.

## 학습목표

1. 한국 장애인 평생교육의 역사적 발전과 법적 · 제도적 변화를 설명할 수 있다.
2. 장애인 평생교육 관련 주요 법령(「평생교육법」, 「장애인평생교육법」, 「특수교육법」, 「장애인차별금지법」 등)의 핵심 내용을 이해하고 비교할 수 있다.
3. 장애인 평생교육 정책의 현황과 과제를 비판적으로 분석하고, 향후 개선 방향을 제안할 수 있다.

# 1 한국의 장애인교육 발전 과정

## 1) 해방 이후 장애인 교육의 태동기(1945~1970년대)

우리나라 장애인 교육은 해방 이후에 본격적으로 논의되기 시작하였다. 1948년에 제정된 제헌헌법에서는 모든 국민이 능력에 따라 균등하게 교육을 받을 권리를 보장하고 교육의 기회균등을 강조하였다(교육부, 2023). 「교육법」 제81조에는 "모든 국민으로 하여금 신앙 · 성별 · 사회적 신분 · 경제적 지위 등에 의한 차별이 없이 그 능력에 따라 균등하게 교육을 받게 하도록 다음과 같은 학교를 설치한다."라고 규정하면서 제5호에 특수학교를 규정하고 있다(이석진, 2005). 이것이 우리나라에서 장애 학생을 위한 학교를 특수학교라고 규정한 최초의 용어가 된다. 그러나 「교육법」 제98조에서, "학령아동의 불구, 폐질, 병약, 발육불완전 또는 기타 부득이한 사유로 인하여 취학하기 불능한 경우에는 대통령령이 정한 바에 의하여 그 의무를 면제 또는 유예할 수 있다."라고 규정함으로써 장애 학생들의 의무교육을 정착시키지 못하게 하는 구실이 되었다. 당시의 현실에서는 '장애인'이라는 용어 자체가 공식적으로 사용되지 않을 만큼 장애인의 존재가 사회적 · 제도적으로 무시되거나 방치되어 있었다. 즉, 장애인은 명시적으로 교육의 대상에 포함되지 못했고, 현실적으로는 교육에서 철저히 배제된 상태였다.

1950년대 들어서 장애인 교육이 민간 차원에서 조심스럽게 시작되었다. 당시에는 국가 주도의 공식적인 특수교육 정책이나 시설이 없었기 때문에 주로 외국의 기독교 선교단체와 민긴 복지기관이 장애인 교육의 초기 기반을 닦았다. 특히 시각장애인과 청각장애인을 위한 특수교육기관이 이 시기부터 민간 주도로 설립되었는데, 1946년 4월에 설립된 '대구맹아학교(현 대구영화학교와 대구광명학교 전신)'와 1954년 설립된 '광주세광학교'가 대표적 사례이다. 이는 장애인의 교육권에 대한 사회적 인식을 조금씩 확장하는 계기가 되었다.

이후 1960년대에 접어들면서 국가가 본격적으로 장애인 교육, 즉 특수교육에 관심을 기울이기 시작하였다. 장애아동의 교육 문제가 사회적 의제로 주목받으면서 1913년에 설립된 국내 최초의 국립특수학교인 '국립맹아학교'가 서울 맹학교와 서울 농학교로 분리(1959)되어 현재까지 운영되고 있다, 이를 통해 장애인 교육에 대한 국가 차원의 개입과 지원이 시작되었으나, 아직은 특정 장애 유형(주로 시각 · 청각장애)에만 국한된 제한적 성격을 가지고 있었다(국립 서울 맹학교, 2025).

1970년대에는 특수교육에 대한 국가의 책임이 더욱 구체화되었다. 당시 우리나라는 급속한 경제성장과 함께 사회복지 정책과 교육 정책의 선진화가 논의되던 시기로, 장애아동의 교육권 보장 문제가 주요 사회적 과제로 떠올랐다. 「교육법」 제144조는 제정 당시에는 "특별시 또는 도는 특수학교를 각 1교 이상 설립하여야 한다."라고 규정하였으나, 1972년 12월 16일 법률 제2366호에 의하여 "서울특별시 · 부산시 및 도는 특수학교를 각 1교 이상 설립하여야 한다."로 개정되었다(이석진, 2005). 이에 따라 국가는 장애아동의 교육적 지원을 본격적으로 논의하고 특수학교와 특수학급 설치를 전국적으로 확대하기 시작하였다(국립특수교육원, 2024).

특히 1977년의 「특수교육진흥법」 제정은 한국의 장애인 교육 역사에서 결정적인 전환점이 되었다. 이 법은 특수교육 대상자에 대한 최초의 법적 정의를 마련함으로써 시각장애, 청각장애뿐 아니라 지적장애, 지체장애, 정서장애 등 다양한 유형의 장애가 있는 아동이 법적으로 보호받아야 할 교육 대상으로 규정되는 계기가 되었다. 또한 국가와 지방자치단체가 특수학교와 특수학급 설치를 의무적으로 시행하게 되면서 장애아동의 교육에 대한 정부의 책무가 명확해졌다. 이에 따라 장애인의 교육권이 단순한 시혜적 차원의 배려가 아니라, 「헌법」과 법률에 근거한 기본적 권리로 인정받기 시작하였다(국가법령정보센터).

이러한 법적 · 제도적 변화는 우리나라 장애인 교육의 발전과 장애인 권리의식을 성장시키는 토대가 되었다. 이후 장애인 교육은 장애아동의 교육적 필요와 특성을 고려한 특수교육뿐만 아니라 통합교육, 평생교육 등 다양한 형태로 진화하면서 현재까지 발전을 거듭하고 있다.

### 2) 특수교육 체계 정비와 평등 교육 확대기(1980~1990년대)

1980년대는 우리나라 특수교육 정책이 체계적으로 정비되면서 본격적으로 확대·발전된 시기였다. 특히 이 시기는 장애인에 대한 사회적 인식과 관심이 크게 변화하고 정책적 지원도 더욱 구체화한 시기였다.

「교육법」 제145조는 1988년 4월 6일 법률 제4009호에서 "(특수학급) 초등학교 또는 중학교는 필요한 경우에 사용할 수 있는 건물을 활용하여 다음 각 호의 1에 해당하는 학생을 위하여 특수학급을 둘 수 있다. 1. 지체부자유자 2. 정서장애자 3. 지적장애자 4. 청각장애자 5. 시각장애자 6. 언어장애자 7. 기타의 심신장애자"로 개정되어 특수학급 대상 학생의 장애 유형에 대한 용어를 개정하였다(이석진, 2005).

1988년 서울올림픽과 함께 개최된 서울패럴림픽은 장애인의 존재와 권리에 대한 국민적 관심과 인식을 획기적으로 제고시킨 중요한 사건이었다. 서울패럴림픽은 국제적 규모의 장애인 체육행사였기 때문에, 국내뿐 아니라 국제사회에서 장애인의 사회참여와 권익 보장에 대한 중요성을 부각하는 계기가 되었다. 이를 통해 우리 사회는 장애인을 단지 복지적 시혜의 대상으로 바라보던 기존의 시각에서 벗어나, 사회적 참여와 자립의 주체로 인식하는 방향으로 점차 바뀌게 되었다.

이러한 사회적 분위기 속에서 정부는 장애인 교육 및 복지에 대한 본격적인 정책적 기반을 마련하기 시작하였다. 1980년대 후반부터 특수교육 관련 법규와 제도가 정비되고 특수학교와 특수학급의 설치가 확대되는 등 국가적 차원의 특수교육 기반 구축이 활발하게 이루어졌다. 특수교육이 1993년에는 106개 특수학교 1,954개 학급에서 20,985명이 취학하였고, 초등학교 특수학급 2,724개 학급에 23,126명, 597개 중등학교 특수학급에 5,084명이 취학하여 특수교육을 받는 학생이 전체 49,195명이 되었다. 이 학생 수는 태동기인 1976년과 비교하여 약 3.4배 정도가 늘어났다. 따라서 이 확대기에는 특수교육이 양적으로 발전한 시기라 할 수 있다(이석진, 2005). 이에 따라 특수학교는 이전 시기에 비해 많이 증가하였으며, 장애학생이 일반 학교 환경에서도 교육받을 수 있도록 일반 학교 내에 설치된 특수학급의 수도 점진적으로 늘어나기 시작하였다.

1994년에 개정된 「교육기본법」은 이러한 변화된 사회적 요구를 반영하여 장애인의 평등한 교육 기회를 명시적으로 보장하였다(국가법령정보센터, 2024). 이 법은 장애인 역시 국민의 한 사람으로서 장애 유무와 상관없이 동등한 교육을 받을 권리가 있음을 분명하게 규정하였다. 이는 장애인 교육권 보장이라는 원칙을 법적 차원에서 확고히 한 중요한 변화였으며, 이후 장애인 교육 정책의 방향성과 목표를 설정하는 데 법적 근거로 작용하였다.

그러나 이와 같은 법적·제도적 발전에도 불구하고 1980년대부터 1990년대 초반까지 장애인의 교육 현실은 여전히 열악했다. 특수학교와 특수학급이 증가하기는 했으나, 시설 및 인적 자원의 부족으로 장애 학생들이 누리는 교육의 질과 양은 비장애 학생과 비교하면 여전히 부족한 상태였다. 특히 교육의 내용과 커리큘럼은 장애인의 학습권 보장이라는 측면에서 실질적인 한계를 가지고 있었다. 당시 특수교육의 주요 내용은 주로 생활지도, 일상생활 훈련, 기본적인 사회적응 훈련 등에 치중되어 있었다. 장애인의 잠재적 능력을 개발하고 사회적 자립을 돕기 위한 학문적 교육이나 직업 교육은 제대로 이루어지지 않아 실질적인 학습권 보장은 미흡하였다는 평가를 받았다(김삼섭 외, 2017).

이러한 한계를 극복하고자 1990년대 후반부터 장애인의 교육권 보장을 위한 사회적 요구가 본격적으로 제기되었다. 장애인 당사자와 장애인 부모 단체 등 장애인 관련 시민사회를 중심으로 장애인의 교육권은 단순한 복지적 시혜가 아닌 '권리'로 인식되어야 한다는 주장이 활발히 제기되었다. 즉, 장애인도 본인의 욕구와 능력에 따라 다양한 형태의 교육을 선택할 권리가 있으며, 국가가 이를 제도적으로 보장해야 한다는 인식이 강하게 확산하였다.

이러한 권리 중심의 사회적 인식 변화는 2000년대 장애인 교육의 패러다임을 크게 전환하는 계기로 작용하게 되었으며, 장애인의 전 생애에 걸친 교육권 보장이라는 새로운 방향성을 갖추게 되었다(평생교육백서, 2023).

### 3) 권리 중심의 장애인 교육 정착기(2000년대)

2000년대 들어서면서 우리나라 장애인 교육은 기존의 복지적 관점에서 탈피하여, 장애인의 '권리보장'이라는 철학을 중심으로 근본적인 패러나임의 선환이 이루어졌다. 즉, 장애인 교육권을 장애인의 기본적 인권이자 국가가 반드시 책임져야 할 법적 의무로 명확히 규정하고 보장하기 시작한 것이다.

이러한 흐름 속에서 2007년에 제정된 「장애인 등에 대한 특수교육법」은 장애인 교육 분야에서 역사적인 전환점으로 평가된다(국가법령정보센터). 이 법은 이전의 「특수교육진흥법」에서 한 걸음 더 나아가, 장애 학생의 교육권을 명확하게 장애인의 권리로 규정하였으며, 장애인의 다양한 특성과 필요를 고려한 맞춤형 특수교육 서비스를 제공하도록 의무화하였다. 구체적으로 이 법은 장애 학생에 대한 조기 진단 및 중재, 개인의 특성에 맞춘 개별화 교육계획(IEP) 수립 및 운영을 의무화하여, 장애 학생이 본인의 능력과 욕구에 따라 적절한 교육적 지원을 받을 수 있도록 법적 토대를 마련하였다.

특히 이 법의 가장 큰 특징은 장애인 교육 지원의 범위를 '학령기 중심'의 특수교육에서 장애인의 '생애 전반에 걸친 평생교육'으로까지 확대했다는 점이다. 이전까지의 특수교육법이 주로 초·중등 교육 단계에 집중되어 있었다면, 2007년의 법률은 장애인의 유아기부터 성인기와 노년기까지 전 생애에 걸친 교육 지원이 국가와 지자체의 의무임을 명시하였다. 이를 통해 장애인 교육의 범위가 단순히 학교 교육을 넘어, 성인 장애인의 직업교육, 문화·여가교육, 재활교육 등 장애인이 생애 전반에 걸쳐 필요로 하는 다양한 평생교육 서비스까지 포함하도록 확장되었다. 이는 장애인의 자립생활과 사회참여를 실질적으로 보장하기 위한 제도적 변화였다.

더불어 2011년에 시행된 「장애인차별금시 및 권리구제에 관한 법률」(이하 「장애인차별금지법」)은 장애인 교육권 보장에 또 다른 중요한 기반을 제공하였다(국가법령정보센터). 이 법은 교육을 포함한 모든 사회 영역에서 장애인을 장애 이유로 차별하는 행위를 금지하고, 장애인이 동등한 교육 기회를 실질적으로 누릴 수 있도록 정당한 편의 제공을 명확하게 규정하였다. 즉, 학교 및 교육기관은 장애 학생에게 학습 및 평가

과정에서의 보조공학 기기 제공, 시설이나 설비의 접근성 보장, 의사소통 지원 등과 같은 실질적인 지원과 편의를 제공할 법적 책임을 가지게 되었다.

이 법의 제정으로 장애 학생이 자신의 장애로 인해 교육과정 참여에서 배제되거나, 필요한 교육적 지원을 받지 못하는 일이 법적으로 금지되었으며, 장애 학생들이 실제 자기 능력과 특성에 맞는 교육을 받을 수 있는 권리가 명확한 법적 근거를 얻게 되었다. 즉, 장애인의 교육 참여가 개인적 노력이나 교육기관의 자발적 배려가 아니라 법적으로 보장받아야 할 권리임이 사회적으로 명확히 인식된 것이다.

결과적으로 2000년대 이후 장애인 교육은 '권리 중심의 교육', 즉 장애인 당사자의 필요와 선택을 존중하고 보장하는 방향으로 완전히 전환되었다. 이에 따라 장애인의 교육적 권리보장과 실질적인 학습권 실현이 가능해졌으며, 우리 사회가 장애인의 사회적 참여와 자립생활을 실현하는 방향으로 점진적으로 발전하는 계기가 되었다.

### 4) 장애인 평생교육과 학습권 보장 강화기(2016년 이후)

2016년 개정된 「평생교육법」은 우리나라 장애인 평생교육 정책에서 매우 중요한 전환점이다. 이전까지의 평생교육 정책이 주로 비장애인 중심으로 추진되었다면, 이 법 개정을 계기로 장애인의 평생교육 참여가 명확한 법적 권리로 자리 잡게 되었다(교육부, 2023). 특히 이 법은 장애 유형과 개인적 특성을 충분히 반영한 맞춤형 평생학습 프로그램의 개발과 운영을 국가와 지방자치단체의 책임으로 명시하여, 장애인의 생애 전반에 걸친 학습권 실현을 위한 법적 토대를 확고히 하였다.

이러한 법적 기반을 바탕으로 2018년에는 장애인 평생교육 정책의 체계적 관리와 운영을 위해 교육부 내에 '장애학생진로평생교육팀'이라는 전담 조직이 설치되었다(평생교육백서, 2023). 이 조직은 학령기 장애 학생뿐 아니라 졸업 후 성인기의 진로와 평생교육까지 연계하여 장애인의 전 생애를 통합적으로 지원하기 위한 역할을 담당한다. 또한 같은 해 국립특수교육원에 '국가장애인평생교육진흥센터'가 설립되면서, 국가 차원의 장애인 평생교육 지원 시스템이 본격적으로 구축되었다. 이 센터는 장애인 평생교육 정책 연구, 프로그램 개발 및 보급, 교재와 콘텐츠 개발, 종사자 전문성 향상을 위한 연수 프로그램 운영 등 장애인 평생교육 지원 업무를 전문적으로 수행하게 되었다.

2020년 들어 교육부는 장애인 평생교육을 보다 활성화하고 구체적인 실효성을 확보하기 위해, 보건복지부, 고용노동부 등 관계 부처와 공동으로 「장애인 평생교육 활성화 방안(2020-2022)」을 발표하였다(교육부, 2020). 이 방안은 장애인이 평생학습을 통해 자신의 삶을 주도적으로 꾸리고 사회에 적극 참여할 수 있도록 지원하는 데 목표를 두었다. 이를 위해 다음과 같은 세부 정책 과제를 제시하였다(국가장애인 평생교육진흥센터, 2025).

첫째, 장애인 평생학습도시 지정 사업의 확대를 통해 장애인이 소외됨 없이 평생학습권을 보장받는 장애 친화적 평생 학습 체계를 구축하고, 장애인의 특성과 수요가 반영된 상향식 장애인 평생교육 풀뿌리를 강화하고자 하였다. 장애인 평생학습도시는 장애인의 평생학습 참여 기회 확대를 넘어 장애인의 사회적 참여와 자립을 촉진하는 지역사회 통합 정책이다.

둘째, 발달장애인을 위한 평생교육센터 설립을 통해 중증 장애인도 생애 전반에 걸쳐 교육적 지원을 받을 수 있는 환경을 구축하였다. 이 센터는 기존 특수학교나 복지관과는 달리 발달장애 성인을 위한 생애 맞춤형 교육 프로그램을 운영하여, 장애인의 일상생활 적응과 사회적 자립을 구체적으로 지원하는 역할을 수행하였다. 이를 통해 장애 유형 중에서도 가장 교육적 지원이 부족했던 발달장애인의 교육적 욕구를 충족하고 있다.

셋째, 장애 유형과 생애주기별 특성을 반영한 평생교육 프로그램과 콘텐츠를 적극적으로 개발하고 보급하였다. 특히 시각, 청각, 지적장애, 지체장애 등 각 장애 유형에 따라 요구되는 프로그램을 맞춤형으로 제공하며, 장애인의 자립생활을 위한 직업능력 훈련, 문화예술 활동, 사회참여 프로그램 등 다양한 형태의 평생학습 콘텐츠를 개발하여 현장에 보급하고 있다.

넷째, 장애인 평생교육 기관 종사자의 전문성을 높이기 위해 체계적이고 지속적인 연수를 추진하고 있다. 종사자 역량 강화 연수는 장애인 평생교육 현장의 교육

질 향상과 밀접하게 연결된다. 이를 위해 실제 사례 중심의 워크숍, 현장 실습형 연수, 다양한 장애 유형별 교수법 연수 등을 정기적으로 운영하고 있다.

이러한 정책적 노력은 장애인 평생교육이 단지 교육적 제공에 머물지 않고, 장애인의 진정한 사회통합과 자립이라는 더 큰 목표를 실현하는 포괄적 의미를 담고 있다. 즉, 장애인이 단순히 교육의 대상자가 아니라 주체로서 평생학습을 통해 삶의 질을 높이고 사회적 역량을 키우는 기회를 제공하고 있다.

이처럼 한국의 장애인 교육은 해방 이후 초기 특수학교 중심의 분리 교육에서 점차 일반 학교 내 통합교육을 거쳐, 현재는 장애인의 생애 전반을 아우르는 평생교육의 형태로까지 발전하였다. 장애인의 교육적 권리는 이제 유아기부터 학령기, 성인기, 노년기에 이르는 전 생애를 대상으로 법적으로 명확히 보장되고 있으며, 장애인의 자립과 사회적 통합이라는 시대적 요구를 적극적으로 반영하고 있다.

앞으로도 장애인의 다양한 교육적 요구에 따라 더욱 정교하고 섬세한 맞춤형 교육 프로그램이 지속해서 확대될 필요가 있다. 특히 장애 유형과 나이, 개별적 특성에 따른 평생교육 서비스의 질적 수준을 높이고, 장애인과 비장애인이 함께 상호 존중과 이해를 기반으로 공동체적 학습을 실현할 수 있는 포용적 교육환경을 조성하는 데 더욱 힘써야 할 것이다(교육부, 2023).

## 2 장애인 평생교육 관련 법령

한국의 장애인 평생교육은 지난 20여 년간 법적·제도적 발전과 함께 중요한 변화를 겪어왔다. 2007년 「특수교육법」에 학교형태 평생교육시설 설립근거를 마련하였고, 2016년 「평생교육법」에 국가 및 지자체 책무성을 명문화하였으며, 2025년 10월 26일 「장애인평생교육법」 제정을 통해 독립된 특별법으로 입법하고, 장애인 평생학습권을 명시적으로 보장하게 되었다.

## 1) 장애인 등에 대한 특수교육법

### (1) 특수교육과 평생교육의 연계

2007년에 제정된 「장애인 등에 대한 특수교육법」(이하 특수교육법)은 학령기 장애학생의 교육권 보장을 주요 목적으로 하는 법률이다. 그러나 이 법은 단지 학령기 장애학생의 학교 교육만을 지원하는 데 그치지 않고, 장애인의 평생교육에 대한 국가와 지방자치단체의 책임을 명확히 하고 있다는 점에서 중요한 의미가 있다(국가법령정보센터).

특히, 「특수교육법」 제33조(장애인에 대한 평생교육)는 장애인의 평생학습권을 명시적으로 보장하기 위한 법적 기반을 제공하고 있다. 이 조항에서는 국가와 지방자치단체가 장애인의 평생교육 기회를 실질적으로 보장해야 하며, 장애인의 장애 유형 및 개인별 특성에 맞는 다양한 맞춤형 평생교육 프로그램을 개발하고 운영해야 한다는 점을 명확히 규정하고 있다. 즉, 장애인이 생애 전반에 걸쳐 자신의 능력과 욕구에 따라 지속적으로 성장하고 사회에 참여할 수 있도록, 정부와 지방자치단체가 정책적으로 지원할 의무를 가진다는 것을 분명히 하고 있는 것이다(국가법령정보센터; 교육부, 2023).

제33조의 세부 내용을 살펴보면 다음과 같다.

첫째, 국가와 지방자치단체는 장애인의 평생교육 참여를 위해 적극적인 정책을 수립하고 시행해야 한다. 장애인이 학령기 이후에도 지속적으로 교육을 받을 수 있는 제도적 기반과 환경을 조성해야 하며, 이를 위한 예산과 시설, 인력 등의 인프라를 구축해야 한다. 특히 장애인의 자립과 사회적 통합에 필요한 실질적인 프로그램이 마련되어야 하며, 이를 통해 장애인이 지역사회 내에서 삶의 질을 높일 수 있도록 지원해야 한다.

둘째, 장애인 평생교육 프로그램은 장애 유형과 특성을 철저히 반영하여 개발·운영되어야 한다. 장애인은 시각장애, 청각장애, 지적장애, 지체장애, 발달장애 등 다양한 장애 유형과 개별적인 특성을 지니고 있으므로, 일괄적인 프로그램보다는 장애 유형과 개인별 요구에 맞춘 세부적이고 차별화된 프로그램이 필수적이다. 이를 위해 국가 및 지방자치단체는 장애 유형별 전문성을 갖춘 인력을 양성하고, 맞춤형 교재와 학습자료, 보조공학기기 등 다양한 형태의 학습 지원 도구와 자원을 개발하여 장애인의 개별적 요구에 적극적으로 대응해야 한다.

셋째, 장애인 평생교육이 원활히 운영될 수 있도록 평생교육 기관 간의 긴밀한 연계와 협력이 이루어져야 한다. 「특수교육법」 제33조는 장애인의 평생교육이 단지 특수교육기관이나 복지시설에서만 이루어지는 것이 아니라, 일반 평생교육시설이나 지역사회 기관 등 다양한 교육기관과의 협력적 네트워크를 통해 운영될 수 있음을 전제하고 있다. 이는 장애인이 교육받는 장소와 기회가 확대되고, 장애인과 비장애인이 함께 참여하는 통합적 교육 환경이 조성될 수 있도록 지원하는 근거로 작용한다.

이러한 법적 규정은 장애인 평생교육이 학령기 이후 성인기와 노년기까지 전 생애를 포괄하여 실질적으로 보장될 수 있도록 한 중요한 법적 기반이다. 2007년 특수교육법의 제정 이후, 국가와 지방자치단체는 이러한 법적 책무를 이행하기 위해 장애인 평생교육센터 설치 확대, 장애인 평생교육 프로그램 및 콘텐츠 개발, 장애인 평생교육 종사자의 역량 강화를 위한 연수 등의 정책적 노력을 지속적으로 전개하고 있다(교육부, 2023).

결론적으로 2007년 「장애인 등에 대한 특수교육법」 제33조는 학령기 중심의 특수교육에서 더 나아가, 장애인의 전 생애에 걸친 평생학습권을 법적으로 명확히 보장하고, 장애인의 자립과 사회적 참여를 실질적으로 촉진하는 데 중요한 법적 기반으로 기능하고 있다.

### (2) 평생교육기관 및 관계기관의 역할

「장애인 등에 대한 특수교육법」 제34조에서는 장애인에게 평생교육 프로그램을 운영할 수 있는 기관으로 평생교육시설, 특수학교, 복지시설 등을 명시하고 있다. 이는 장애인이 평생학습에 참여할 수 있는 시설과 기관을 특정 기관으로 제한하지 않고, 다양한 기관에서 장애인의 평생교육이 이루어질 수 있도록 법적 근거를 마련한 것이다.

세부적으로 살펴보면, 첫째, 평생교육시설은 지역사회 내에서 장애인이 일상적으로 접근하여 다양한 교육 프로그램을 수강할 수 있도록 하는 시설이다. 이들 시설은 일반 시민에게 제공하는 교육과정 외에도 장애인 특성을 반영한 맞춤형 프로그램을 운영해야 하며, 장애인이 일반 시민들과 함께 학습하는 통합적 교육 환경을 조성할 수 있도록 해야 한다.

둘째, 특수학교는 기존에 학령기 장애학생을 대상으로 운영되던 기관이지만, 이 조항에 따라 성인 장애인의 평생교육을 위한 프로그램까지 확대하여 운영할 수 있게 되었다. 특수학교는 장애 유형과 특성에 대한 전문성을 갖추고 있어 장애인에게 보다 전문적이고 체계적인 교육 프로그램을 제공할 수 있다는 장점을 가진다.

셋째, 복지시설 또한 장애인 평생교육 프로그램의 운영 주체로 명시되어 있다. 복지시설은 장애인의 자립 생활 지원과 사회 참여를 위한 다양한 프로그램을 제공하는 기관으로, 장애인의 평생학습 욕구와 사회적 자립을 실질적으로 지원할 수 있는 평생교육 프로그램을 제공하도록 권장하고 있다.

더불어 이 조항은 장애인 평생교육을 실질적으로 활성화하고 지원하기 위한 국가 및 지방자치단체의 역할과 책임도 강조하고 있다. 특히, 국가평생교육진흥원과 시·도평생교육진흥원이 장애인 평생교육 진흥을 위한 중요한 지원 기능을 수행할 것을 명시하고 있다. 이는 평생교육 진흥 전담기관이 장애인 평생교육에 대한 전문적 지원과 관리를 책임지도록 함으로써 장애인 평생교육의 질적 향상을 도모하기 위한 것이다.

이러한 지원 기능에는 다음과 같은 내용들이 포함된다.

- 장애인 평생교육 프로그램의 연구·개발과 보급
- 장애인 평생교육 담당자 및 강사에 대한 연수와 전문성 향상 지원
- 장애인 평생교육시설 간 네트워크 구축 및 운영 지원
- 장애인 평생학습 프로그램 운영을 위한 교재와 콘텐츠 개발 보급
- 장애인 평생교육 우수 사례 발굴 및 공유를 통한 질적 향상 촉진
- 장애인의 평생학습 참여를 위한 정보 제공과 홍보 활동 등

결국 제34조는 장애인이 다양한 교육기관에서 평생학습 기회를 누릴 수 있도록 법적 근거를 제공하고, 이를 실질적으로 지원하는 국가적 시스템을 구축하는 데 중점을 두고 있다. 이는 장애인의 평생교육 참여 확대뿐 아니라 장애인의 사회적 통합과 자립이라는 보다 근본적인 목적을 달성하기 위한 중요한 법적 토대가 되고 있다.

### (3) 법적 한계와 개선 요구

「평생교육법」은 장애인의 평생교육 참여 기회 보장과 평생학습 활성화를 위한 법적 근거를 제공하고 있지만, 동시에 몇 가지 중요한 한계점과 비판도 제기되고 있다. 특히 장애인의 평생학습권 보장 측면에서, 「평생교육법」이 특수학교와 같은 기존 학교 중심의 기관에 주로 초점을 맞추고 있어 장애인의 다양한 평생학습 요구를 충분히 반영하지 못한다는 비판이 꾸준히 제기되고 있다(김두영, 2022).

이러한 비판은 다음과 같은 측면에서 구체적으로 나타난다.

첫째, 「평생교육법」이 장애인의 평생교육 제공 주체를 특수학교나 기존의 복지시설과 같은 전통적 교육·복지 기관에 주로 의존하고 있다는 점이다. 장애인의 평생학습은 성인기 이후 사회적 자립과 일상생활 능력 향상, 직업 역량 강화 등 다양한 목적으로 이루어져야 하는데, 기존의 학교나 시설 중심의 접근법은 장애인의 다양한 요구와 특성을 충분히 포괄하기 어렵다는 것이다. 특히 성인 장애인의 경우, 특수학교 중심의 교육 환경이 아닌 지역사회에 밀착된 시설이나 기관에서의 다양한 교육 기회가 절실히 요구되지만, 현행 법률은 그러한 부분을 충분히 반영하지 못하고 있다.

둘째, 장애인의 평생교육 요구가 학령기 이후 성인기와 노년기로 넘어가면서 매우 다양해지고 개별화되는데, 현행 「평생교육법」과 관련 법규는 장애인의 생애주기에 따른 세부적이고 구체적인 지원 방안을 명확히 규정하고 있지 않다. 예를 들어, 발달장애인이나 중증 장애인의 경우 성인기 이후 독립적인 생활을 위한 기초생활기술, 직업 훈련, 여가 및 문화 활동 등 일상적이고 사회적인 교육 욕구가 매우 높은 반면, 현행 법적 기반과 정책지원 체계는 아직도 특수학교 또는 장애인복지관 중심의 제한적 교육과정에 머물러 있는 실정이다(교육부, 2023).

셋째, 장애인 평생학습을 실질적으로 활성화하기 위해서는 학교 중심 접근의 한계를 극복하고, 지역사회 내에서 다양한 기관과 협력적인 네트워크를 통해 평생교육 프로그램이 운영될 수 있도록 제도적으로 보장해야 한다. 즉, 장애인의 평생교육이 특정 시설이나 기관에서만 이루어지는 것이 아니라, 일반 평생학습시설, 지역 내 도서관, 문화센터, 기업, 시민단체 등 다양한 민간기관과의 연계 및 협력을 강화하여, 장애인이 지역사회 내에서 비장애인과 함께 자연스럽게 학습하고 성장할 수 있는 포용적 학습환경을 구축해야 한다는 주장이 강력히 제기되고 있다(교육부, 2023).

이러한 한계를 보완하기 위해 최근 장애인 평생교육 정책에서는 학교 중심 접근에서 벗어나 장애인의 생애주기와 개인 특성을 반영한 맞춤형 평생학습 지원 체계를 구축하는 방향으로 전환이 이루어지고 있다. 특히, 장애인 평생학습도시 지정 확대, 발달장애인 평생교육센터 설립, 지역사회 기반 맞춤형 평생교육 프로그램 운영 등의 정책적 노력이 시도되고 있으나, 아직도 관련 법적 근거와 제도가 미흡하다는 지적이 지속되고 있다(교육부, 2023; 평생교육백서, 2023).

따라서 장애인의 평생교육은 학령기 교육에서 끝나지 않고 성인기와 노년기까지 전 생애에 걸쳐 지속적이고 다양한 형태의 지원이 필요하다. 이를 위해 학교 중심의 제한적 접근을 넘어 장애인의 전 생애적 학습 욕구를 충분히 반영한 정책적 · 법적 개선이 꾸준히 요구되고 있으며, 보다 다양한 기관 간의 협력과 지역사회의 통합적 접근을 실현하는 방향으로 지속적으로 발전해 나가야 한다.

## 2) 평생교육법

### (1) 법의 개요와 기본 방향

「평생교육법」은 우리나라 국민 누구나 평생에 걸쳐 학습할 수 있는 권리를 보장하고, 평생교육의 체계적인 발전과 지원을 목적으로 1999년 처음 제정된 법률이다(국가법령정보센터). 이 법의 제정 배경에는 1990년대 이후 급속한 사회 변화와 정보화 ·

지식기반 사회로의 전환에 따라, 학교 교육만으로는 개인의 역량 개발과 사회적 요구를 충분히 충족할 수 없다는 사회적 인식의 변화가 자리 잡고 있었다.

특히 「평생교육법」은 교육의 개념을 전통적인 학교 중심 교육에서 벗어나, 사회교육, 성인교육, 문해교육, 직업교육, 문화예술교육, 시민교육 등 생애 전반에 걸친 다양한 형태의 학습 활동을 포괄적으로 다루고 있다. 즉, 이 법은 국민의 나이, 학력, 성별, 지역, 장애 여부 등에 관계없이 누구나 자기 삶의 질을 향상하고 개인적·사회적 성장을 이루기 위해 언제든 필요한 교육을 받을 수 있는 권리를 법적으로 보장하고 있다.

특히 이 법률은 장애인을 포함한 사회적 소수자들이 평생교육 참여에서 소외되지 않고 동등한 학습 기회를 누릴 수 있도록 명확한 법적 근거를 제시하고 있다(敎育部, 2023). 초기에는 장애인의 평생교육 참여에 대한 구체적 규정이 부족했으나, 2016년 법 개정을 통해 장애인의 평생교육 참여 보장과 장애 특성에 맞춘 맞춤형 프로그램 제공이라는 원칙이 법적으로 분명히 명시되었다. 이를 통해 장애인이 단순히 학령기 특수교육에만 국한되지 않고 성인기와 노년기까지 전 생애에 걸쳐 자신에게 맞는 평생학습 기회를 누릴 수 있도록 제도적으로 뒷받침하고 있다.

이와 함께 「평생교육법」은 국가와 지방자치단체가 국민의 평생학습 기회 확대를 위한 책무를 명확히 하고 있다. 평생학습도시 지정, 평생학습관이나 평생학습센터 설립 운영, 평생교육 프로그램 개발 지원, 평생학습 관련 전문 인력 양성, 평생교육 종사자에 대한 연수 및 자격 관리 등 평생학습이 국민의 생활 속에 정착되도록 하는 구체적인 정책 수단도 제시하고 있다.

또한 이 법은 평생교육기관 간 연계와 협력을 적극적으로 장려하며, 평생학습이 개별 기관에서 독립적으로 이루어지기보다 지역사회 전체의 네트워크와 협력을 바탕으로 활성화될 수 있도록 정책적으로 지원한다. 이를 통해 학교, 대학, 공공기관, 복지관, 민간 교육기관, 지역사회 단체 등 다양한 주체가 협력하여 평생학습 프로그램과 서비스를 제공함으로써 국민이 더욱 쉽고 편리하게 평생학습에 참여할 수 있는 환경을 마련하고 있다.

결국 「평생교육법」은 국민 개개인의 학습권 보장을 넘어, 모든 국민이 평생학습을 통해 개인의 삶을 풍요롭게 하고 사회적 역량을 높이며, 공동체의 통합과 발전을 이루어 나가는 것을 궁극적 목표로 한다. 이는 급변하는 사회환경에서 모든 국민이 지속해서 성장할 수 있도록 제도적 기반을 마련하고, 장애인을 포함한 모든 사회구성원이 함께 학습하며 성장할 수 있는 포용적 평생학습사회를 구현하는 중요한 법적 토대가 되고 있다.

### (2) 장애인 평생교육 관련 조항

2016년 개정된 「평생교육법」 제15조 제2항에서는 국가와 지방자치단체가 장애인 평생교육을 체계적으로 지원하기 위한 정책을 수립·시행하도록 명시하였다(국가법령정보센터, 2024). 이는 장애인의 학습권 보장을 법적 의무로 규정한 중요한 변화로 평가된다.

2021년 개정에서는 제15조의 2가 신설되어, '장애인평생학습도시'를 지정·운영할 수 있도록 하였다. 이는 지역사회 중심으로 장애인의 평생학습 참여를 촉진하고, 장애인 친화적 학습 환경을 조성하기 위한 법적 근거가 되었다(교육부, 2023).

**표 3-1 「평생교육법」 제15조의2(장애인 평생학습도시)**

① 국가는 장애인의 평생교육 활성화를 위하여 특별자치시, 시·군 및 자치구를 대상으로 장애인 평생학습도시를 지정 및 지원할 수 있다.
② 제1항에 따른 장애인 평생학습도시 간의 연계·협력 및 정보교류의 증진을 위하여 전국장애인평생학습도시협의회를 둘 수 있다.
③ 제2항에 따른 전국장애인평생학습도시협의회의 구성·운영에 필요한 사항은 대통령령으로 정한다.
④ 제1항에 따른 장애인 평생학습도시의 지정 및 지원에 필요한 사항은 교육부 장관이 정한다.
⑤ 국가는 장애인 평생학습도시의 활성화를 위하여 관계 중앙행정기관 또는 관계기관 등이 참여하는 협의체를 구성·운영할 수 있으며, 협의체의 구성 및 운영에 필요한 사항은 대통령령으로 정한다.
[본조신설 2021. 6. 8.]

### (3) 평생교육기관의 역할과 인권 교육 의무화

2016년에는 장애인평생교육진흥센터의 설립 · 운영에 필요한 사항을 대통령령으로 정하고, 2019년에는 「평생교육법 시행령」이 개정되어 장애인 평생교육기관 종사자의 장애인 인권에 관한 교육 이수를 의무화하였다(국가법령정보센터). 이는 장애인에 대한 편견과 차별을 해소하고, 장애 친화적 교육환경 조성을 위한 법적 장치로서 의미가 크다.

이처럼 「평생교육법」은 장애인의 학습권 보장과 평생교육 참여 확대를 위한 기본 법령으로, 장애인 특성을 반영한 정책적 지원과 교육환경 개선을 위한 지속적 법 개정을 통해 장애인 평생교육 활성화를 위한 기반을 마련하고 있다(교육부, 2023).

**표 3-2 「평생교육법」 제19조의2(국가장애인평생교육진흥센터)**

① 국가는 장애인의 평생교육진흥과 관련된 업무를 지원하기 위하여 국가장애인평생교육진흥센터(이하 "장애인평생교육진흥센터"라 한다)를 둔다.
② 장애인평생교육진흥센터는 다음 각 호의 업무를 수행한다. 〈개정 2019. 4. 23.〉
1. 장애인 평생교육진흥을 위한 지원 및 조사 업무
2. 진흥위원회가 심의하는 기본계획에 관한 사항 중 장애인 평생교육진흥에 관한 사항
3. 장애 유형별 평생교육 프로그램 개발의 지원
4. 장애인 평생교육 종사자의 양성 · 교육 및 연수와 공무원의 장애인 의사소통 교육
5. 장애인 평생교육기관 간의 연계체제 구축
6. 발달장애인의 평생교육과정의 개발
7. 발달장애인의 의사소통 도구의 개발과 보급
8. 장애인 평생교육 프로그램을 운영하는 각급학교와 평생교육기관 양성을 위한 지원
9. 장애 유형별 평생교육 교재 · 교구의 개발과 보급
10. 그 밖에 장애인평생교육진흥센터의 목적수행을 위하여 필요한 사업
③ 장애인평생교육진흥센터의 설립 · 운영에 필요한 사항은 대통령령으로 정한다. [본조신설 2016. 5. 29.]

출처: 국가법령정보센터

**표 3-3 「평생교육법」 제19조의3(장애인 평생교육 종사자에 대한 인권교육)**

① 장애인 평생교육 종사자는 장애인 인권에 관한 교육을 받아야 한다.
② 제1항에 따른 장애인 인권에 관한 교육은 교육부령으로 정하는 인권교육을 실시하는 기관, 시설, 법인 및 단체가 실시한다.
③ 그 밖에 교육의 내용, 방법 등에 필요한 사항은 대통령령으로 정한다. [본조신설 2019. 4. 23.]

출처: 국가법령정보센터

### (4) 장애인평생교육시설의 설치 및 운영

2023년에 개정된 「평생교육법」 제20조의2(장애인평생교육시설 등의 설치) 조항은 장애인의 평생학습권을 보장하고, 평생교육 참여 기회를 확대하기 위한 구체적이고 실질적인 내용을 담고 있다(국가법령정보센터).

먼저, 이 법률은 장애인평생교육시설을 설치·운영할 수 있는 주체를 명확히 제시하고 있다. 즉, 국가와 지방자치단체, 시·도교육감은 지역사회 내 장애인의 평생교육 기회를 보장하고 활성화할 목적으로 장애인평생교육시설을 직접 설치하거나 기존 시설을 지정하여 운영할 수 있다(교육부, 2023). 이는 장애인의 평생교육이 단순히 장애인을 위한 복지 차원을 넘어 장애인의 생애 전반을 지원하는 국가적 책무임을 명확히 하는 것으로, 장애인 평생교육에 대한 국가와 지방자치단체의 책임성을 제고하는 법적 장치라 할 수 있다(평생교육백서, 2023).

특히 이 법 조항은 장애인평생교육시설 운영 시 장애 유형별로 특성과 개인적 요구를 반영한 맞춤형 평생교육 프로그램을 반드시 운영해야 한다고 규정하고 있다. 장애인의 특성과 교육적 요구는 매우 다양하고 개별적인 특수성을 가지므로, 교육의 효과성과 접근성을 높이기 위해서는 일괄적인 교육 방식이 아니라 장애 유형과 개인의 특성에 맞춘 세부적이고 구체적인 맞춤형 프로그램 운영이 필수적이다. 따라서 장애 유형별 교수법, 교재, 보조공학기기 활용 등의 요소를 반영하여 장애인의 실질적인 학습권 보장을 법적으로 뒷받침한 것이다(국가법령정보센터; 교육부, 2023).

한편, 국가, 지방자치단체 및 시·도교육감 외의 개인 또는 민간 단체가 장애인평생교육시설을 설치하여 운영하고자 하는 경우, 법령에 따라 대통령령으로 규정된 시설 기준과 설비 요건을 충족해야 하며, 반드시 관할 시·도교육감에게 등록하여야 한다. 대통령령으로 정한 시설 기준과 설비 요건에는 장애인의 신체적·물리적 접근성을 보장하기 위한 편의시설(엘리베이터, 경사로, 장애인 화장실 등), 장애 유형별 학습지원 보조기기와 교육자료, 교구 등의 구비, 시설 규모 및 교육 담당자의 전문성 및 자격 기준 등이 포함되어 있다. 이는 장애인평생교육시설의 질적 관리와 안정적인 운영을 위한 신뢰성 확보를 목적으로 마련된 법적 절차이다.

결론적으로 2023년 「평생교육법」 개정은 장애인의 평생교육 참여 기회를 확대하고 교육의 질적 수준을 높이는 것을 목표로 한다. 이러한 법적 규정을 통해 장애인의 평생학습권 보장이 실질적으로 이루어지고, 장애인이 전 생애에 걸쳐 자신의 욕구와 특성에 맞춘 평생교육을 제공받을 수 있는 포용적 평생학습 환경이 구현될 것으로 기대된다.

**표 3-4 「평생교육법」 제20조의2(장애인 평생교육시설 등의 설치)**

① 국가 · 지방자치단체 및 시 · 도교육감은 관할 구역 안의 장애인을 대상으로 평생교육 프로그램 운영과 평생교육 기회를 제공하기 위하여 장애인 평생교육시설을 설치 또는 지정 · 운영할 수 있다. 이 경우 대통령령으로 정하는 바에 따라 청각장애 등 장애 유형별 맞춤형 평생교육 프로그램을 운영하여야 한다. 〈개정 2023. 4. 18.〉
② 국가 · 지방자치단체 및 시 · 도교육감 외의 자가 제1항에 따른 장애인 평생교육시설을 설치하고자 하는 때에는 대통령령으로 정하는 시설과 설비를 갖추어 교육감에게 등록하여야 한다.
③ 제2항에 따라 장애인 평생교육시설을 등록한 자가 그 시설을 폐쇄하고자 하는 때에는 대통령령으로 정하는 사항을 갖추어 교육감에게 신고하여야 한다. 〈신설 2023. 4. 18.〉
④ 국가 및 지방자치단체는 장애인 평생교육시설의 운영에 필요한 경비를 예산의 범위에서 지원할 수 있다. 〈개정 2023. 4. 18.〉
[본조신설 2016. 5. 29.]

출처: 국가법령정보센터

### 3) 장애인평생교육법

#### (1) 장애인평생교육법의 목적 및 개요

2025년 10월 26일 국회 본회의 심의를 통과한 「장애인평생교육법」은 장애인의 평생학습 참여권을 제도적으로 보장함으로써 자립생활과 사회참여를 촉진하고, 이를 통해 삶의 질 향상과 사회통합을 실현하기 위한 목적으로 제정된 법이다.

이 법은 장애인이 생애 전 주기에 걸쳐 다양한 교육 기회를 차별 없이 누릴 수 있도록 국가의 책임과 지방자치단체의 역할을 명확히 규정한다는 점에서 의의가 크다.

모든 장애인은 비장애인과 동등하게 평생교육을 받을 권리를 가지며, 국가와 지방자치단체는 이러한 권리가 실질적으로 보장될 수 있도록 필요한 정책을 수립·시행해야 한다(제3조). 이는 교육권의 평등 실현뿐 아니라 장애인의 학습 접근권(Accessibility)을 제도적으로 명시한 조항으로, 교육의 포용성과 형평성을 구현하기 위한 핵심적 근거라 할 수 있다.

제4조에 따르면 장애인평생교육에 관하여 본 법에서 정하지 않은 사항은 「평생교육법」을 적용한다고 규정하고 있다. 따라서 본 법은 기존 「평생교육법」의 특별법으로서, 장애인의 특성과 학습 환경을 고려한 세부 규정과 지원체계를 별도로 보완하는 성격을 지닌다.

「장애인평생교육법」은 단순한 교육 관련 법률이 아니라, 장애인의 인간다운 삶과 사회통합을 실현하기 위한 국가책임형 교육복지법이라 할 수 있다. 이 법은 평생교육을 통해 장애인이 자아실현과 사회참여의 주체로 성장할 수 있는 제도적 토대를 마련하였으며, 향후 포용적 평생학습사회로의 전환을 이끄는 핵심적 법률로 기능할 것이다.

「장애인평생교육법」 제2조 제3호는 장애인평생교육기관을 '이 법에 따라 등록된 시설·법인·단체 또는 「평생교육법」에 따른 평생교육기관 중 장애인평생교육을 실시하는 기관'으로 규정한다. 이는 국가 및 지방자치단체가 공공과 민간의 다양한 기관을 통해 장애인 학습기회를 확장할 수 있도록 제도적 근거를 마련한 조항이다.

### (2) 장애인평생교육법의 기본방향

국가와 지방자치단체는 장애인이 평생교육의 기회를 보장받을 수 있도록 진흥정책을 수립·시행해야 한다(제6조). 특히 장애 유형과 특성을 고려한 정책 설계를 통해 지속가능한 추진체계를 마련해야 하며, 교육부장관은 5년마다 「장애인평생교육진흥기본계획」을 수립한다(제7조).

또한 3년마다 「장애인평생교육 실태조사」를 실시하여 정책 근거를 마련하고(제8조), 문해교육이 필요한 장애인에 대해서는 재정적 지원을 우선할 수 있음(제23조)을 규정하고 있다. 이러한 규정은 장애인 평생교육의 국가적 책임성과 정책 지속성을 제도적으로 보장한다는 점에서 의의가 있다.

「장애인평생교육법」은 중앙에서 지방으로 이어지는 다층적 전달체계를 구축한다. 교육부 산하에 국가장애인평생교육진흥센터를 두어 정책 지원과 연구, 정보 제공을 담당하며(제15조), 시 · 도지사는 시 · 도장애인평생교육진흥센터를 지정 · 운영하여 지역 내 네트워크 구축, 상담 및 프로그램 운영을 수행한다(제16조).

또한 시 · 군 · 구 단위에서는 장애인평생학습센터를 설치 또는 지정하여 현장 중심의 평생교육 기회를 제공한다(제17조). 이와 함께 중앙 및 지방 차원에 장애인평생교육협의회를 두어 정책 조정과 협력체계를 강화한다(제11조 · 제12조).

이러한 구조는 중앙정부의 정책 방향이 지역사회 현장에 효과적으로 전달될 수 있도록 하는 다단계 행정체계를 의미한다. 또한 이 법은 장애인평생교육의 전문성과 윤리성을 확보하기 위하여 '장애인평생교육사' 제도를 도입하였다. 교육부장관은 관련 교과목을 이수하고 학위를 취득한 자에게 자격을 부여하며(제24조), 이들은 진흥센터와 평생학습센터 등 주요 기관에 배치된다(제26조). 또한 모든 종사자는 매년 장애인 인권교육을 이수해야 하며(제27조), 국가와 지방자치단체는 인권 친화적 교육환경을 조성하기 위해 노력해야 한다(제28조). 이는 장애인 학습자에 대한 존중과 권리 중심의 교육문화를 제도적으로 보장하기 위한 규정이라 할 수 있다.

장애인평생교육은 단순한 학습을 넘어 자립과 사회참여로 연결되어야 한다. 이에 따라 장애인평생교육기관은 직업교육프로그램 운영, 공공일자리 연계, 고용 유지 지원, 복지시설과의 협력사업 등을 수행할 수 있다(제14조).

또한 교육부장관은 고용노동부장관 및 보건복지부장관과 협력 체계를 구축하여 장애인평생교육과 고용 · 복지정책이 유기적으로 연계되도록 해야 한다(제14조 제2항). 이 조항은 장애인 평생교육을 '생애발달-고용-복지'의 연속적 체계 속에서 바라보는 통합적 관점을 제시한다(진선미의원 대표발의 원문, 2025).

## 3 주요 정책 변화와 현황

### 1) 장애인 평생교육 정책 전담 조직 설치

2018년 1월 1일, 교육부는 장애학생의 전 생애에 걸친 체계적인 특수교육 및 평생교육 지원을 위해 교육부 특수교육 정책과 내에 '장애학생진로평생교육팀'을 신설하였다. 이 조직은 특수학교 자유학기제 운영, 특수교육대상자의 진로 · 직업교육 강화, 장애대학생의 교육복지 지원 확대, 장애인 평생교육 지원체계 구축 등의 업무를 전담하며 장애인의 교육적 요구에 전문적으로 대응하고 있다(국립특수교육원, 2018).

또한 같은 해 국립특수교육원 내에는 장애인의 평생교육을 전담하여 체계적으로 지원하는 '국가장애인평생교육진흥센터'가 설치되었다. 이 센터는 장애인의 평생교육 활성화를 위해 장애 유형과 생애주기에 맞춘 맞춤형 평생교육 프로그램 개발 및 보급, 평생교육 기관 종사자 전문성 강화 연수, 장애인의 평생학습 참여 지원 기반 구축 등 전문적이고 실질적인 지원을 수행하고 있다(국립특수교육원, 2024).

이러한 조직 신설과 지원센터 설치는 장애인 평생교육 정책이 국가적 차원에서 전문적 · 체계적으로 추진될 수 있는 중요한 제도적 기반을 마련했다는 점에서 의미가 크다.

### 2) 장애인 평생교육 활성화 방안 수립

2020년 교육부, 보건복지부, 고용노동부 등 관계 부처는 공동으로 「장애인 평생교육 활성화 방안(2020~2022)」을 수립하여 발표하였다. 이 방안은 포용복지국가 실현과 법령상 국가 책무의 충실한 이행을 통해 모두가 함께 성장할 수 있는 장애 친화적 평생학습 환경을 조성하는 것을 목표로 하였으며, 주요 내용은 다음과 같다.

① **장애인 평생학습도시 지정 및 운영**: 2020년 처음으로 10개의 기초지방자치단체를 '장애인 평생학습도시'로 시범 운영하여, 지역 중심의 장애 친화적 평생

교육 환경을 조성하였다. 장애인 평생학습도시는 지역에 기반한 장애인의 역량개발 지원 및 지역 중심 장애인 평생교육 활성화 기반 조성을 위해 국가가 시 · 군 및 자치구를 대상으로 '장애인 평생학습도시'를 지정하여 장애 유형 및 정도에 따른 다양한 평생교육 프로그램을 제공하고, 이에 대한 접근성 향상을 위해 이동 · 편의 사항을 지원하고 있다(국가장애인평생교육진흥센터, 2025).

② **발달장애인 평생교육센터 설립 확대**: 발달장애인의 지역사회 활동 참여 확대를 위해 생애주기별 발달 특성에 적합한 의사소통 보조도구 '위톡(앱)'을 개발 · 보급하고, 맞춤형 평생교육 특화프로그램을 개발하여 지원하였다(국가평생교육진흥원, 2023).

③ **장애인 평생교육 프로그램 및 콘텐츠 개발**: 발달장애인, 시각장애인, 청각장애인, 지체 및 중도중복장애인, 탈시설장애인, 장애여성 등 장애 특성과 요구를 고려한 현황을 종합적으로 조사하여 맞춤형 평생교육 특화프로그램 개발 및 지원 방안을 마련하였다(국가평생교육진흥원, 2023).

④ **장애인 평생교육 종사자 역량 강화**: 장애인 평생교육을 보다 체계적이고 지속적으로 지원하기 위해 교육부와 보건복지부, 고용노동부 등 관계부처 및 유관기관이 참여하는 중앙상설협의체를 구성 · 운영하였다. 또한 국가와 지방자치단체 간, 시 · 도 교육청 간 협력체계를 구축하여 지역 내 인적 · 물적 연계를 강화하였다(국가평생교육진흥원, 2023).

### 3) 장애인 평생학습도시 지정 확대

2025년 기준 장애인 평생학습도시는 96개로 확대 지정되었으며, 장애인의 평생교육 참여를 위한 지역사회 기반이 더욱 강화되고 있다. 이러한 확장은 장애인의 생애주기별 교육 요구에 부합하는 맞춤형 평생교육 지원체계가 지속적으로 구축되고 있다(국가장애인평생교육진흥센터, 2023).

운영 내용은 다음과 같다.

첫째, 기반 구축이다. 장애인 평생교육 지원 협의체 구성·운영, 장애인 평생교육 자료 개발, 관련 연수 운영, 장애인 평생교육 DB 및 정보망 구축을 통해 장애인의 학습 참여를 지원하고 있다.

둘째, 프로그램 다양화이다. 장애 유형 및 정도에 따른 맞춤형 평생교육 프로그램 운영, 장애인과 비장애인 통합 프로그램 운영, 중증장애인을 위한 찾아가는 프로그램 운영으로 장애인의 자기 계발과 사회참여를 촉진하고 있다.

**연구문제**

1. 장애인 평생교육의 법적 기반이 강화되었음에도 불구하고 여전히 남아있는 주요 한계는 무엇인가? 이를 극복하기 위한 방안을 논의하시오.
2. 장애인 평생학습도시 지정 사업은 지역사회 통합에 어떤 긍정적 영향을 미칠 수 있는가? 실제 운영 사례를 조사하여 보시오.
3. 장애인 평생교육이 학교중심 모델에서 지역사회중심 모델로 전환되어야 하는 이유는 무엇인지 논의하시오.

## 실습가이드

- ▸ **팀 구성** : 3~5인 1팀
- ▸ **진행 시간** : 50분 권장
- ▸ **필요 자료** : 장애인 평생학습도시 운영 사업 안내(국립특수교육원), 2020년 장애인 평생학습도시 운영 사례(국가장애인평생교육진흥센터)
- ▸ **제출 형식** : 발표자료(PPT), 보고서 또는 포스터 형태 가능

### 1. 사전 조사 및 이해

- 장애인 평생학습도시 지정 사업의 개요와 추진 배경 조사
- 관련 법령 및 정책 자료를 수집하여 사업의 법적 근거 파악

### 2. 사례 조사

- 장애인 평생학습도시로 지정된 지역 중 한 곳 선정
- 선정된 지역의 사업 운영 현황, 프로그램 내용, 참여자 수 등 조사
- 지역사회 통합에 미친 긍정적 영향을 구체적으로 분석

### 3. 분석 및 평가

- 조사한 사례를 바탕으로 사업의 성과와 한계 평가
- 지역사회 통합을 위한 주요 성공 요인 도출

### 4. 개선 방안 제안

- 조사 및 분석 결과를 토대로 지역사회 통합을 강화할 수 있는 방안 제안
- 제안한 방안의 실현 가능성과 기대 효과 설명

장애인평생교육

# 04 장애 유형별 이해와 특성

## 학습개요

장애인 평생교육은 모든 장애인이 생애 전반에 걸쳐 학습권을 보장받고, 자아실현과 사회참여를 이루어 나갈 수 있도록 지원하는 것을 목표로 한다. 이를 위해 장애에 대한 정확한 이해는 필수적이며, 특히 장애 유형별 특성과 차이를 깊이 있게 파악하는 것은 평생교육 실천의 기초가 된다.

본 단원에서는 지체장애, 시각장애, 청각장애, 발달장애를 중심으로 장애의 정의, 발생 원인, 신체적 · 심리적 · 행동적 특성을 체계적으로 살펴보고자 한다. 이를 통해 장애가 개인의 발달, 생활, 사회적 관계에 미치는 다양한 영향을 이해하고, 각 장애 유형이 가지는 고유한 특성과 교육적 요구를 탐색해 보고자 한다.

## 학습목표

1. 지체장애, 시각장애, 청각장애, 발달장애의 정의와 주요 특성에 대해 분류할 수 있다.
2. 지체장애, 시각장애, 청각장애, 발달장애의 원인을 기술할 수 있다.
3. 다양한 장애 유형에 대한 객관적인 인식을 비탕으로, 장애인의 특성과 필요를 고려하는 평생교육적 관점을 제안할 수 있다.

# 1 지체장애인

지체장애에 대한 정의는 장애인 등에 대한 「특수교육법」과 「장애인복지법」에서 다소 차이를 보인다. 「특수교육법」에서는 지체장애를 "기능적 또는 형태상의 장애로 인해, 몸통을 지탱하거나 팔 · 다리의 움직임에 어려움이 있어 교육적 성취에 제한을 받는 사람"으로 정의한다.

반면, 「장애인복지법」에서는 지체장애를 신체적 장애의 한 형태로 규정하며, 이를 지체장애와 뇌병변장애로 구분하여 명시하고 있다. 따라서 「특수교육법」에서 지칭하는 지체장애 대상자는 복지법상 지체장애뿐만 아니라 뇌병변장애까지 포함하는 개념이라고 할 수 있다.

## 1) 지체장애의 정의

지체장애는 질병이나 외상 등으로 인해 팔과 다리(사지) 또는 몸통의 운동기능에 장애가 생긴 상태를 의미한다. 지체장애는 범위가 넓고 다양하여 개인마다 증상과 정도가 다르게 나타난다. 사지란 팔과 다리를 말하며, 상지는 어깨 관절에서 손가락 끝까지, 하지는 엉덩이 관절에서 발가락 끝까지를 포함한다. 몸통은 척추를 중심으로 한 상반신, 목, 머리, 흉부, 복부 등을 말하며, 내장 기관은 포함되지 않는다. 운동기능 장애란 중추신경계, 근육, 뼈, 관절 등에 손상이나 질병이 발생하여, 장기간 일상생활에서 혼자 움직이거나 활동하는 데 어려움을 겪는 상태를 말한다(권선진, 2005). 우리나라의 「장애인복지법」에 따르면, 지체장애와 뇌병변장애의 정의는 다음과 같이 규정하고 있다.

**표 4-1 장애인복지법 시행령상의 지체장애 규정**

| 구분 | 규정 |
|---|---|
| 지체장애인 | 가. 한 팔, 한 다리 또는 몸통의 기능에 영속적인 장애가 있는 사람<br>나. 한 손의 엄지손가락을 지골(指骨: 손가락 뼈) 관절 이상의 부위에서 잃은 사람 또는 한 손의 둘째손가락을 포함한 두 개 이상의 손가락을 모두 제1지골 관절 이상의 부위에서 잃은 사람<br>다. 한 다리를 리스프랑(Lisfranc: 발등배와 발목을 이어주는) 관절 이상의 부위에서 잃은 사람<br>라. 두 발의 발가락을 모두 잃은 사람<br>마. 한 손의 엄지손가락 기능을 잃은 사람 또는 한 손의 둘째손가락을 포함한 손가락 두 개 이상의 기능을 잃은 사람<br>바. 왜소증으로 키가 심하게 작거나 척추에 현저한 변형 또는 기형이 있는 사람<br>사. 지체(肢體)에 위 각 목의 어느 하나에 해당하는 장애정도 이상의 장애가 있다고 인정되는 사람 |
| 뇌병변장애인 | 뇌성마비, 외상성 뇌손상, 뇌졸중(腦卒中) 등 뇌의 기질적 병변으로 인하여 발생한 신체적 장애로 보행이나 일상생활의 동작 등에 상당한 제약을 받는 사람 |

출처: 국가법령정보센터(http://www.law.go.kr)

### 2) 지체장애의 원인

지체장애는 그 원인에 따라 선천적 요인과 후천적 요인으로 크게 구분된다. 선천적 원인은 태아가 출생하기 전이나 출생 전후에 발생한 유전적 결함이나 감염 등의 영향으로 정상적인 신체 발달에 이상이 생긴 경우를 의미한다. 주요 선천적 원인으로는 유전적 이상, 염색체 이상, 대사장애, 임신 중 흡연·음주, 특정 약물 복용, 방사선 노출, 매독, 풍진 등의 감염, 난산이나 조산, 혈액형 부적합(Rh- 인자 등), 고령 임신 등이 있다. 그러나 지체장애의 유형에 따라 이러한 원인이 뚜렷하게 드러나지 않는 경우도 많아, 정확한 원인을 밝히기 어려운 사례도 존재한다.

한편, 후천적 원인은 출생 이후의 외부적 요인으로 인해 신체에 손상이 발생하는 경우를 말한다. 대표적으로는 각종 질환에 의한 중추신경계 손상, 교통사고나 산업재해 등으로 인한 외상, 당뇨병이나 관절염, 혈액순환장애와 같은 만성 질환이 원인이 되는 경우가 많다. 이와 같이 지체장애는 발생 시기와 원인에 따라 그 양상이 매우 다양하게 나타나므로, 정확한 진단과 개인의 특성에 맞춘 적절한 지원이 필수적이다.

### 3) 지체장애의 종류

지체장애는 지체기능장애, 관절장애, 절단, 변형의 네 가지 유형으로 구분된다.

① 지체기능장애는 팔과 다리의 기능장애 또는 척추장애로 대별되며, 신체의 일부 또는 전체를 움직일 수 없거나 움직임이 조절되지 않고 근력이 약화된 상태를 의미한다. 이러한 장애는 주로 말초신경계의 손상이나 근육병증 등으로 인해 발생하며, 마비로 인한 운동기능 저하가 대표적인 특징이다.

② 관절장애는 특정 관절의 강직, 근력 약화, 마비, 또는 관절의 불안정성과 같은 문제로 인해 움직임에 제한이 생긴 상태를 의미한다. 이는 관절의 기능을 방해하고 일상생활 수행에 어려움을 초래한다.

③ 변형은 척추나 팔 · 다리의 형태가 비정상적으로 변화되어 기능적 장애를 유발하는 경우를 말한다. 주요 예로는 다리 길이의 비대칭, 척추측만 또는 만곡, 왜소증 등이 있다.

④ 절단은 팔이나 다리의 일부가 손실된 상태를 의미하며, 사고나 질병으로 인한 후천적 절단뿐만 아니라 선천적 결손도 포함된다.

### 4) 지체장애의 특성

지체장애인 가운데 가장 흔한 유형은 운동 기능에 문제가 있는 경우이다. 근육이나 관절을 장기간 사용하지 않거나 마비 상태가 지속되면 근력이 약해지면서 근위축, 근경직, 관절 강직 등이 나타나게 된다. 이러한 변화로 인해 신체를 정상적으로 움직이는 것이 어려워진다.

척수장애와 같은 신경계 이상에 의한 지체장애는 마비나 절단, 신체 변형과는 달리, 뇌와 신체 간의 신호를 전달하는 척수가 손상되어 운동 신호와 감각 신호가 제대로 전달되지 않는 특징을 가진다. 이로 인해 2차적 합병증이 동반될 가능성도 높다. 운동 기능 장애는 눈과 손의 협응 능력을 저하시켜 영유아기에는 탐색 활동을 제한하게 하고, 도형이나 문자를 그리거나 쓰는 능력에도 영향을 미쳐 학습 능력에 지장을 줄 수 있다. 특히 학령기에는 이러한 기능 저하가 학습 전반에 걸쳐 부정적인 영향을 미칠 수 있다.

이러한 어려움은 주로 뇌손상으로 인한 지능 발달 지체를 동반한 지체장애인, 즉 중복장애인에게서 자주 나타나는 특성이기도 하다(강영실, 2016). 또한 지체장애인은 신체의 제한으로 인해 타인의 도움을 필요로 하거나, 사회적·문화적 환경의 제약을 경험하면서 수동적이고 무기력한 행동을 보일 수 있다. 성장 과정에서 자신을 타인과 비교하거나 주변의 반응을 민감하게 받아들이면서, 자신만의 독특한 자아개념을 형성하기도 한다. 특히 후천적으로 지체장애를 가지게 된 중도장애인은 이전에 누렸던 신체 기능과 생활 방식을 상실하면서 큰 심리적 충격과 상실감을 경험하게 된다. 이러한 경우 장애를 수용하고 극복해 나가기 위해서는 정서적 지지, 적응 기술, 그리고 내적 회복 의지가 무엇보다 중요하다.

## 2 뇌병변장애

### 1) 뇌병변장애의 정의

뇌병변장애는 뇌성마비, 뇌졸중 외상성 뇌손상 등 뇌의 기질적 병변으로 인한 신체적 정신적 장애로 보행 또는 일상생활에 현저한 제한을 받는 경우를 말한다(권선진, 2007: 유동철, 2016 재인용, 98). 뇌를 대뇌(cerebrum), 소뇌(cerebellum), 간뇌(interbrain)로 구성되는데 대뇌는 기억, 사고, 판단, 감정조절, 소뇌는 불수의 운동, 몸의 균형을 유지하는 역할, 간뇌는 감각연결, 체온, 혈압, 혈당 등을 조절하며 수면 등의 신체항상성을 유지하는 역할을 한다. 따라서 뇌의 어느 부위가 손상되느냐에 따라 장애는 다양하게 나타날 수 있다.

### 2) 뇌병변장애의 원인

뇌성마비는 원인이 다양하고 여러 원인이 중복되어 나타나기 때문에 원인을 알 수 없는 경우가 많다. 일반적으로 알려진 원인은 태아의 뇌발육 부진과 임신 중 방사선 노출, 약물중독, 음주, 흡연 등이 있고, 조산이거나 출산 시 분만지연으로 인한 무산소증, 모체감염, 태반부전 등이다. 또 유아기 때 심한 황달, 백일해, 뇌염과 뇌막염, 두부 외상 등도 뇌성마비의 원인이 될 수 있다(강영실, 2016). 한편 뇌졸중은 심장병, 고혈압, 동맥경화가 있는 사람에게 발생하기 쉬우며, 지나치게 긴장된 생활을 하거나 불안감, 욕구불만, 스트레스가 있는 경우 발생 가능성이 높다.

### 3) 뇌병변장애의 분류

중추신경계 손상으로 인한 주요 운동장애에는 뇌성마비, 외상성 뇌손상, 그리고 뇌졸중이 있으며, 이들은 원인과 증상 면에서 차이를 보이지만 모두 운동, 감각, 인지 기능에 심각한 영향을 줄 수 있다. 뇌성마비(Cerebral Palsy, CP)는 중추신경계의 조절 기능 이상으로 인해 발생하는 운동 및 자세 장애로, 말초신경이나 근육 자체는 정상이지만 뇌 손상으로 인해 소설 기능에 문제가 생긴다. 조산아나 미숙이에게서 흔히 발생하며, 출산 시 산소결핍, 산모의 감염이나 약물중독, 혈액형 부조화(Rh 부적합) 등도 주요 원인으로 작용한다. 이로 인한 신생아 황달은 조기에 치료하면 뇌 손상을 예방할 수 있다. 뇌성마비는 비진행성이지만 영구적인 중추성 운동장애 및 지능장애로 이어질 수 있으며, 경직형, 무정위운동형 등 다양한 유형이 존재하고, 대부분의 경우 언어장애, 감각장애, 뇌전증 등을 동반한다.

외상성 뇌손상은 교통사고, 산업재해, 스포츠 사고 등 외부 충격에 의해 발생하며 현대 산업사회에서 증가 추세에 있다. 특히 교통사고는 뇌손상의 주요 원인으로, 척수손상과 함께 다발성 손상을 초래하고 다양한 신체적·신경행동학적 장애를 유발한다. 손상의 정도에 따라 경도에서부터 중등도, 중증, 식물인간 상태까지 네 단계로 구분되며(권선진, 2007), 그에 따른 치료와 재활 접근도 달라진다.

한편, 뇌졸중은 일반적으로 '중풍'으로 알려진 질환으로, 우리나라에서 고령 인구 사망 원인 1위이며 가장 흔한 신경계 장애 중 하나다. 뇌혈관의 파열로 인한 출혈성 뇌졸중과 혈관이 막혀 발생하는 허혈성 뇌졸중이 있으며, 이로 인해 뇌세포가 손상되어 편마비, 언어장애, 감각 및 인지 장애, 대소변 조절 장애, 시야 결손, 경직 등 다양한 후유증이 나타난다. 최근에는 고령층 외에도 젊은 층에서도 발병률이 증가하고 있어 조기 예방과 관리의 중요성이 강조되고 있다(유동철, 2016).

### 4) 뇌병변장애의 특성

뇌병변장애는 신경계 손상으로 인해 발생하는 대표적인 장애 유형으로, 가장 두드러진 특성은 중복장애가 빈번하게 동반된다는 점이다. 특히 뇌성마비의 경우 전염되거나 유전되지 않으며, 완치가 어렵다는 점을 인식하고 교육적 접근을 계획해야 한다(권선진, 2007).

신체적 특성 측면에서 보면, 뇌병변장애인은 대체로 언어장애를 동반하며, 경우에 따라 시각장애나 청각장애가 함께 나타나기도 한다. 상지의 운동 기능에 제한이 있어 일상생활에서의 기본 동작 수행에 어려움을 겪는 경우가 많다. 이들은 사물에 대한 호기심은 보이지만, 이를 직접 만져보려는 경향이 강한 특징을 보인다. 행동적 특성으로는 뇌의 운동 조절 기능에 문제가 있기 때문에 팔다리의 움직임이 원활하지 않으며, 글쓰기, 식사, 보행 등과 같은 기본적인 동작에서도 어려움을 겪을 수 있다. 특히, 움직임이 비정상적으로 교차되거나 경직된 형태로 나타나는 경우도 자주 관찰된다.

또한, 인지 능력의 저하나 지각 장애가 함께 나타나는 경우가 많아 학습 능력이 일반적인 발달 수준에 미치지 못하는 경우가 있으며, 이러한 제한은 전반적인 행동 발달에도 영향을 미친다. 장애의 양상은 손상의 원인, 손상 부위와 시기, 그리고 손상의 정도에 따라 매우 다양하게 나타난다. 일반적으로 움직임에 제약이 따르기 때문에 사회적 접촉과 경험이 부족해질 위험이 높다. 특히, 뇌졸중이나 외상성 뇌손상에 의한 마비와 경직은 뇌병변장애에서 공통적으로 나타나는 신체적 · 행동적 특성과 밀접한 관련이 있다.

## 5) 지체 · 뇌병변장애 지원

지체 뇌병변장애인들의 교수-학습 지원은 특수성과 보편성을 모두 포괄할 수 있어야 한다. 즉 그들의 특수성을 고려한 개별화된 교수-학습 방법을 사용해야 하며 동시에 비장애인들과 마찬가지로 보편적인 교수-학습 방법을 적용해야 한다.

### (1) 지체 · 뇌병변장애인들을 위한 교수-학습의 원리

① **자발성의 원리**: 장애인 스스로 의욕을 가지고 자기의 목표를 위해서 자신의 욕구를 충족시켜 나가고자 하는 자기 주도적인 학습 능력이 필요하다는 것이다.

② **개별화의 원리**: 장애인 개개인의 요구와 자질, 관심, 성향 등 학생의 개별적인 능력에 따른 개별화된 교수-학습 과정이 이루어져야 한다.

③ **사회화의 원리**: 장애인을 위한 사회화의 원리는 교육을 통하여 장애인이 사회화되어 유용한 지역사회의 구성원으로서의 역할을 수행할 수 있도록 하고자 하는 것이다.

④ **통합화의 원리**: 전인교육을 지향하고자 하는 것이다. 장애인이 학습을 통해 인지적 영역과 정의적 영역, 운동기능적인 영역을 고루 발달시켜 지 · 덕 · 체가 고루 발달한 인간을 육성하고자 하는 것이다.

⑤ **다양화의 원리**: 장애인의 능력과 요구, 관심, 성향 등의 개인차를 고려하여 교수-학습 시간과 장소, 방법, 인적자원 및 물적 자원 등 경험을 제공함에 있어 융통성 있는 적용이 필요함을 의미한다.

⑥ **일반화의 원리**: 장애인의 학습 내용은 가정과 학교, 지역사회와의 연관된 내용을

중심으로 구성하여 일반화할 수 있는 기회를 제공할 수 있도록 해야 한다는 원리이다.

⑦ **자립화의 원리**: 장애인의 자기 주도적 학습 및 독립적인 생활능력을 강조하는 원리이다. 이를 통해서 장애인의 가정이나, 학교, 사회에서 개인적, 사회적, 경제적으로 자립할 수 있는 능력을 기르게 된다(정동영, 김희규, 신영숙, 2014).

### (2) 학습지원

| 구분 | 내용 |
|---|---|
| 장애 특성 | • 팔 · 다리의 기능장애나 척추손상으로 인해 보행, 이동, 신체 균형 유지가 어려운 장애 유형이다.<br>• 휠체어, 목발, 보조기, 의족 등을 사용하는 경우가 많으며, 물리적 접근성과 이동 동선이 학습 참여에 직접적인 영향을 미친다. |
| 주요 학습 참여 어려움 | • 강의실, 화장실, 엘리베이터 등 시설 접근의 어려움<br>• 휠체어나 보조기구 이동에 따른 시간 지연으로 인한 지각 발생 가능<br>• 궂은 날씨나 교통편 문제, 병원 진료로 인한 결석 가능<br>• 수업 중 의료적 응급상황 발생 시 즉시 대처 필요 |
| 평생교육 지원 방안 | • 사전 협의: 학기 시작 전 지체장애 학습자와 면담을 통해 이동 동선, 강의실 접근성, 필요한 편의시설을 미리 점검한다.<br>• 물리적 접근성 확보: 강의실이 접근 불가능한 건물에 배정된 경우, 즉시 접근 가능한 강의실로 변경한다.<br>• 시간적 유연성 부여: 지각 · 결석 사유가 교통, 날씨, 의료 사정인 경우 출석 인정 범위를 탄력적으로 운영한다.<br>• 보조기기 지원: 휠체어 경사로, 자동문, 이동 보조기기 등을 교육기관 차원에서 확보한다.<br>• 응급대처 체계 마련: 응급상황 시 대피 경로 및 담당 인원을 사전에 정하고, 안전교육을 실시한다. |
| 교수 · 학습 운영 전략 | • 수업 시작 전 이동 시간 여유를 두고 일정을 계획한다.<br>• 자리 배치는 통로가 넓고 이동이 용이한 공간으로 배정한다.<br>• 조별 활동 시 신체활동이 요구되는 활동은 대체 과제나 협력 과제로 전환한다.<br>• 온라인 · 혼합형 수업 방식을 병행하여 학습 연속성을 유지할 수 있도록 한다. |
| 교육기관의 고려사항 | • 건물 내 장애인 화장실, 엘리베이터, 비상구 접근성 점검<br>• 비상시 지체장애 학습자를 안전하게 대피시킬 수 있는 경로와 지원 인력 확보<br>• 물리적 환경 외에도 심리적 배려와 동료 학습자들의 협력 문화를 조성한다. |

# 3 시각장애인

## 1) 시각장애의 정의

시각장애에 관한 가장 구체적인 기준은 「장애인복지법」에 근거한 「장애등급 판정 기준」(보건복지부령 제871호, 2021.4.13.)이다. 시각장애는 시력 또는 시야를 기준으로 판정한다. 시력은 안경이나 콘택트렌즈를 착용한 상태에서 원거리 시력표로 측정한다. 원거리 시력표는 학창 시절 신체검사의 일부로 검사받았던 시력표를 떠올리면 된다. 측정 거리는 시력표에 따라 다소 다르다. 시력표의 맨 윗줄에 있는 숫자만 읽을 수 있는 시력이 교정시력 0.1이다. 다음 표 4-2 는 「장애인복지법」에 근거한 장애 정도에 따른 시각장애 판정기준이다.

표 4-2 「장애인복지법」에 근거한 시각장애 판정기준

| 구분 | 시각장애 판정기준 |
|---|---|
| 장애의 정도가 심한 장애인 | • 좋은 눈의 시력(공인된 시력표로 측정한 것을 말하며, 굴절이상이 있는 사람은 최대 교정시력을 기준으로 한다. 이하 같다)이 0.06 이하인 사람<br>• 두 눈의 시야가 각각 모든 방향에서 5도 이하로 남은 사람 |
| 장애의 정도가 심하지 않은 장애인 | • 좋은 눈의 시력이 0.2 이하인 사람<br>• 두 눈의 시야가 각각 모든 방향에서 10도 이하로 남은 사람<br>• 두 눈의 시야가 각각 정상시야의 50퍼센트 이상 감소한 사람<br>• 나쁜 눈의 시력이 0.02 이하인 사람<br>• 두 눈의 중심 시야에서 20도 이내에 겹보임[복시(複視)]이 있는 사람 |

## 2) 시각장애의 분류 및 원인

시각장애의 모든 원인을 명확히 밝혀내는 것은 쉽지 않은 일이다. 시각장애는 개인의 연령, 성별, 유전적 요인, 생활습관 등 다양한 요소로 인해 발생할 수 있으며, 때로는 원인을 정확히 알 수 없는 경우도 존재한다. 또한, 여러 요인이 복합적으로 작용하여 시각장애가 나타나는 사례도 적지 않다.

현재 일반적으로 알려진 시각장애, 특히 실명을 초래하는 주요 원인은 눈을 구성하는 조직이나 기관의 이상, 눈과 뇌를 연결하는 시신경의 손상, 그리고 시각을 담당하는 뇌 영역의 기능 이상 등이다.

### (1) 맹(blindness)

맹이란 좁은 의미로는 시력이 제로인 자를 말하나 넓은 의미의 맹은 한계가 일정하지 못하여 각 나라마다 혹은 보는 관점에 따라 입장을 달리한다. 미국에서는 좋은 눈의 교정시력이 0.1 이하이거나 시야가 20도 이하로 제한된 시각상태를 법적 맹(legal blindness)이라고 규정하고 대부분의 주(state)에서는 교정시력이 0.3 또는 0.4 이하인 학생을 저시력으로 인해 특수교육이 필요한 학생으로 인정하여 지원하고 있다. 우리나라의 경우는 일반적으로 교정시력 0.05 이하를 실명이라 하고, 이 중 전혀 보이지 않을 뿐 아니라 빛의 구별도 되지 않을 경우를 전맹(0.02 미만)이라 하고, 밝고 어두움을 구별할 수 있으며, 약간 볼 수 있으나 1m 앞의 손가락의 수를 구별할 수 없는 경우를 준맹(0.02~0.04)이라 한다(나운환, 2008).

### (2) 저시력(low vision)

저시력이란 시력이 저하되어 기본적인 일상생활은 가능하지만, 일반 도서에 수록된 보통 크기의 글자를 읽기 어려운 상태를 말한다. 일반적으로 양안의 교정시력이 0.04 이상 0.3 미만인 경우를 저시력으로 분류한다. 이들은 점자를 사용하는 단계에는 이르지 않았지만, 일반 교과서를 통한 학습에는 큰 제약이 있으며, 일상생활에서는 시력을 제한적으로 사용할 수 있는 상태이다.

시각장애의 원인은 선천적 요인과 후천적 요인으로 구분되며, 경우에 따라 명확한 원인을 확인할 수 없는 사례도 존재한다. 후천적인 시각장애는 주로 백내장, 녹내장, 트라코마 등과 같은 안과 질환이나, 화학물질 또는 이물질에 의한 손상, 안구의 외상 등으로 인해 발생한다. 또한 영양 결핍이나 약물 중독에 의해 나타나기도

하며, 드물게는 심리적 요인에 의해 시각장애가 발생하기도 한다.

### 3) 시각장애의 특성

시각장애인의 특성은 충분한 정보를 접하는 데 제약을 받기 때문에 학습에 문제가 있을 수 있으며 지적 기능에 있어서도 시각적 경험의 범위가 제한됨으로써 다소간에 영향을 받을 수 있다. 이들의 경우에는 시각을 제외한 청각이나 촉각과 같은 다른 감각을 통해서만 환경과 상호작용할 수 있는데 지능에 있어서는 비장애인과 유의미한 차이가 없는 것으로 알려져 있다.

시각장애인들은 사실에 대한 지식을 갖고 있으나 이를 통합시키는 능력이 낮은 경향을 보이거나 어휘에 대한 이해의 정도가 다소 낮은 반면, 수리적 능력에서는 큰 차이를 보이지 않는다. 일반적으로 5세 이전에 발생한 전맹인은 사물에 대한 개념이 뚜렷하지 못하다. 시각장애인의 경우 촉각, 청각 등 다른 감각이 매우 발달되어 있으므로 이들을 이용하여 시각장애로 인한 어려움을 극복하고 있다. 시각장애인의 주요 특성으로는 장애로 인한 잔존감각에 대한 자신감의 상실, 환경과의 현실적 접촉능력의 상실, 시각적 배경의 상실, 이동능력의 상실, 개인적 독립성의 상실 등이 있다(권선진, 2007: 110).

### 4) 시각장애의 지원

시각장애인에게 가장 필요한 것은 정보를 효과적으로 습득할 수 있도록 도와주는 보조 장치이다. 이에 해당하는 예로는 점자, 독서 확대기, 음성 출력 장치 등이 있으며, 이러한 도구들은 시각 정보를 다른 감각으로 전환하여 정보 접근을 가능하게 한다. 또한, TV 프로그램이나 영화와 같은 시청각 매체의 내용을 음성으로 설명해주는 화면 해설 방송도 중요한 정보 접근 수단이다.

이동을 지원하는 도구 또한 필수적이며, 활동보조인 서비스, 흰 지팡이, 점자 안내 표지판, 음성 신호기 등이 이에 해당한다. 경우에 따라 안내견을 활용하여 보다 안전하고 독립적인 이동을 도울 필요가 있다.

### (1) 점자

점자는 시각장애인이 읽고 쓸 수 있도록 고안된 중요한 문자 체계이다. 단순한 기호의 조합을 넘어서, 점자는 시각장애인에게 자신감과 자립심을 키우고, 평등한 삶을 실현하는 데 기여하는 수단이 된다. 실제로 점자를 자유롭게 활용할 수 있는 시각장애인은 점자를 활용하지 못하는 경우보다 취업률이 높고, 자존감 또한 높은 경향을 보이는 것으로 보고되고 있다.

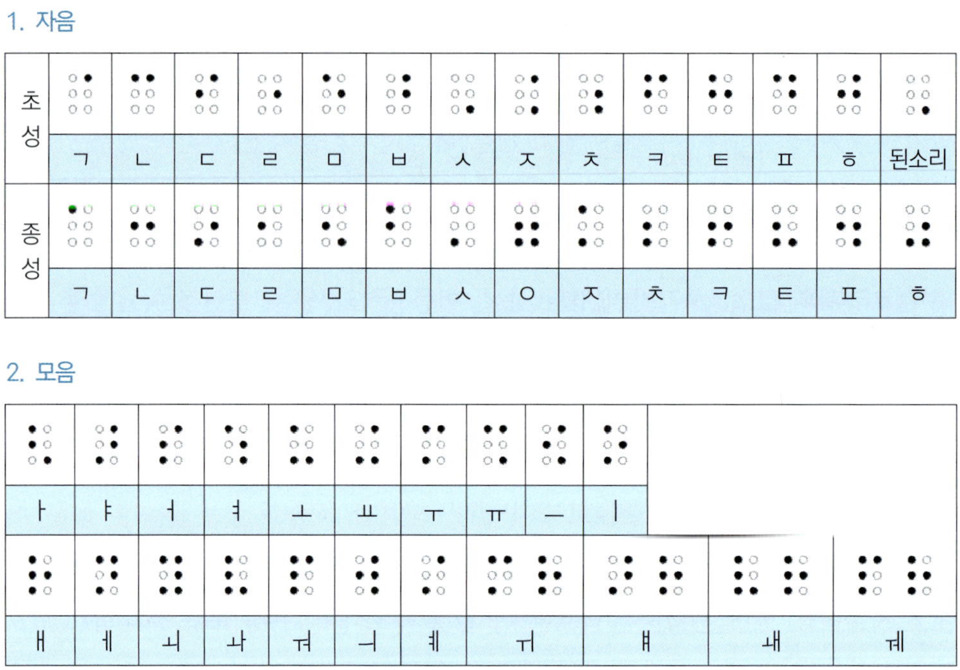


그림 4-1 **점자 일람표**

출처: 점자세상

점자는 기본적으로 6개의 점으로 구성된다. 이 점들은 세로로 3줄, 가로로 2줄로 배열되며, 왼쪽 위부터 아래로 1, 2, 3번, 오른쪽 위부터 아래로 4, 5, 6번의 번호가 부여된다. 이 6개의 점을 다양한 방식으로 조합하면 총 64개의 점형이 만들어지며, 각 점형에는 특정한 의미가 부여된다. 점자는 이와 같이 점의 조합을 통해 의미를 표현하는 문자 체계이다.

### (2) 보행훈련

시각장애인들에게 있어 중요한 훈련 중 하나는 이동훈련이다. 이동은 방향정위와 이동성으로 구성되어 있는데 방향정위란 시각 외의 잔존 감각기관을 통해 자신과 주위 환경과의 관계를 이해하는 능력이며, 이동은 잔존 감각을 통해 습득된 환경에 대한 정보를 활용하면서 한 지점에서 다른 지점으로 이동하는 것이다(박순희, 2005). 시각장애인을 위한 보행법(방향정위와 이동이 포함된 용어)은 안내법, 지팡이 보행, 안내견 보행 등이다(박순희, 2007).

안내법은 시각장애인이 안내자의 반보 뒤에 서서 자신의 팔의 상박부와 전박부가 90도 각이 되게 하여 안내자의 팔꿈치 위를 잡고 안내자와 함께 보행하는 것을 말한다. 안내법의 장점은 ① 보행이 안전하고 효율적이다. ② 안내자가 환경에 대한 정보를 대신 처리 한다. ③ 운동 감각적 인식, 방향정위, 개념 등과 같은 기술을 발전시킬 수 있다. 안내법의 단점은 ① 안내자들이 시각장애인을 안내하는 방법을 정확히 모르고 있기 때문에 시각장애인이 불편할 수 있다. ② 의존성을 기르게 된다. ③ 시각장애인이 환경적 정보와 방향정위에 대하여 주목하지 않게 된다.

지팡이 보행법은 시각장애인이 익숙하지 않은 주변 환경을 탐색하고 정보를 인시할 수 있도록 돕는 방법이다. 이 방법은 장애물과의 충돌을 사전에 방지하는 데에도 효과적이다. 지팡이의 길이는 시각장애인의 신장, 보폭, 반응 시간, 이동 속도 등에 따라 달리 선택할 수 있다. 지팡이 보행은 물체나 보행 표면에 대한 정보를 제공하며, 시각장애인의 기동성을 높이는 수단이 된다. 또한 가격이 저렴하고 관리가 용이하다는 장점을 지닌다. 그러나 전방의 장애물로부터 상체를 보호하지 못하며, 기상 상태가 좋지 않은 경우에는 사용이 어려운 단점이 있다(김삼섭 외, 2012).

그 외 보행으로 안내견 보행은 전문적인 훈련을 받은 안내견을 활용하여 시각장애인의 이동을 돕는 방법이다. 안내견은 장기간에 걸친 체계적인 교육을 통해 기본적인 명령어에 반응하도록 훈련되며, 장애물을 피하고 위험 상황에서 시각장애인이 안전하게 이동할 수 있도록 지원한다(김삼섭 외, 2012).

### (3) 시각장애 공학

| 제품 | 사진 | 특징 |
|---|---|---|
| 독서 확대기 | 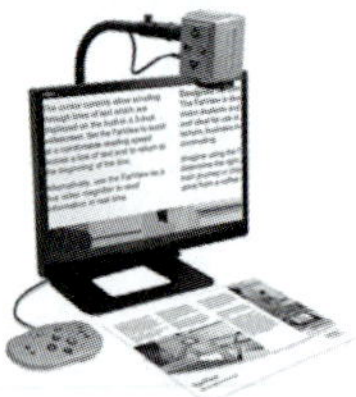 | • 3배 선명도 기존 카메라보다 300% 이상 픽셀의 선명한 이미지 제공<br>• 22인치 와이드 LCD화면 장착<br>• 모니터 높낮이, 각도 자유롭게 조절<br>• 제조원: Humanware(CA)<br>• 헨디인터내셔널(www.hendi.org) |
| 점자정보 단말기 | 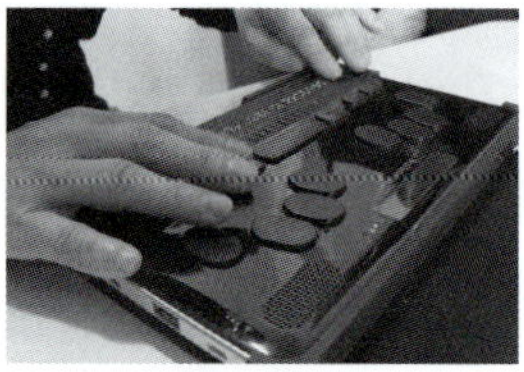 | • 활용성과 사용성이 강화된 점자정보단말기<br>• 힘스인터내셔널(www.himsintl.co.kr) |
| 데이지 재생기 |  | • mp3, War, wind 등과 같은 다양한 미디어 파일의 재생 가능<br>• 텍스트로 이루어진 문서 파일, 데이지 파일, 오디오북, 점자파일 재생<br>• FM 라디오 청취, 녹음 기능 포함<br>• 힘스인터내셔널(www.himsint.co.kr) |

그림 4-2 시각장애인 보조공학

### (4) 학습지원

① 좌석 배치의 세심한 고려가 필요하다.

시각장애 학습자의 경우 강사의 음성을 명확히 들을 수 있도록 가까운 위치에 좌석을 배정해야 한다. 특히 저시력 학습자는 직사광선이 강하거나 강사가 빛을 등지고 있는 환경을 피하고, 강사가 빛을 향한 방향에서 표정과 입 모양을 인식할 수 있는 자리를 제공하는 것이 효과적이다. 이는 청각적 정보와 시각적 단서를 동시에 활용할 수 있도록 돕는다.

② 학습자료 제공의 접근성을 확보해야 한다.

묵자(일반 종이의 자료) 자료를 그대로 사용하는 것은 시각장애 학습자에게 불리하다. 전맹 학습자에게는 점자자료나 녹음자료를 사전에 제공하여 예습할 수 있도록 하고, 저시력 학습자에게는 신호하는 글자 크기를 미리 파악해 약 20포인트 크기의 자료를 제공하는 것이 좋다. 또한 눈의 피로를 줄이기 위해 빛 반사가 적고 부드러운 질감의 종이를 사용하는 것이 바람직하다.

③ 보조공학기기 활용을 지원한다.

시각장애 학습자들은 점자정보단말기(paperless braille writer)를 이용해 필기, 문서 열람, 음성 출력 등을 수행한다. 따라서 강사는 인쇄자료 대신 디지털 파일 형태로 학습자료를 제공하여 학습자가 개인 단말기를 통해 접근할 수 있게 해야 한다. 저시력 학습자에게는 책받침, 확대경 등 신체 피로를 줄이고 가시거리를 조절할 수 있는 보조도구를 개인의 선호에 맞게 활용하도록 지원한다.

④ 시청각 자료 활용 시 언어적 보완이 필요하다.

영상이나 프레젠테이션 등 시청각 중심의 교육이 많아질수록 시각장애 학습자는 정보 접근에 제약을 받을 수 있다. 따라서 활동지원인이나 자원봉사자를 통해 시각적 정보를 언어나 촉각으로 설명해주는 보조를 제공해야 한다. 칠판 필기나 도형,

그림을 제시할 때에도 반드시 언어로 설명을 덧붙여야 하며, 시각 정보가 청각 정보로도 이해될 수 있도록 강의 설계를 해야 한다.

⑤ 실물 중심의 경험학습을 강화해야 한다.

시각장애 학습자에게는 실제 사물을 직접 만지고 경험하는 학습이 개념 형성에 매우 중요하다. 가능하면 모형 대신 실물을 활용하고, 체험 중심의 학습 기회를 충분히 제공해야 한다. 선천적 시각장애인의 경우 청각적 정보로만 학습할 때 추상적 이해에 그칠 수 있으므로, 다양한 실물 체험을 통해 구체적인 개념을 형성하도록 돕는 것이 바람직하다.

## 4 청각장애인

### 1) 청각장애 정의

청각장애란 청신경의 기능에 이상이 생겨 말과 소리를 잘 듣지 못하는 장애 증상으로 청각장애인은 선천적이거나 후천적인 요인으로 청각에 이상이 생겨 소리를 듣지 못하는 사람을 의미한다(우리말샘, 2022). 「장애인 등에 대한 특수교육법 시행령」(2022.06 개정)에서 청각장애를 지닌 특수교육대상자를 '청력손실이 심하여 보청기를 착용해도 청각을 통한 의사소통이 불가능 또는 곤란한 상태이거나, 청력이 남아 있어도 보청기를 착용해야 청각을 통한 의사소통이 가능하여 청각에 의한 교육적 성취가 어려운 사람'이라 정의하고 있으며, 「장애인복지법 시행령」(2021.04 개정)에서는 청각장애인의 기준과 정도를 다음 표 4-3 과 같이 제시하고 있다.

**표 4-3 청각장애 정의**

| 구분 | 청각장애 판정기준 |
|---|---|
| 장애의 정도가 심한 장애인 | • 장애의 정도가 심한 장애인<br>• 두 귀의 청력을 각각 80데시벨 이상 잃은 사람(귀에 입을 대고 큰소리로 말을 해도 듣지 못하는 사람 |
| 장애의 정도가 심하지 않은 장애인 | (1) 두 귀에 들리는 보통 말소리의 최대 명료도가 50퍼센트 이하인 사람<br>(2) 두 귀의 청력을 각각 60데시벨 이상 잃은 사람(40센티미터 이상의 거리에서 발성된 말소리를 듣지 못하는 사람)<br>(3) 한 귀의 청력을 80데시벨 이상 잃고, 다른 귀의 청력을 40데시벨 이상 잃은 사람 |

## 2) 청각장애의 분류

청각장애는 일반적으로 들을 수 있는 소리의 크기에 따라 '농'과 '난청'으로 구분된다. 일반적으로 약 90~95dB 이상의 소리를 듣지 못하는 경우를 '농'이라고 하며, 이보다 작은 소리는 들을 수 있지만 청력에 손상이 있는 경우를 '난청'이라 한다. '농'은 소리를 전혀 인지하지 못하거나, 일부 잔존 청력이 있더라도 소리만으로 의사소통이 불가능한 상태를 의미한다. 반면, '난청'은 보청기 등 청각 보조기기의 도움을 받아 잔존 청력을 활용함으로써 의사소통이 가능한 상태를 말한다. 난청은 손상된 부위에 따라 여러 유형으로 나뉜다. 외이나 중이에 문제가 있어 소리가 내이까지 제대로 전달되지 못하는 경우는 '전음성 난청'이라 하며, 내이의 기능 이상으로 인해 소리를 인식하는 데 어려움이 생기는 경우는 '감음성 난청'이라고 한다. 또한, 청신경의 손상으로 발생하는 '신경성 난청', 청각 중추의 이상으로 인해 생기는 '중추성 난청'이 있으며, 이들 중 둘 이상의 요인이 동시에 존재할 경우에는 '혼합성 난청'으로 분류된다.

### 3) 청각장애의 원인

모든 청각장애의 원인을 밝혀내는 것은 매우 어려운 일이다. 청각장애는 원인이 불명확하게 발생되기도 하고, 여러 요인들이 중복되어 발생되기도 한다. 오늘날 보편적으로 알려진 청각장애의 원인은 유전. 임신 중 모체의 감염, 약물, 중이염이나 뇌막염 등의 질환이 아동기 이전에 발생하는 청각장애의 주요 원인으로 알려져 있다. 성인기에는 교통사고나 산업재해 등으로 인한 청각상실, 노인성 난청, 부적절한 음향에의 노출 등이 청각장애의 주요 원인으로 알려져 있다. 비유전적 원인은 예방접종과 치료로 그 수가 줄고 있으나 교통사고나 산업재해와 같은 사고로 인한 청각장애는 증가하는 추세이다.

유전적 요인으로 발생하는 청각장애는 유전자에 의해서 규정된다. 난청의 경우 유전 형식은 염색체의 우성유전이다. 우성유전에서는 난청인자를 가진 부모에게서 출생한 자녀가 부모와 동일한 난청이 되는 것이 원칙이다. 즉, 가족 중 난청이 많으면 난청 자녀를 둘 확률이 높다. 농의 경우에 유전형식은 염색체의 열성유전이다. 열성유전에서는 부모가 농의 유전자를 보유하고 있다고 할지라도 반드시 농의 자녀가 출생하는 것은 아니다. 즉, 농의 출현 가계를 조사하면 가족 모두 정상인일 경우도 있을 수 있다. 열성유전인 농의 출현은 1/4 정도이다(이규식 외, 2004).

모체의 질병 감염으로 발생하는 청각장애의 주요 요인은 풍진이다. 신중 모체가 풍진에 감염되면 태아가 난청 등 선천성 장애를 갖는다. 풍진에 의한 난청의 발생률은 82%로 매우 높으며, 임신 초기 특히 2개월 이내의 감염이 가장 심하다 항생제, 아스피린 등의 복용으로 임신 중 모체가 약물 감염되면 이는 청각장애의 주요한 요인이 된다. 또한 모체가 일산화탄소나 수은 등에 감염되는 경우에는 중추신경계 전반에 악영향을 미치게 되는데, 그 결과 청각장애를 유발할 수 있다.

중이염은 인간에게 가장 흔한 질병 중 하나이다. 그러나 중이염의 염증이 만성화되어 고막에 악영향을 주거나, 악성 중이염이 중이와 내이의 기관을 파괴하거나, 청기관인 이소골의 운동을 제한하면 청력 장애가 발생된다.

### 4) 청각장애의 특성

청각장애인은 청력 손상으로 인해 언어 자극을 충분히 경험하지 못하기 때문에 언어 발달과 학습 전반에서 어려움을 겪는다. 특히 선천적인 청각장애의 경우 문해력과 독해력에 제한이 따르고, 의사소통에서도 다양한 제약이 나타난다. 이러한 어려움은 지적 능력의 결함 때문이 아니라, 충분한 언어 경험 부족에서 비롯된 것으로, 교수·학습 환경의 개선을 통해 보완이 가능하다.

청각장애인은 일반 아동과 같은 방식으로 언어를 습득하기 어렵다. 모방, 확장, 추론, 강화와 같은 언어 학습 과정에서 제약을 받으며, 말소리의 정확한 모방이나 문법적 구조의 이해가 어렵고, 내면화된 언어 발달 역시 지연되는 경향이 있다. 그러나 수어는 청인의 언어 습득 과정과 유사하게 자연스럽게 익힐 수 있으며, 청각장애인에게 중요한 의사소통 수단이 된다.

또한, 청각장애인은 시각적 자극을 중심으로 의사소통하며, 공동의 언어와 문화, 정체성을 공유하는 농문화(Deaf culture)를 형성한다. 이 문화는 단순한 언어 사용의 차이를 넘어 행동 양식과 교육 환경에도 영향을 미친다. 청각장애인은 언어 지체로 인해 사회적 상호작용에서 어려움을 겪을 수 있으며, 이로 인해 낮은 사회성, 자기중심적 사고, 정서적 위축 등이 나타나기도 한다. 그러나 이는 청각장애 그 자체보다는 의사소통 기회의 부족과 사회적 환경의 제약에서 기인하는 경우가 많다.

특히 부모가 농인이거나 농문화와 밀접하게 연결된 환경에서 성장한 경우, 수어를 통한 안정된 의사소통과 정서적 지지를 경험하면서 긍정적인 자아 정체감을 형성하는 경향이 높다.

### 5) 청각장애의 지원

#### (1) 의사소통 지원

청각장애인과의 의사소통 방식에는 필담, 구화법, 수어법이 있으며, 이들 방법은 상황과 상대의 특성에 따라 적절히 선택되어야 한다. 우선 필담은 수어를 사용하지 않는 사람과 청각장애인 간의 기본적인 의사소통 수단으로 활용된다. 중요한 내용을 명확하게 전달할 수 있다는 장점이 있으나, 시간이 오래 걸리며 감정 표현에 한계가 있다는 단점도 있다. 필담을 사용할 때는 되도록 쉬운 표현과 짧은 문장을 사용하는 것이 좋으며, 어려운 한자어, 은유적 표현, 복잡한 문장 구조나 이중부정 등은 피하는 것이 바람직하다.

구화법은 청각장애인이 발음 훈련, 입 모양 읽기(독화), 청능 훈련 등을 통해 음성언어로 소통하는 방식이다. 일상적인 대화에는 비교적 효과적인 방법이지만, 의사소통 상대의 협조가 필수적이다. 말하는 사람은 청각장애인의 시야 정면에서 입 모양이 잘 보이도록 천천히, 명확하게 문장을 끊어가며 말해야 하며, 불필요한 얼굴 가리기나 빠른 발음은 피해야 한다. 구화법은 1980년 밀라노 국제회의에서 공식적으로 채택된 이후 우리나라에서도 오랜 기간 교육에 적용되어 왔지만, 중요한 정보를 전달할 때는 여전히 필담이 보다 신뢰할 수 있는 방법으로 인식되기도 한다.

수어법은 빠르고 직관적인 의사소통이 가능하다는 장점이 있다. 하지만 수어를 익히지 않은 사람과는 의사소통이 어렵고, 미묘한 감정이나 추상적인 개념을 전달하는 데에는 한계가 존재한다. 특히 언어를 습득하기 이전에 청각장애를 겪은 경우, 수어가 주요한 의사소통 수단이 되는 경우가 많다. 그러나 모든 청각장애인이 수어를 능숙하게 사용하는 것은 아니기 때문에, 처음 대화를 시도할 때는 필담, 구화, 수어 중 어떤 방식을 선호하는지를 사전에 물어보는 것이 예의이다. 수어를 사용할 때는 양 어깨 사이의 가슴 높이에서 동작이 이뤄져야 하며, 상대방이 이해하기 쉬운 크기와 정확한 손짓으로 표현하는 것이 효과적인 소통을 돕는다.

### (2) 보조공학

① 보청기

보청기는 마이크로 소리를 모으고, 앰프에서 소리를 크게 증폭하여 스피커로 소리를 들려주는 원리를 아주 작게 축소한 것이다.

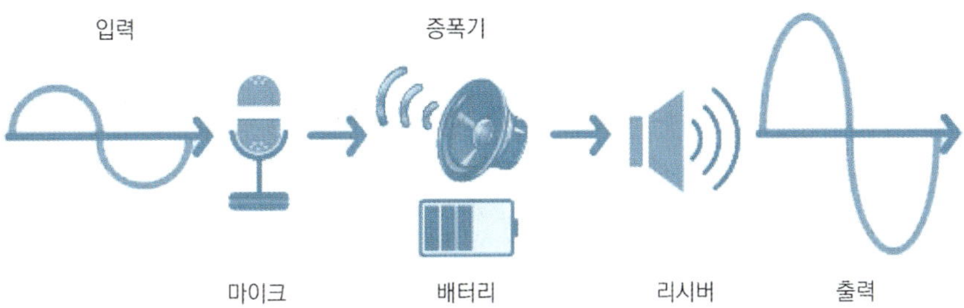


그림 4-3 **보청기 작동원리**

출처: https://blog.naver.com/hhkhcc/220876342167

소리는 물리적으로 강도(dB)와 주파수(Hz)라는 두 가지 요소로 구분할 수 있다. 이 중 소리의 종류나 특징은 주파수에 따라 달라지며, 예를 들어 /ㅁ/은 저주파 영역의 소리이고, /ㅅ/은 고주파 영역에 해당하는 소리이다. 따라서 '미소'라는 단어를 듣고 정확히 인식하려면, 저주파대역의 /ㅁ/과 고주파대역의 /ㅅ/ 소리를 모두 분명히 들을 수 있어야 한다. 그러나 고주파 소리인 /ㅅ/을 듣는 데 어려움이 있다면, 이를 보완하기 위해 고주파 음을 증폭해주는 보조 장치가 필요하다. 이러한 기능을 수행하는 것이 바로 보청기로, 보청기는 들리지 않는 특정 주파수의 음을 더 크게 증폭시켜 청각장애인이 소리를 인식할 수 있도록 돕는 장치이다.

보청기의 종류는 크기에 따라 몸에 부착하는 포켓형, 귀 뒤로 거는 귀걸이형, 외이도와 이갑개(외이에서 외이도 입구까지의 조개 모양의 공간)를 채우는 이갑개형, 외이도 입구를 일부 채우는 외이도형, 외이도 내로 완전히 넣어 타인의 눈에 잘 띄지 않는 고막형으로 나눌 수 있다.

② 인공와우

인공와우는 두 가지 주요 구성 요소로 이루어져 있다. 하나는 외부에 착용하여 소리를 수집하고 이를 전기신호로 변환하는 어음처리기이며, 다른 하나는 신체 내부에 이식되어 어음처리기로부터 전달받은 신호를 청신경으로 보내는 이식 장치이다. 이식체는 백금 재질의 실 모양 전선이 포함되어 있으며, 이는 달팽이관 내부에 삽입되어 청신경을 직접 자극함으로써 소리를 전달하는 역할을 한다. 하지만 전선이 삽입되는 과정에서 달팽이관 내의 청각세포가 손상되어, 기존에 남아 있던 청력이 상실되는 경우가 많다. 따라서 인공와우는 보청기로는 청각 재활이 어려울 정도로 청력이 거의 소실된 사람에게 적용되는 수단으로, 일반적으로 잔존 청력이 매우 미미한 경우에 선택된다.

## 5 발달장애

### 1) 발달장애의 정의

발달장애란 전반적인 발달이 평균으로부터 유의미하게 벗어나 정신적, 신체적 또는 두 가지 영역 모두에서 심각하고 만성적인 장애가 지속이 될 가능성이 있는 장애를 말한다(국립특수교육원, 2009). 발달장애의 발생원인은 아직까지 명확하게 밝혀지지 않았다. 발달장애 자녀를 둔 부모들은 자신들의 양육방식 또는 생활환경이나 자신의 성격에 원인이 있는 것은 아닌지 고민하면서 자신을 탓하기도 한다.

미국 발달장애인 원조 및 권리보장법(Developmental Disabilities Assistance and Bill of Right Act of 1990, PL 98-527)을 살펴보면 '정신적 손상, 신체적 손상이 발생되고 만 22세 이전에 나타나게 되며, 영구적인 지속성이 있고, 일상생활의 영역, 즉 자기 관리, 자기 수용 · 표현 언어 학습 이동 자기 지도(self-direction), 경제적 자립, 독립생활능력의 영역

중 세 가지 또는 그 이상의 영역에서 기본적으로 기능이 제한되고 일생동안 또는 오랜 기간동안 개인적으로 계획, 조정되는 특수교육, 전반적 보살핌과 치료, 학제 간 협력 등 이것과 관련된 서비스들을 필요로 하는 개인의 특별한 요구가 있다고 의미하는 것으로 발달장애에 대해 정의하고 있다(김정희, 손인봉, 이은영, 2009).

우리나라의 경우 2021년 「발달장애인을 위한 권리보장 및 지원법」에서는 '발달장애인'이란 「장애인복지법」에 해당하는 장애인으로서, 다음에 해당하는 자이다.

① **지적장애인**: 정신 발육이 항구적으로 지체되어 지적 능력의 발달이 불완전하고 불충분하여 자신의 일을 처리하는 것과 사회생활에 적응능력이 상당히 곤란한 사람

② **자폐성장애인**: 비전형적 자폐증, 소아기 자폐증에 따른 언어 · 신체표현 · 자기조절 · 사회적응 능력 및 기능의 장애로 인하여 일상생활이나 사회생활에 상당 제약을 받아 도움이 필요한 사람

③ 이 외에도 통상적인 발달이 나타나지 아니하거나 크게 지연되어 일상생활이나 사회생활에 상당한 제약을 받는 사람으로서 대통령령으로 정하는 사람을 말한다. 발달장애의 정의에 대해 의견이 다양하지만 여러 가지 원인으로 인해 발달기 중에 드러나는 중추신경계의 이상이나 인지, 언어, 사회성 및 행동능력 발달에 지체를 보이는 상태를 총칭하고, 보통 지적장애, 자폐성장애 등을 포함한다(김삼섭 외, 2016).

자폐성장애로 주로 인식되어 오던 발달장애는 2007년 10월 15일 장애인복지법 시행령 전면 개정에 따라 명칭이 발달장애에서 자폐성장애로, 정신지체에서 지적장애로 각각 변화되면서 개념의 변화를 겪었다. 즉, 발달장애가 자폐성장애와 지적장애를 포괄하는 개념으로 인식되기 시작하였다(김정희 외, 2009).

### 2) 발달장애의 원인

발달장애의 원인을 구체적으로 규명하기는 힘들지만, 일반적으로 발달장애의 주된 원인으로는 심리적, 환경적, 생물학적 원인으로 접근하고 있다. 심리적 원인으로 장애인에 대한 부정적인 인식과 태도, 낮은 기대 등은 태도나 분위기로 장애인에게 전달되고 이에 대한 장애인은 사회적 관계, 사회참여 등에 영향을 미치는 것으로 보았으며(백은령, 2013), 장애인에 대한 부정적인 인식으로 장애인을 거부하거나 회피할 뿐만 아니라 가치가 없거나 열등한 존재로 낙인을 찍어 차별을 받게 되어 장애인들이 대인관계에서 겪는 부정적인 피드백이나 지각은 우울에 영향을 주는 원인이 된다고 하였다.

환경적 원인으로 선천적으로 허약체질이나 예민한 성격으로 인해서 주변 환경의 변화에 예민하고 과민한 반응을 보이거나 그것이 더 나아가 신경질적인 증세로 나타나는 것이 성장기에 접어들어 주변 가족, 교우, 이웃에서의 관계가 올바르게 형성되지 못해 정서발달의 문제로 생길 수 있다고 하였다(신선숙, 2019).

생물학적 원인으로 임신 중 약물사용이나 풍진 등의 감염 대사장애, 경련성 질환 등이 있으며 산모의 나이가 많거나 난산일 경우에도 많이 발견되며 대뇌가 위축 되거나 소뇌발달의 이상, 측두엽 부위의 이상 등도 발생원인으로 알려지고 있다. 최근 들어 발달장애의 원인은 심리적, 환경적 원인보다 생물학적 원인에 의해 더 큰 영향을 받는 것으로 보고되고 있다.

발달장애 중에서도 특히, 지적장애의 원인은 매우 복잡하고 여러 가지 요소들이 상호 관련을 맺고 작용을 하기 때문에 정확히 설명할 수는 없으나 대부분 자녀의 출생에서 원인을 찾는 생물학적 요인과 사회에서 성장 과정을 통해 장애인을 바라보는 관점 및 인식 등의 사회심리학적 요인이 상호작용하여 복합적으로 나타나는 경우가 많다고 할 수 있다.

## 3) 발달장애의 분류

### (1) 지적장애

「장애인 등에 대한 특수교육법(이하 '장특법')」에서는 지적장애를 지적 기능과 적응행동에 어려움을 동시에 지니며, 그로 인해 교육적 성취에 제한이 있는 사람으로 정의하고 있다. 지적장애 여부를 판단하기 위해서는 크게 두 가지 기준, 즉 지능 수준과 적응행동의 정도가 주요 판단 요소로 작용한다. 지적 기능은 일반적으로 지능지수가 70 이하일 때를 기준으로 하며, 적응행동은 또래와 비교해 일상생활에서 환경에 적절히 대응하는 능력이 현저히 부족한 경우에 해당된다. 이 두 요소가 모두 충족되어야만 지적장애에 해당한다고 볼 수 있다.

한편, 「장특법」 자체에는 '발달기'에 대한 정의가 명시되어 있지 않지만, 특수교육대상자 판단 시 발달기(임신기부터 만 18세 이전까지) 여부 또한 중요한 기준으로 사용된다. 즉, 지능지수와 적응행동의 어려움이 발달기 내에 나타나는 경우에만 지적장애로 판별되는 것이다. 예를 들어, 지능지수가 70 이하이고 만 18세 이전에 해당한다고 하더라도 사회적 적응능력에서 큰 어려움이 없는 경우에는 지적장애로 판정되지 않는다. 세 가지 기준인 지적기능, 적응행동, 발달기의 충족 여부가 모두 확인되어야 장특법상 지적장애로 인정되며, 이에 따라 특수교육 대상자로 분류된다.

### (2) 자폐성장애

자폐는 1943년 당시 미국의 소아정신과 의사였던 카너(Kanner)가 자신이 임상한 11명의 아동들에게 '유아 자폐'라고 기술하며 사용되기 시작하였다. 카너 이전에 자폐증(autism)은 소아 정신병과 혼동되어 사용되었으며, 심지어 소아 정신의학자들은 유아가 냉담한 어머니로부터 박탈감을 느껴 자폐증이 나타난다고 생각하였고, 이러한 잘못된 신념은 자폐아동을 둔 부모에게 큰 상처가 되었다. 그러나 1960년대 후반에 카너가 자폐증이라는 용어를 다시 사용함으로써 자폐증이 발생하는 양상이 새롭게 조명되기 시작하였다(권석만, 2012).

1960년대를 지나면서 자폐가 단지 영유아기에 국한된 것이 아니라 성인기까지 지속된다는 연구가 보고되면서 자폐를 위한 교육적 접근이 새로운 국면으로 접어들게 되었고, 최근에는 신경학 및 생화학적 접근으로 자폐가 뇌의 특정 부분의 이상으로 인한 복잡한 발달장애임이 밝혀지고 있다. 미국정신의학회(American Psychiatric Association, APA)가 편찬하며 세계적으로 널리 알려진 「정신장애 진단 및 통계 편람」(Diagnostic and Statistical Manual of Mental Disorders, Fifth Edition, DSM-5)에서는 자폐의 공식적인 진단명을 자폐성장애(autistic disorder)에서 자폐스펙트럼장애(Autism Spectrum Disorders, ASD)로 제시하였다.

### 4) 발달장애인의 특성

발달장애의 특성상 성장 과정에서의 지원에 대한 욕구가 크며 또한 성인이 된 이후에도 자력으로 독립이 어렵다는 것이다. 발달장애는 행동적 특성, 인지 및 발달 능력의 저하 등 전 생애에 걸쳐 영향을 미치게 됨으로써 발달장애를 한 개인의 문제로 보기보다는 가족 전체의 발달적인 면으로 확장해서 보아야 한다.

학습의 특성으로는 비록 지적장애인이라도 다른 사람들처럼 같은 양식의 기초적인 것을 학습할 수 있지만 지적 기능의 모든 면에서(개념학습, 기억, 주의집중 등에서) 어려움이 있다. 지적장애인들은 초기 학창 시절에 자주 실패감을 경험하기 때문에 미리 실패를 예상하고, 실패를 야기하는 상황을 피하려고 하는 경향이 있고 결과적으로 낮은 소망과 목표를 설정한다. 이러한 실패의 예상과 회피적 경향은 동기유발에 부정적 영향을 미친다(이현숙, 2012).

기억의 특성으로는 지적장애인 대부분 단기기억에 어려움이 있으며, 기억을 하기 위한 전략들 시연(rehearsal), 군집화(clustering), 정교화(elaboration) 등을 효과적으로 사용하지 못한다. 즉, 단기기억에서 실패하는 이유는 적절한 학습 전략을 사용하지 못하기 때문이다. 그러나 지적장애인은 일단 정보를 충분히 익혔다면 그들의 장기 기억은 보통 정상인과 비슷하다. 언어의 특성으로는 인지능력과 언어발달이 밀접한 관련이 있으므로 지적장애인의 언어 수준은 비장애인보다 일반적으로 수준이 낮다.

지적장애인은 매우 느리게 언어를 배우며, 어휘의 양, 문장 길이, 문장 구성 등의 발달에서도 지체된다.

사회적 특성으로는 지적장애인들은 종종 특별한 개인적 · 사회적 문제를 갖는다. 일반적으로 그들은 지체 없는 정상적인 동료들에 의하여 잘 수용되지 못하고 거부되는 수가 많다. 이러한 거부의 주요 원인은 지적장애인 또래들에게 수용되고 인기를 얻을 만한 많은 사회적 기술을 배울 능력이 부족하다는 점에 있다(이현숙, 2012).

DSM-5에서는 자폐스펙트럼장애(Autism Spectrum Disorder, ASD)의 진단 기준으로 두 가지 주요 특성을 제시하고 있다. 첫째는 다양한 상황에서 나타나는 사회적 의사소통 및 상호작용의 지속적인 결함이며, 둘째는 행동, 관심사, 활동에서 보이는 제한적이고 반복적인 패턴이다.

사회적 의사소통의 어려움은 다음과 같은 방식으로 나타날 수 있다.

① 사회적 · 정서적 상호작용의 결함으로, 예를 들어 대화를 주고받는 데 제한이 있거나 타인에 대한 관심과 감정 교류가 부족하다.

② 비언어적 의사소통의 결함으로는 시선 맞춤 부족, 얼굴 표정 사용의 제한, 제스처를 이해하거나 사용하는 데 어려움 등이 포함된다.

③ 대인관계 형성 및 유지, 사회적 맥락 이해의 어려움이 있으며, 또래와의 관계를 맺는 데 어려움이 있거나, 또래에 대한 관심 자체가 낮은 경우도 있다(강진령, 2018).

행동적 특성으로는 상동행동, 물건의 반복적 사용 또는 특정한 말의 반복이 포함된다. 예를 들어, 자폐스펙트럼장애를 가진 아동은 장난감을 일정한 방식으로 늘어놓거나, 물건을 반복해서 뒤집으며, 타인의 말을 그대로 따라 말하는 반향어(echolalia)를 보이기도 한다. 또한 이들은 일상적인 루틴에 대한 강한 집착을 보이며, 환경의 변화에 대해 과도한 저항을 보일 수 있다. 예를 들어, 항상 같은 경로로 등교하려 하거나 특정 음식 외에는 거부하는 경우, 혹은 반복적인 질문이나 일정한 동작을 고집하는 등 의례적인 행동 패턴이 나타나기도 한다.

감각과 관련된 특이 행동으로는 특정한 소리나 촉감, 회전하는 물체나 빛에 집착하거나, 과도하게 물건의 냄새를 맡고 만지는 행동이 포함된다. 또한 통증, 온도, 감각에 대해 과도한 예민성 또는 무감각 반응을 보이기도 한다.

자폐스펙트럼장애의 전 세계 발생률은 약 1%로 추정되며(강진령, 2018), 최근 들어 진단율이 증가하는 추세를 보이고 있다. 이는 진단 기준의 확장, 대중의 인식 향상, 실제 발생률 증가 등이 복합적으로 작용한 결과로 해석된다. 자폐스펙트럼장애를 지닌 사람들의 지적 수준은 매우 다양하게 나타난다. 지능은 평균 이하에서부터 정상, 또는 그 이상에 이르기까지 폭넓게 분포하며, 특히 상징적 사고나 언어적 기능보다는 단순한 기억력이나 시각·공간적 기능에서 더 나은 수행을 보이는 경우가 많다.

발달장애의 특성에서 살펴본 것처럼 발달장애의 유발 시기는 출생 후 아주 이른 시기에 발병되거나 선천적이며 성인기에도 완화되지 않아 일생동안 지속되는 것이 특징이며, 발달장애는 일상생활기능, 인지기능, 사회적응 행동 등의 어려움을 경험하게 되며 결국 이러한 대상을 돌보기 위한 가족의 부담은 가중되고 특히 주 양육자는 장애 자녀의 현실적인 문제를 해결하기 위해 내적·외적 문제들을 지속적으로 경험하게 된다(최선영, 2017).

### 5) 발달장애인의 지원

#### (1) 개인중심계획(Person-Centered Planning, PCP)

개인중심계획은 대상인 지적장애인과 가족, 지적장애인들에게 의미 있는 주변인들, 관련 전문가들이 함께 토의하여 대상 장애인의 삶의 질을 향상시키는 것을 목적으로 총체적인 계획을 수립하고 실행하는 것을 의미한다. 대상 지적장애인이 희망하는 삶의 목표들을 달성하고, 원하는 삶을 영위하기 위해 필요한 지원 및 그 계획을 이루기 위해 필요한 사람들까지 모든 것을 담아내는 개인적이면서 총체적인 계획을 개인중심계획이라 한다(김은하, 박승희, 2012). 개인중심계획은 다양한 방법으로 구현되기는 하지만, 다음과 같은 공통적인 특성이 있다(Chambers & Childre, 2005).

① 대상 장애인이 계획과정의 중심에 위치한다.

② 대상 장애인과 가족을 포함한 모든 팀 구성원들이 계획과정에 활발하게 참여한다.
③ 모든 구성원들은 대상 장애인의 장애보다는 강점과 능력에 초점을 맞춘다.
④ 대상 장애인의 강점, 흥미, 미래가 계획 과정에 중심이 된다. 대상 장애인에 대한 이해가 그의 교육적 요구를 결정하는 기초가 된다.
⑤ 현재의 계획과 목표들을 꿈을 이루고 미래를 위한 계획을 수립하는 과정 혹은 디딤돌로 인식한다.

### (2) 보완대체 의사소통(Augmentative and Alternative Communication, AAC)

AAC는 언어로 자신의 생각이나 욕구를 표현하는 데 어려움을 겪는 발달장애인이 언어를 대신해 의미를 전달할 수 있는 특별한 방식이나 도구를 활용하여 의사소통하는 체계를 말한다. 이는 사용자가 원하는 물건이나 활동 등을 표현하고 획득할 수 있도록 돕기 위한 수단으로, 전통적으로는 몸짓, 제스처, 자발적 발성, 수화, 그림 기호 등을 교육에 활용해 왔다.

최근에는 기술의 발달로 인해 하이테크 기반의 의사소통 기기나 컴퓨터 소프트웨어 프로그램 등 디지털 장비를 이용한 접근도 활발히 이루어지고 있으며, 이를 통해 보다 효율적이고 다양한 의사소통 방식이 가능해지고 있다. AAC는 발달장애인의 자기 표현을 지원하고, 일상생활에서의 사회적 상호작용을 증진시키는 데 중요한 역할을 한다.

### (3) 학습지원

① 지적장애인을 위한 직접교수의 원리

첫째, 수행능력 수준 평가이다. 교수 목표와 학습 목표를 명확히 설정하기 위해서는 먼저 지적장애 학습자의 현재 수행능력을 정확히 파악해야 한다. 학습자가 이미 할 수 있는 것과 어려움을 겪는 부분을 세밀하게 평가함으로써, 개별화된 교수 계획을 수립할 수 있다.

둘째, 과제 분석이다. 복잡하거나 여러 단계로 구성된 목표 행동은 세분화하여 단계별로 제시해야 한다. 즉, 학습자가 새 기술을 쉽게 익힐 수 있도록 큰 과제를 작은 단위의 하위 과제로 나누어 제시함으로써 학습 부담을 줄이고 성공 경험을 높인다.

셋째, 교수자료 및 활동 제작이다. 지적장애 학습자가 수업 상황에서 적극적으로 참여할 수 있도록 시각적, 촉각적 자료 등 다양한 교수자료를 제공한다. 또한 학습자가 직접 반응하고 참여할 수 있는 기회를 충분히 마련하여 학습의 흥미와 집중을 높인다.

넷째, 중간발판 단계(mediated scaffolding) 활용이다. 학습자가 과제를 수행할 때 교사의 언어적·시각적 단서를 제공하여 학습을 돕되, 점차적으로 지원을 줄여 나간다. 이러한 중간발판 과정을 통해 학습자는 점점 더 독립적이고 자발적으로 과제를 수행할 수 있게 된다.

다섯째, 수행 결과에 대한 즉각적 피드백 제공이다. 학습자의 현재 수행과 과거 수행을 비교하여 구체적이고 즉각적인 피드백을 제공해야 한다. 과제를 성공적으로 수행했을 때는 칭찬이나 보상 등의 긍정적 강화로 동기를 높이고, 오류가 있을 때는 즉시 수정할 수 있도록 안내한다.

여섯째, 유창성 향상을 위한 반복 연습이다. 새로운 기술이나 지식을 익힐 때, 정확한 수행뿐 아니라 자동화된 유창성을 기르기 위해 반복 연습의 기회를 충분히 제공해야 한다. 꾸준한 연습은 기술의 정확성과 지속성을 모두 향상시킨다.

일곱째, 일반화와 유지 전략이다. 학습자가 습득한 기술을 교실 밖의 다양한 상황에서도 적용할 수 있도록 일반화 연습을 포함해야 한다. 또한 일정 시간이 지난 후에도 배운 내용을 잊지 않고 지속적으로 사용할 수 있도록 유지 전략을 함께 지도한다.

여덟째, 직접적이고 빈번한 평가 및 피드백 활용이다. 학습 과정 전반에서 학습자의 수행을 정기적으로 측정하고, 그 결과를 교수 계획에 반영해야 한다. 직접적이고 빈번한 측정을 통해 학습 진전을 확인하고, 교수 방법을 지속적으로 조정함으로써 학습 효과를 극대화할 수 있다.

② 자폐성장애인을 교육적 지원

첫째, 최대한 자연스러운 환경에서 사회적 상호작용과 의사소통 학습의 기회를 제공해야 한다.

둘째, 시각적 교수-학습 전략을 활용하여 시각적 학습자로서 자폐성장애인의 학습특성을 활용하여 정보와 과제에 대한 이해를 도와야 한다.

셋째, 자폐성장애인의 과잉선택성이나 부분에 집착하는 인지 특성 등을 감안하여 자폐성장애인이 선호하는 강화물, 활동, 과제, 캐릭터, 인물, 동물, 영웅 등을 충분히 활용하여 지원해야 한다.

넷째, 컴퓨터, 태블릿, 노트북, 음성출력 의사소통 기기 등 동원 가능한 모든 보조공학 기기들을 충분히 활용해야 한다.

다섯째, 자폐성장애인의 실행 기능 향상을 위하여 예측 가능한 학습환경을 조성하고, 공간 구조화, 시간 구조화, 자료 구조화 등 생태학적 환경의 구조화를 통해 접근해야 한다.

여섯째, 자연스러운 환경에서의 지원 인력(가족, 친구, 지인, 이웃, 직장동료, 지역사회 인사 등)을 활용해야 한다.

일곱째, 관련 전문가 및 기관 간의 협력 및 네트워크를 활용하여 지원할 것 등으로 요약할 수 있다.

### 연구문제

1. 지체장애, 시각장애, 청각장애, 발달장애의 주요 특성에 대해 논의해 보시오.
2. 지체장애, 시각장애, 청각장애, 발달장애의 평생교육적 지원에 대해 논의해 보시오.
3. 다양한 장애 유형에 대한 객관적인 인식이 장애인 평생교육에서 왜 중요한지 토론해 보시오.

## 실습가이드

### "함께 느끼고 배우는 장애 유형별 체험 실습"

#### 1. 청각장애 체험

1) 체험 목적

청각장애인의 의사소통 어려움을 체험하고, 비언어적 소통 방식에 대한 이해를 높인다.

2) 활동 방법

두 명이 한 조가 되어 한 사람은 말소리 없이 입 모양으로 의사를 전달한다.

3) 실습 과제

우리나라 속담을 소리 없이 입 모양만으로 말하고 상대가 맞히도록 한다.

4) 유의 사항

말하는 사람은 반드시 정면에서 천천히, 입 모양이 잘 보이도록 전달해야 한다.

5) 활동 후 피드백

- 말소리 없이 의사소통하려다 보니 어떤 점이 가장 불편했나요?
- 청각장애인이 일상에서 겪을 수 있는 어려움은 어떤 것이라고 생각하나요?
- 상대방의 반응을 기다리거나 이해하기 위해 어떤 배려가 필요했나요?

#### 2. 시각장애 체험

1) 체험 목적

시각 정보가 차단된 상황에서의 불편함과 시각장애인의 감각 대체 방식을 체험한다.

2) 활동 방법

참여자는 눈가리개(안대)를 착용하고 활동에 참여하며, 안내자는 말로만 이동 경로나 사물을 설명한다.

3) 실습 과제

- 시각장애인 역할자는 음성 설명만 듣고 정해진 물건을 찾는다.
- 안내자의 말에 따라 5미터 정도의 거리를 안전하게 이동해본다.

4) 유의 사항

눈가리개는 완전히 착용하여 시야를 가리고, 안내자는 왼팔 제공 및 사전 설명을 반드시 실시해야 한다.

5) 소감 나누기
- 시각 없이 움직이는 동안 어떤 감정을 느꼈나요?
- 안내자의 설명이 어떤 방식일 때 가장 도움이 되었나요?
- 시각장애인을 배려해야 할 때 우리가 주의해야 할 점은 무엇일까요?

### 3. 지체·뇌병변장애 체험

1) 체험 목적
사지의 운동기능 제한이 일상생활에 미치는 영향을 체험하고, 신체적 제약에 대한 이해와 공감을 증진한다.

2) 활동 방법
한 손만 사용하여 일상 활동을 수행하거나, 팔을 묶은 상태에서 글씨를 써보는 활동을 실시한다.

3) 실습 과제
- 사용하는 손은 고정시키고, 사용하지 않는 손으로 간단한 편지나 문장을 작성해 본다.
- 사용하지 않는 한 손으로 밥 먹기, 글쓰기, 단추 채우기, 물건 옮기기 등을 해 본다.

4) 유의사항
실습 참여자는 장애인의 역할을 하며, 팀원들은 직접 도와주지 않고 관찰만 한다.

5) 소감 나누기
- 한 손만으로 활동해 보니 어떤 점이 가장 어려웠나요?
- 일상생활에서 사소한 동작 하나도 큰 도전이 될 수 있다는 것을 느꼈나요?
- 이러한 상황에서 도움이 필요한 사람에게 어떤 방식으로 접근하면 좋을까요?

# 05 대면교육 방법

## 학습개요

장애인 평생교육은 학습자의 특성과 요구를 존중하며, 다양한 방법을 통해 학습의 기회를 제공하는 것을 핵심으로 한다. 본 장에서는 장애인 평생교육 현장에서 주로 활용되는 대면교육 방법을 중심으로 살펴본다. 특히 개인중심 교육과 집단중심 교육의 개념과 특징을 이해하고, 각각의 방법이 장애인 학습자의 발달과 참여에 어떤 방식으로 기여하는지를 학습한다. 멘토링, 코칭, 촉진, 강의, 역할극, 브레인스토밍 등 다양한 교수법과 그 특성에 대해 고찰하며, 장애인 평생교육 현장에서 효과적인 교수-학습 전략을 수립하기 위한 기초 지식을 습득하는 것을 목표로 한다. 이를 통해 장애인 학습자의 성장과 삶의 질 향상을 지원하는 평생교육을 살펴보고자 한다.

## 학습목표

1. 장애인 평생교육에서 활용되는 주요 대면교육 방법(개별지도 및 집단교육)의 개념과 특징을 분류할 수 있다.
2. 장애인 학습자의 특성과 교육목표에 따라 적절한 대면교육 방법을 선택하고 적용할 수 있다.
3. 대면교육 방법을 장애인 직업훈련 현장에 적용하는 방안을 사례를 통해 제시할 수 있다.

# 1 개별지도 방법

장애인 평생교육에서 사용되는 교육 방법은 매우 다양하다. 평생교육은 학습 프로그램의 형태와 학습자의 특성에 의하여 개인중심과 집단중심의 두 경우로 크게 분류할 수 있다. 개인중심으로 진행되는 대면교육은 교수자와 학습자가 개인적 접촉으로 학습이 이루어지는 형태이다.

## 1) 멘토링

멘토의 사전적 정의는 '경험이 풍부하며 신뢰받는 상담자' 또는 '현명하고 충성스러운 조언자', '선생 혹은 지도자'로 규정하고 있다.

멘토링은 멘토가 멘티와의 일대일의 의미 있는 관계 형성을 통하여 멘티로 하여금 어떠한 목표에 쉽게 도달할 수 있도록 체계적인 지도를 하거나 조력하는 활동이다.

표 5-1 멘토링의 개념

| 학자 | 개념 |
|---|---|
| 레빈슨 (Levinson et al., 1978) | • 기본적인 멘토링 관계는 한 사람의 진로, 직업, 일생의 삶 등 인간발달과 성장과정 속에서 지도자의 역할을 해주는 자신보다 인생의 경험이 더 많은 어떤 사람과의 우정이다. |
| 콜린스 (Collins, 1983) | • 멘토란 믿음직한 후원자나 지도자인 직속상관 또는 다른 부서의 관리자나 연장자이다. |
| 노이 (Noe, 1988) | • 멘토란 젊은 종업원들의 경력계획에 대한 지원, 대인관계 향상을 제공하는 역할모형 지원, 지시 등을 제공하는 연장자나 경험이 많은 사람을 일컫는다. |
| 하워드 헨드릭스 (Howard Hendricks, 1996) | • 멘토링이란 연장자가 젊은이를 성공하도록 돕는 과정이다. 그러나 멘토링은 성공보다는 관계의 중요성에 관한 것이다. |

출처: 이현정(2006)

### (1) 멘토링의 특성

크람(Kram, 1983)은 멘토가 멘티에게 제공하는 멘토링의 기능을 경력 기능(역할후원, 노출 및 소개, 지도, 보호, 도전적 업무부여)과 심리사회적 기능(수용 및 지원, 상담, 우정, 역할모델링)의 두 가지로 나누었다. 경력기능(career functions)이란 멘티는 조직에서 이러한 멘토링 기능을 통해 승진이나 경력 발전에 기회를 제공하는 것이다.

**표 5-2 멘토링의 경력 기능**

| 기 능 | 내 용 |
|---|---|
| ① 역할 후원 | 멘티가 올바르게 성장을 도모하도록 집단 속에서 좋은 기회를 제공해 주기 위하여 보호하고 지원해 주는 기능이다. |
| ② 노출 및 소개 | 집단 내에서 멘토가 영향력을 행사할 수 있는 사람에게 문서상 또는 직접적인 접촉을 필요로 하는 업무를 부여함으로써 다른 구성원들과의 관계를 갖도록 해주는 기능이다. |
| ③ 지도 | 멘티에게 부여된 과제를 성공적으로 수행하고 다른 사람들로부터 인정을 받으며 경력 목표를 달성하는 데 필요한 지식, 정보 및 기술을 제공해 주는 기능이다. |
| ④ 보호 | 멘토가 멘티에게 새로운 기술을 습득할 수 있는 발전적 업무를 감당시켜 그 성과에 대해 피드백을 전달함으로써 맨티의 능력을 점점 개발시키고 자신감과 성취감을 가질 수 있도록 제공하는 기능이다. |

출처: Kram(1983), 최운실 외(2017)에서 윤영남 외(2021)가 표로 구성

심리사회적 기능(psychosocial functions)은 멘토와 멘티가 신뢰를 쌓으며 조직의 복잡한 구조에서도 멘티에게 자신감과 자아정체성을 확실하게 인식시켜 주는 기능이며 심리사회적 기능에는 수용 및 지원, 상담, 우정, 역할모델이 있다.

**표 5-3 심리사회적 기능**

| 기 능 | 내 용 |
|---|---|
| ① 수용 및 지원 | 멘토와 멘티가 서로 신뢰감을 쌓으며 관심과 존경으로 자아의식을 높이게 된다. 멘티는 수용 및 지원을 경험과 그에 대한 느낌 그리고 새롭고 다양한 행동으로 독특한 자신만의 방식으로 발전시켜 가는 기능이다. |

| 기 능 | 내 용 |
|---|---|
| ② 상담 | 멘티가 직면한 문제나 걱정거리 즉, 고민, 두려움, 혼란, 불안 동과 같은 내적 갈등을 들어주고 자신의 생활 경험에 비추어서 당면 문제 및 대안에 대하여 해결 방법을 말하거나 함께 문제를 풀어감으로써 효과적으로 대처할 수 있도록 도와주므로 멘티의 심리적 스트레스를 완화시켜 주는 기능이다. |
| ③ 우정 | 멘토와 멘티가 우정과 신뢰가 돈독한 관계를 맺으면서 서로를 이해하며, 업무 또는 업무 외적인 경험들에 대해 비공식적인 교환을 하며, 사회적 상호작용을 실천해 나가며 정서적으로 지지하는 기능이다. |
| ④ 역할모델 | 멘티에게 필요한 태도와 적절한 행동양식을 익히도록 멘토는 바람직한 역할모델이 되어 멘티의 양육자, 보호자의 역할로서 자신이 가지고 있는 기술, 태도, 가치관, 행동을 가르쳐주는 기능이다. |

출처: Kram(1983), 최운실 외(2017)에서 윤영남 외(2021)가 표로 구성

### (2) 멘티의 학습유형에 따른 멘토링 역할

효과적인 멘토가 되기 위해서는 멘토가 멘토링의 실천 지침과 방법을 체계적으로 구축하고 지도하는 구체적인 행동 지침이 필요하다. 우선 멘티의 이야기를 경청하고 멘티의 발달 수준에 적절한 체계를 형성한다. 이때 멘토는 멘티의 가치관을 존중하면서 더 복잡하고 다양한 관점을 조망하도록 이끈다.

톰린(Tomlin, 1995)은 학습자들이 학습활동을 전개하는 기본 틀은 주로 네 가지로 분류하고, 멘토는 멘티의 학습유형을 고려하여 멘토링 관계를 진행할 필요가 있다고 보았다.

첫째, 다른 사람의 가르침이나 교재를 통하여 배우는 학습자
둘째, 자기 스스로를 가르치고 배우려는 시도를 통해 배우는 학습자
셋째, 다른 사람들과 협동하면서 얻게 되는 가르침을 통해 배우는 학습자
넷째, 핵심 아이디어나 광범위한 이슈의 탐구를 통해 배우는 학습자

**표 5-4 학습자 유형에 따른 멘토링 지원 유형**

| 학습자 유형 | 멘토링 유형 |
|---|---|
| 다른 사람의 가르침으로부터 배우는 학습자 | ① 계획을 세워 행위를 관찰하도록 안내한다.<br>② 모델링과 모니터링을 촉진한다.<br>③ 모델링과 반성을 촉진한다. |
| 스스로 가르침을 통해 배우는 학습자 | ① 계획 세우기를 돕는다.<br>② 교수활동을 지원하여 모니터링과 피드백을 지원한다.<br>③ 분석과 반성을 촉진한다. |
| 점진적인 상호협동을 통해 배우는 학습자 | ① 진보적인 공동 계획을 세운다.<br>② 함께 학습하는 팀으로 교수한다.<br>③ 상호 모니터링하고 상호분석과 반성한다. |
| 핵심 아이디어와 광범위한 이슈의 탐구를 통해 배우는 학습자 | ① 학생, 동료, 학교 및 체제에 관한 직접적인 연구 촉진한다.<br>② 교수에 대한 투입 요소, 배경 이슈들에 대해 읽고 분석한다.<br>③ 주제에 관한 조직적 토의 및 개별 지도를 활성화한다. |

출처: Tomlin, P.(1995). Understanding Mentoring. p.47

### 2) 코칭

의미의 코칭은 1800년대 후반 스포츠 운동선수를 가르치는 지도자를 코치로 명명하고, 코치가 운동선수들의 역량을 높여 경기에서 좋은 성석을 올리는 것을 코칭이라고 하였다. 교육 현장에서 대두되고 있는 학습코칭은 학생의 지능, 기초학습 능력, 공부 방법, 학습습관, 집중력 성격적 특성, 정서적 안정도, 자신감의 정도, 적성과 진로 유형에 대한 상세한 정보를 파악하는 것이다. 조직에서의 코칭은 구성원의 능력을 최대한 발전시키며 개인적 성취와 조직의 발전을 위하여 관리자가 제공하는 과정이다. 즉 코치의 책임하에 여러 가지 다른 경험과 재능이나 배경으로 사람들과 함께 이들이 지속적인 성취를 격려하는 과정이라고 정의할 수 있다.

코칭의 형태는 두 가지로 나눌 수 있는데, 하나는 자발적·즉각적 코칭이고, 다른 하나는 계획적·형식적 코칭이다. 이것을 상황에 맞게 적절히 수행한다면 이 두 가지의 코칭은 모두 효과적일 것이다.

### (1) 효과적인 코치의 특징

효과적인 코치들은 공통점이 있다. 이들의 말투는 부드럽고 명료하다. 또한 태도가 겸손하고 매력적이며, 유머와 위트가 있고 팀구성원들을 존중하며 솔직하다. 이들은 과업 지향적이며 과거의 실패보다는 다음 승부에서 최선의 결과를 얻는 네 초점을 둔다. 최선을 기대한 팀원이 실수했을 때라도 이에 대한 처벌을 하지 않는다.

훌륭한 코치는 공정함, 일관성, 융통성, 풍부한 자원, 공감 능력, 참을성, 열정, 정직함, 배려심 및 자신감과 같은 긍정적 특성을 지니고 있는 것으로 알려져 있다. 다음은 훌륭한 코치의 긍정적인 특성에 효과적인 코치가 보여주는 구체적인 특징과 기술을 설명한 것이다(최운실 외, 2017).

### (2) 효과적인 코치의 구체적인 특징과 기술

① **공정함**(fairness): 사람들을 공정하게 대할 수 있는 능력으로 사람들로부터 충성과 신뢰를 이끌어낼 수 있는 자질

② **일관성**(consistency): 변덕스럽거나 경박스러운 행동은 코치로서의 성공에 방해가 된다.

③ **융통성**(flexibility): 관리자는 옳은 방식으로 일을 하고 리더는 옳은 일을 한다는 말이 있다. 이는 개인과 생활에 적절한 코칭 방법을 결정하는 융통성을 가지고 있다는 것과 상통함

④ **풍부한 자원**(resourcefulness): 코칭에 도움이 되는 다양한 자원을 동원할 수 있으며, 어디서 누구로부터 도움을 얻을 수 있는지를 잘 알고 있음

⑤ **공감**(empathy): 타인의 입장이 되어 볼 수 있는 능력이 있음

⑥ **참을성**(patience): 사람의 행동 변화는 시간이 걸리며 직무수행 능력도 점진적으로 향상됨

⑦ **열정**(enthusiasm): 코치의 열정은 코칭 대상자에게 그대로 전염됨

⑧ **정직과 성실**(honesty & integrity): 솔직하며 수행수준 향상에 대한 기대를 가짐. 사

람들은 그러한 코치가 옳기 때문에 따름

⑨ **친절함**(friendliness): 친절하며 사람을 끌어당기는 매력이 있음

⑩ **타인에 대한 진실된 배려**(genuine concern for others): 코칭 대상자에게 진심으로 관심을 가지며 실제로 말과 행동을 통해 그 관심을 보여줌

⑪ **자신에 대한 신뢰 멘토링의 경력 기능감**(self-confidence): 코칭을 성공적으로 수행하기 위해서는 스스로에 대한 신뢰가 있어야 함

### (3) 촉진을 통한 개별지도 방법

① 촉진

촉진(prompts)은 장애인 학습자가 목표하는 행동의 성공 가능성을 높이기 위해 제공하는 지시, 몸짓, 시범, 신체적 접촉 등을 말한다. 적절한 촉진의 활용을 통해 학습자가 학습에 실패하지 않고 목표 행동을 수행할 수 있도록 돕는다. 학습자의 선호와 능력에 따라 다양한 유형의 촉진을 선택하여 계획해야 하며, 학습자가 스스로 목표 행동을 수행할 수 있도록 점차 촉진의 양을 줄여갈 필요가 있다.

학습자가 특정 행동을 스스로 완수할 수 있도록 하기 위해서는 필요 최소한의 촉진만을 제공하는 것이 중요하다. 이는 학습자가 촉진에 과도하게 의존하지 않고, 점차 독립적인 수행 능력을 기를 수 있도록 돕기 위함이다. 촉진은 교사가 어느 정도로 개입하느냐에 따라 여러 수준의 단계(위계)를 형성하며, 일반적으로 신체적 촉진 → 시범 제시 → 언어적 촉진의 순으로 구성된다. 이러한 촉진 단계는 학습자의 숙달도에 따라 점차 더 자연스럽고, 간접적이며, 최소한의 개입으로 조정되어야 한다.

장애인 평생교육 현장에서 실천할 수 있는 다양한 촉진의 유형에 대해 살펴보면 표 5-5 와 같다.

표 5-5 **촉진의 유형**

| 종류 | 정의 및 적용 사례 |
|---|---|
| 몸짓 촉진 (Gestural prompt) | 적절한 반응과 관련한 물체 등에 대한 힌트를 제공하기 위해 가리키기, 끄덕임, 필요한 자료 옆을 누느린다. 예) 교사가 학습자에게 "물을 마시려면 무엇이 필요하죠?"라고 물은 후, 적절한 반응을 유도하기 위해 컵을 가리킨다. |
| 전체 신체적 촉진 (Full physical prompt) | 학습자가 해야 하는 활동을 지원하기 위해 신체적 접촉을 활용하여 행동 전체를 안내한다. 예) 학습자가 다 함께 손뼉을 쳐야 하는 상황에서 "손뼉을 치세요"라고 요청한 후, 활동을 지원하기 위해 학습자의 손을 잡고 손뼉을 치는 전체 동작을 학습자의 손을 움직여 유도한다. |
| 부분적인 신체적 촉진 (Partial physical prompt) | 학습자의 행동을 지원하는 데 필요한 만큼 일부의 신체적 도움을 제공한다. 예) 손뼉을 치기 위해 교사는 전체 동작을 지원하지 않고, 학습자의 손을 살짝 밀어준다. |
| 전체적인 언어적 촉진 (Full verbal prompt) | 교사의 물음이나 학습자가 해야 하는 적절한 반응에 대한 완전한 답변을 학습자에게 제공한다. 예) 교사가 학습자에게 "목요일 다음은 무슨 요일입니까?"라고 물은 후 정답 반응을 돕기 위해 곧바로 "금요일"이라고 지원을 제공한다. |
| 부분적인 언어적 촉진 (Partial verbal prompt) | 적절한 반응이나 행동을 유도하기 위해 응답의 일부나 첫 번째 '음소 정도를 힌트로 제공한다. 예) "금요일"을 유도하기 위해 전체를 말해주지 않고, "금"이라고 말하여 학습자가 응답을 스스로 유추할 수 있도록 지원한다. |
| 글자 촉진 (Textual or written prompt) | 학습자에게 행동을 수행하는 방법이나 지침에 대해 글자로 안내한다. 예) 학습자에게 "같이 강의실을 청소해요"라고 요청한 후, 청소에 대한 체크리스트를 제시하여 행동을 지원한다. |
| 시각적 촉진 (Visual prompt) | 비디오, 사진 또는 그림 등을 제시하여 목표 행동을 안내한다. 예) 학습자에게 "식사하기 전에는 바르게 손을 씻으세요"라고 요청한 후, 행동을 지원하기 위해 바른 손 씻기 단계를 나타낸 그림이나 사진을 제시한다. |
| 청각적 촉진 (Auditory prompt) | 알람이나 타이머 등과 같은 다양한 유형의 청각적 지원을 제공한다. 예) 교사는 "10분 후에 작업을 정리합니다"라고 지시를 전달한 후, 10분 후에 알람이 작동하도록 설정하여 청각적 촉진을 제공한다. |
| 위치적 촉진 (Positional prompt) | 학습자가 목표 행동에 성공할 수 있도록 적절한 반응이나 물체의 위치를 학습자에게 가깝게 둔다. 예) 조립에 필요한 세 가지 물건을 학습자에게 보여준 후, "조립에 필요한 도구는 무엇인가요?"라고 묻는다. 적절한 반응이 없으면 적합한 도구를 학습자에게 가까이 옮겨주어 조립에 성공할 수 있도록 지원한다. |

출처: 김원호 외(2020). 배움을 잇다 즐거움이 있다. 국립특수교육원. pp. 98-99.

## 2 집단교육

집단중심 평생교육방법은 집단 내에서의 적극적인 상호학습을 통해서 개인적인 요구를 충족함과 동시에 과제를 해결하며 집단목표를 달성해 나가는 방식을 의미한다(조용하, 1992). 대부분의 평생교육은 집단중심 교육방법에 의해서 수행되는데, 집단중신 교육 방법은 상호 학습의 원리를 특징으로 한다(김수일, 1995).

학습자 집단은 구성원들의 수에 따라 소규모 집단과 대규모 집단으로 구분할 수 있는데, 이를 구분 짓는 기준이 있는 것은 아니다. 일반적으로 교육을 위해 어느 정도의 시간이 허용되는지, 어떤 공간을 활용할 수 있는지, 어떤 목적을 위한 교육인지를 고려해야 한다. 집단중심 평생교육 방법은 체계적이고 조직화된 교육 방법으로서 가장 많이 사용되며, 다음과 같은 장점을 가지고 있다(최상호, 1996).

① 일시에 많은 인원을 교육하기 쉬움
② 집단효과를 통하여 학습동기 유발
③ 학습자 간 또는 학습자와 교육자 간의 친교와 만남을 통하여 정서적·인격적 성숙에 보다 큰 영향을 받음
④ 다양한 사고와 의견의 접촉을 통하여 시야를 확대하고 민주적인 의사결정과 생활태도를 쉽게 형성

집단중심 평생교육 방법은 활용목적, 집단규모에 따라 차별적으로 적용하는 것이 바람직하다. 구체적으로 어떤 방법을 활용할 것인가는 평생교육 방법의 기본원리, 프로그램이 추구하는 학습목표와 내용, 학습자 요구와 특성, 집단의 규모 및 활용 가능성 등에 따라 융통성 있게 결정해야 할 것이다(이미나 외, 2009; 최운실 외, 2017).

### 1) 강의법

강의법은 인쇄 기술이 보편화되기 이전부터 널리 활용되어 온 교수 방법이다. 책을 손쉽게 구할 수 없었던 시기, 오직 교수자만이 교재를 소유할 수 있었던 중세 대학, 서당, 향교, 성균관 등과 같은 교육기관에서는 강의를 통해 학습자에게 지식, 개념, 사실 등의 정보를 전달하는 것이 주된 교수 방식이었다. 강의법이 교육적 효과를 충분히 발휘하기 위해서는 교수-학습의 목표, 내용, 방법, 그리고 학습자의 특성이라는 네 가지 요소를 함께 고려해야 한다(이성호, 1999).

#### (1) 교수 · 학습의 목적

- 특정한 태도나 가치를 고취하기 위하여 설득력 있는 말투, 생동감 있는 표정 및 몸동작 등의 강의가 필요할 때
- 논쟁의 여지가 없는 사실적인 개념이나 정보를 논리적, 객관적으로 짧은 시간에 효과적으로 전달하고자 할 때

#### (2) 교수 · 학습의 내용

- 새로운 개념, 이론, 정보 및 자료 등을 설명할 때
- 체계 있게 복잡한 내용을 정리하여 전달하고자 할 때

#### (3) 교수 · 학습의 과정

- 강의 시간 및 내용의 조정이 교수자의 능력과 재량에 따라 가능하고 학습자의 동기유발이 가능할 때
- 전체 내용을 간단히 요약하거나 다른 교수방법을 도입하기 전에 사전 설명이 필요할 때
- 특정 내용을 강조하고자 할 때

① 강의법의 장점

- 학습자에게 짧은 시간 동안에 많은 다양한 지식과 정보를 제공할 수 있어 경제적이고 효과적이다. 이때 파워포인트나 비디오 클립 등은 활용하면 더욱 효과적이다.
- 최신의 학문과 이론을 소개하기 쉽다.
- 핵심적인 개념 및 원칙에 초점을 맞추는 데 효과적이다.
- 많은 학습자에게 능력과 자질이 뛰어난 교수자는 수준 높은 강의를 전달할 수 있다.
- 교수자 주도로 진행되어 학습자에게 많은 참여를 요구하지 않으므로 소극적이거나 내성적인 학습자에게 안정감을 줄 수 있다.

② 강의법의 단점

- 강의를 교수자가 거의 일방적으로 강의를 주도하기 때문에 학습자의 역할은 수동적이며 활동 기회가 제약된다.
- 획일화된 교수자의 획일화된 수업 진행으로 학습자의 개성과 능력이 무시되기 쉽다.
- 강의의 질과 수월성이 교수자의 능력과 수준에 따라 달라진다.
- 지식 위주의 교육으로 치우치기 쉽다.
- 학습 능력이 낮은 학습자는 추상적인 개념 전달로 인해 학습 내용을 이해하기 어려울 수 있다.

③ 장애인 평생교육 현장에서 효과적인 강의법을 적용하기 위한 고려해야 할 사항

- 학습자 특성 이해
  - 장애 유형과 학습 속도를 파악하고 맞춤형 강의를 준비한다.
  - 쉬운 언어와 시각 자료를 활용한다.

- 학습 환경 조성
  - 이동이 편리하고 조용한 환경을 마련한다.
  - 조명, 온도, 의자 등 신체적 편의도 고려한다.
- 강의 시간과 내용 조정
  - 집중시간을 고려해 짧은 단위로 진행한다.
  - 학습자의 이해도에 따라 속도와 난이도를 조절한다.
- 다양한 교수 자료 활용
  - 그림, 사진, 영상, 실물 자료 등 여러 감각을 활용한다.
  - 필요시 자막이나 수어 통역을 제공한다.
- 실생활 중심 수업
  - 일상과 관련된 예시와 체험활동을 중심으로 진행한다.
  - 역할극, 모의 상황 등 참여형 활동을 포함한다.
- 상호작용 강화
  - 질문, 대화, 그룹 활동을 통해 참여를 유도한다.
  - 학습자의 의견을 존중하고 표현 기회를 제공한다.
- 명확한 전달과 확인
  - 크고 천천히 명료한 목소리로 말한다.
  - 중간 점검과 요약으로 이해 정도를 확인한다.
- 존중과 권리 보장
  - 학습자를 동등한 주체로 대한다.
  - 스스로 선택하고 결정할 수 있는 기회를 준다.

### 2) 역할극

역할극은 특정한 상황을 설정하고, 그 상황에 어울리는 역할을 학습자가 간접적으로 실연해 보는 과정을 통해 자신과 타인의 역할을 이해하도록 돕는 학습 방법이다. 학습자는 주어진 상황을 인식하고, 그 속의 인물로서 문제를 해결하는 과정에 참여함으로써 문제 해결 능력과 사회적 사고력을 기를 수 있다. 단, 역할극 자체가 학습의 최종 목적이 되는 것이 아니라, 학습목표 달성을 위한 하나의 수단이라는 점을 명확히 인식하고 활용할 필요가 있다.

발달장애인을 대상으로 하는 교육에서는, 가상의 상황을 설정하고 해당 상황에 맞춰 역할을 실연해 보는 역할극이 효과적으로 사용될 수 있다. 이 과정에서는 사전 연습과 필요한 지원을 충분히 제공할 수 있다는 점에서 장점이 있으며, 특히 학습한 내용을 실제 생활에 일반화하는 데 어려움을 겪는 학습자에게 유용하다.

실제 역할을 부여하고 이를 실천하는 과정을 통해 학습자는 현실 상황에 대한 적응력을 높일 수 있다. 만약 학습자가 직접 역할극에 참여하기 어려운 경우에는, 강사나 또래 학습자의 역할극 과정을 관찰하는 방식으로도 간접적인 학습 경험을 제공할 수 있다. 다음 표 5-6 은 역할극으로 '마을시설 이용' 활동에 적용한 예이다.

**표 5-6 역할극을 적용한 예: 마을시설 이용**

| 단계 | 내용 | 활동의 예 |
|---|---|---|
| ① 상황 실정 | 일상생활의 다양한 기술이 요구되는 상황 제시하기 | 자신에게 필요한 물품을 사기 위해 마트 상황 설정하기 |
| ② 역할 선정 및 연습 | 역할 참여자를 선정하고 각 역할 연습하기 | 마트에서 물건을 판매하거나 구매하는 사람, 정리하는 사람 등으로 역할을 정하고 각자 역할에 따라 배역 연습하기 |
| ③ 역할극 실연 | 역할에 따라 알맞은 모습 실연하기 | 판매자와 구매자 등으로 역할에 따라 실제 물건을 구매할 때 해야 하는 일을 참여자가 실연하기 |
| ④ 역할놀이 평가 | 참여자와 관찰자, 강사가 역할놀이 평가하기 | 역할놀이를 실연하고 관찰하면서 느낀 내용을 서로 이야기해 보고 강사는 각 역할이 어떻게 수행되었는지 확인하고 정리하기 |

출처: 김원호 외(2020). 배움을 잇다 즐거움이 있다. 국립특수교육원. p. 123.

### 3) 브레인스토밍

브레인스토밍은 특정 주제나 문제를 중심으로 학습자들이 자유롭게 생각을 표현하도록 유도하여 다양한 아이디어를 수집하는 집단 중심의 창의적 사고 기법이다. 제한된 시간 안에 여러 해결 방안이나 연관된 아이디어를 이끌어 내는 것이 목적이며, 이 과정에서는 몇 가지 중요한 원칙이 적용된다. 먼저, 자신의 의견이나 타인의 의견에 대해 판단하거나 비판하는 것을 유보해야 하며, 아이디어가 미완성되었거나 비현실적이라 하더라도 자유롭게 제안할 수 있는 분위기를 조성하는 것이 중요하다. 또한 질보다 양에 초점을 맞추어 가능한 많은 아이디어를 이끌어 내려는 노력이 필요하고, 서로의 아이디어를 결합하거나 개선할 수 있도록 격려하는 자세가 요구된다.

이 방법은 모든 학습자의 아이디어가 동등하게 존중된다는 점에서 자아 존중감 향상에 긍정적인 영향을 미치며, 유일한 정답을 찾는 사고에서 벗어나 창의적이고 개방적인 사고를 함양할 수 있는 기회를 제공한다. 또한 집단의 공동 문제 해결 과정에 각자의 의견이 기여하면서 학습자의 적극적인 참여를 유도하는 데 효과적이다. 그러나 아이디어 중 실제로 유용한 것이 소수에 불과하여 시간 소모가 클 수 있고, 개인별 아이디어에 대한 보상이 어려우며, 집단 전체만을 인정하게 되는 한계가 존재한다.

## 3 직업훈련 및 실습교육

### 1) 직업훈련

직업훈련이란 특정한 직업 종목의 기능을 향상시키기 위한 과정인 반면, 직업적응훈련은 직업인이 되기 위한 태도를 갖추기 위해 직업생활과 관련된 전반적인 훈련을 실시하는 것이라 할 수 있다. 장애인 재활에 있어 직업적응은 특수적 의미와 일반적 의미를 갖는데, 특수적 의미의 직업적응은 개인의 직업적 잠재력이나 능력을 증진시키기 위해 고안된 상담과정을 의미하며, 일반적 의미의 직업적응은 이러한 특수적 의미와는 달리 노동 경력 혹은 전체적인 직업생활을 보다 포괄하는 일반적 의미를 갖는다고 하였다.

중증장애인 직업재활지원사업 운영규정에서는 직업적응훈련을 구직 장애인의 직업생활 및 직업 환경에 대한 심리적 · 기능적 적응력 향상을 위해 실시하는 개인 · 사회적응, 직업준비 · 수행, 지무능력 향상 · 직업유지에 대한 훈련이라고 정의하고 있다. 그리고 「장애인고용촉진 및 직업재활법」 제11조에서는 고용노동부장관과 보건복지부장관은 장애인의 희망 · 적성 · 능력 등에 맞는 직업생활을 할 수 있도록 하기 위하여 필요하다고 인정하면 직업 환경에 적응시키기 위한 직업적응훈련을 실시할 수 있다고 명시하고 있다.

이처럼 직업적응훈련은 노동시장에서 필요로 하는 기술이 부족한 장애인들을 원조하기 위하여 다양한 경험을 제공하여 개인으로 하여금 자기 확신, 자기 통제, 업무지구력, 대인 상호 간의 관계에서의 기술, 직업세계에 대한 이해, 근로자로서의 태도와 자세 등을 개발하도록 도움을 줌으로써 장애인이 직업인으로서의 역할을 수행하는 데 문제가 되는 요소를 해결하거나 수정 또는 보완하도록 개인이나 환경을 변화시키는 총체적 과정이라고 할 수 있다(공마리아 외, 2013). 특히 자폐성장애 등 발날상애인을 위한 직업적응훈련과 관련되는 프로그램의 실제 영역을 살펴보면 아래의 표 5-7 과 같다.

**표 5-7 발달장애인의 직업적응훈련 프로그램의 실제**

| 영역 | 단위 | |
|---|---|---|
| 개인 · 사회생활훈련 | 1. 일상생활훈련<br>3. 이동기술 | 2. 대인관계 기술<br>4. 여가 |
| 직업준비 · 직업수행훈련 | 1. 직업인식<br>3. 구직활동<br>5. 작업환경 적응<br>7. 작업수행 | 2. 직업선택과 계획<br>4. 작업습관 형성<br>6. 신체적 능력<br>8. 직업 유지 |
| 체력향상훈련 | 1. 체력 증진 | |

출처: 공마리아 외(2013)

이러한 직업적응훈련의 궁극적인 목적은 장애인이 원활하게 취업할 수 있도록 지원하고, 안정적인 직업생활을 유지해 나갈 수 있도록 개인별 직업재활계획을 수립하여 개인 · 사회생활 직응훈련, 직업 준비 · 직업수행 적응훈련, 직무능력 향상 · 직업유지 적응훈련에 참여할 수 있도록 함으로써, 장애인 당사자에게 잠재되어 있는 직업능력을 최대한 개발하는 데 있다.

또한, 직업적응훈련의 목표는 장애인이 자기 자신에 대해 이해하고, 자기 관리를 할 수 있도록 일상생활 및 가사 생활, 여가생활 등 취업의 성공과 안정적인 직업생활의 유지에 필요한 개인 · 사회생활 기술을 습득하도록 하는 것이다. 이에 더하여 장애인이 스스로 직업 인식과 탐색, 구직과 면접 준비, 적절한 작업습관, 원활한 동료관계 형성 등의 취업에 필요한 기술을 습득하도록 하며, 다양한 직종의 직무능력을 습득하고 신체적 · 정서적 관리의 기술을 훈련함으로써, 취업 후 안정적인 직업유지에 필요한 기술을 습득하도록 하는 것이다.

초 · 중 · 고를 졸업한 발달장애인들의 생활을 크게 3가지 방향으로 살펴볼 수 있다. 첫 번째는 특수학교나 복지관, 장애인고용공단에서 실시하는 전공 과정이나 직업훈련을 받고 있는 발달장애인, 두 번째는 직업훈련이라기보다는 보호중심의 교육, 여가활동지원을 받고 있는 발달장애인(주간보호센터), 세 번째는 가정에서 생활하며 활동보조인이나 부모님의 보호 아래 살아가는 발달장애인들의 생애주기를 볼 수 있다. 여기에서는 첫 번째 직업훈련을 받고 있는 발달장애인 직업훈련 현황을 살펴보고자 한다.

한국장애인고용공단과 교육청이 협업하여 운영하는 발달장애인 전문 직업훈련기관에는 '발달장애인훈련센터'가 있다. 직업에 대한 이해 및 정보가 부족한 고 1, 2학년 학생에게는 직업 체험의 기회를 제공하고 전공과 과정 해당 학생에게는 실제 환경과 유사한 환경에서 직업훈련을 실시하여 현장적응력과 고용연계 가능성을 높이고자 설립된 훈련센터이다. 전국 4개 지역 서울, 인천, 대구, 광주에 설립되어 현재 운영 중에 있으며, 교육과정은 다음의 표 5-8 과 같다.

**표 5-8 직업훈련 프로그램**

| 구분 | 직무 내용 | 교육과정 |
|---|---|---|
| 세탁 직무 | 오염된 세탁물을 세탁 | 세탁물 분류 후 세탁 건조 다림질할 수 있는 기계를 이용한 세탁과 깨끗하게 포장하기를 체험한다. |
| 린넨 직무 | 세탁물을 용도에 맞게 구분 배치 | 병원이나 호텔의 환자복, 침대 커버 등 세탁물을 수납 공간에 분류 및 정리하고, 수거된 세탁물 분류를 체험한다. |
| 의료세척 직무 | 병원 의료기기를 세척 및 포장 | 병원에서 처치 및 수술에 필요한 기구와 소모품을 세척하고 멸균 포장 등을 체험한다. |
| 주방보조 직무 | 외식업체 주방에서 조리사를 보조 | 조리사를 보조하여 종류별 식기 구분 및 세척 방법, 세척된 식기 배치 등을 체험한다. |
| 조립 직무 | 전자 및 자동차 부품을 조립 | 부품들을 수작업이나 공구들을 이용하여 단독작업이나 공동작업을 통하여 제품을 완성하는 방법을 체험한다. |
| 포장 직무 | 전기 및 자동차, 화장품을 포장 | 낱개 혹은 여러 개의 제품을 다양한 포장용기에 포장하는 것을 단독 작업 또는 공동작업을 통해 체험한다. |
| 사무행정보조 직무 | 사무실에서 여러 가지 사무 행정일을 보조 | 복합기 · 스캐너 등 사무용 기계를 사용하는 방법과 서류정리 요령, 부서별 우편물 분류 및 전달을 체험한다. |
| 유통서비스 직무 | 사무실에서 여러 가지 사무 행정일을 보조 | 진열장에 비어있는 제품 정리정돈 및 사후 처리 방법, 매장청소, 카트 수거 방법, 계산 방법 등을 체험한다. |
| 시네마 서비스 직무 | 영화 상영 전후의 정리정돈과 고객을 안내하는 직무 | 고객맞이에서부터 티켓을 확인하고 안내 · 방석 배부방법, 영화가 끝난 후 관객들의 출구 안내 및 다음 영화 상영을 위한 상영관 정리 정돈 · 청소 등을 도구를 사용하여 체험한다. |
| 도시농업 직무 | 텃밭에 파종 및 농기구를 사용한 농작물 생산 | 씨 뿌리기부터 식물을 관리하는 방법 등 식물이 잘 자라기 위해서 필요한 것에 대해 알고 체험한다. |

출처: 한국장애인고용공단 홈페이지(www.kead.or.kr)

이외에도 특수학교의 전공과정, 장애인복지관 내 직업재활센터, 장애인직업 재활시설, 장애인고용공단의 민간위탁 직업훈련 사업 등 발달장애인의 직업훈련 사업을 실시하고 있다.

### 2) 발달장애인을 위한 직무 매뉴얼

한국장애인개발원에서는 '발달장애인 바리스타 일자리 직무 매뉴얼'을 개발하였다. 바리스타의 직무를 크게 작업 전 준비, 홀 직무, 주방 직무로 나누었으며, 하위 직무로는 개인 청결 확인, 홀 청소, 고객 응대, 커피 음료 제조 등으로 구성되어 있다. 해당 직무의 과제는 다음 표 5-9 와 같다.

**표 5-9 발달장애인을 위한 바리스타 업무 매뉴얼: '나도 바리스타!'**

| 내용 | 하위 내용 | |
|---|---|---|
| 커피 이해하기 | • 커피 용어 이해하기 | • 원두와 커피 알기 |
| 커피 만들기 | • 에스프레소 머신 알기<br>• 에스프레소 추출 준비하기<br>• 에스프레소 | • 커피용 우유 만들기<br>• 커피의 종류와 만드는 방법 |
| 고객 응대하기 | • 용모 복장<br>• 고객에게 인사하기<br>• 주문받기<br>• 상품 전달하기 | • 고객 안내하기<br>• 고객과 대화하는 방법<br>• 전화 예절<br>• 상황별 대처 |
| 매장 관리하기 | • 커피 머신 청소하기<br>• 설거지<br>• 제품 진열대 정리하기<br>• 커피 머신 주변 정리하기 | • 기기 청소하기<br>• 홀 바닥 청소하기<br>• 탁자 정리하기<br>• 쓰레기 치우기 |

출처: 한국장애인개발원(2018).

**연구문제**

1. 장애인 평생교육 현장에서 개인중심 대면교육과 집단중심 대면교육은 각각 어떤 특징과 장점을 가지고 있는지 논의해 보시오.
2. 멘토링과 코칭의 차이점을 장애인 학습자와 연계하여 논의해 보시오.
3. 다양한 교수법이 장애인 평생교육에서 효과적으로 활용되기 위해 고려해야 할 요소는 무엇인지 토론해 보시오.

## 실습가이드

### "어서 오세요, 오늘의 추천은요!"
### – 카페 상황 역할극으로 직업 훈련 연습하기

**1. 실습 목표**

- 카페 직무에서 요구되는 의사소통 기술(인사, 추천, 주문 받기)을 실제로 연습한다.
- 장애인 학습자의 입장에서 교육 상황을 체험하고, 학습자의 요구와 반응을 이해할 수 있다.
- 역할극 실습 후 자신의 수업 태도와 의사소통 방식에 대해 성찰하고 개선점을 도출할 수 있다.
- 장애인 평생교육 현장에서 발생할 수 있는 실제 교육 상황에 대한 대응 역량을 구체적으로 설명할 수 있다.

**2. 실습 준비물**

- 역할 카드(바리스타, 고객, 관찰자)
- 메뉴판 모형
- 주문지 또는 메모지
- 컵, 유니폼 소품(선택사항)
- 피드백지, 관찰 체크리스트

**3. 실습 진행 절차**

(1) 1단계: 역할 나누기(5분)

- 조별로 바리스타 1명, 고객 1명, 관찰자 1명 역할 배정
- 관찰자는 말투, 태도, 시선 처리, 대응 방식 등을 체크
- 시나리오 만들기

(2) 2단계: 상황 설정 및 연습(10분)

- 바리스타는 메뉴판을 보고 고객에게 음료를 추천
- 고객은 1~2가지 질문을 하고 주문
- 바리스타는 주문을 확인하고 마무리 인사까지 수행

(3) 3단계: 역할극 시연(10분)
- 한 조씩 앞에서 상황극을 시연
- 다른 조는 관찰 포인트를 중심으로 피드백 준비

(4) 4단계: 피드백 나누기(5분)
- 관찰자 및 동료들이 잘한 점과 개선점을 공유
- 교사가 피드백 정리 및 칭찬으로 마무리

### 4. 피드백 체크포인트

| 항목 | 잘했어요 | 개선이 필요해요 |
|---|---|---|
| 인사 표현을 자연스럽게 했다. | | |
| 고객의 질문에 적절히 응답했다. | | |
| 추천 음료를 자신 있게 말했다. | | |
| 주문 확인 및 마무리 인사가 명확했다. | | |

### 5. 실습 후 생각해 보기

(1) 이번 역할극 활동을 통해 내가 가장 크게 느낀 점은 무엇인가요?

(2) 장애인 학습자의 입장에서 교육 상황을 연기해 보며 무엇을 새롭게 이해했나요?

(3) 오늘의 역할극에서 더 발전시켜야 할 점은 무엇인가요?

# 06 장애인 온라인 및 원격교육 방법

## 학습개요

장애인의 교육 기회 확대를 위해 온라인 및 원격교육의 중요성이 점차 증대되고 있다. 특히 시공간의 제약이 적은 원격교육은 이동이 어려운 장애인에게 효과적인 대안이 될 수 있다. 그러나 정보 접근성과 학습 참여를 실질적으로 보장하기 위해서는 장애특성에 따른 맞춤형 설계와 보조 기술의 활용이 필수적이다.

본 장에서는 장애인 온라인 교육의 개념과 필요성을 살펴보고자 하며, 플랫폼 및 콘텐츠 설계 시 고려해야 할 접근성 요소를 학습하고자 한다. 아울러 다양한 장애 유형에 따른 교수 전략과 실제 운영 사례를 통해 효과적인 교육 방안을 모색하고자 한다. 또한 교육 참여의 지속성과 학습 성과 향상을 위한 지원 체계와 평가 방안에 대해서도 고찰하고자 한다. 이를 통해 장애인의 평등한 학습권 보장을 위한 온라인 교육 설계 역량을 탐색하고자 한다.

## 학습목표

1. 장애인의 특성과 요구에 맞춘 온라인 및 원격교육의 개념과 필요성을 설명할 수 있다.
2. 장애 유형별 온라인 교육 접근성 요소와 효과적인 교수 · 학습 전략을 설명할 수 있다.
3. 실제 사례를 바탕으로 장애인 온라인 교육 콘텐츠 및 운영 방안을 설계할 수 있다.

# 1 원격교육의 개념 및 특징

## 1) 원격교육의 개념

동일한 장소에서 진행되는 교육은 시간에 따라 크게 두 가지로 나뉜다. 동일한 시간에 실시되는 교육은 교사와 학습자가 물리적 공간에서 대면하여 수업하는 전통적인 방식이다. 또한, 동일한 장소에서 다른 시간에 실시되는 교육은 특별실과 같이 별도로 마련된 학습 공간에서 시간대를 달리하여 진행되는 수업을 의미한다(김재연, 2021).

이 두 가지 방식은 장소가 동일하다는 점에서 사실상 오프라인 수업의 형태에 가깝다. 이와 달리, 시간과 공간의 제약 없이 이루어지는 비실시간 원격교육은 학습자가 원하는 때와 장소에서 교육자료에 접근할 수 있어 가장 보편적인 형태로 자리 잡았다. 최근 정보통신기술의 발달로 ZOOM, Line, 카카오톡 라이브와 같은 화상회의를 수업에 도입하여 동일 시간에 다른 장소에서 수업을 진행하는 실시간 원격교육도 확산되고 있다(김현집, 2021).

원격교육에 대한 정의는 학자마다 조금씩 차이를 보이는데, 원격교육의 기반을 확립하는 데 주요한 공헌을 한 Keegan(1986)은 다음과 같이 다섯 가지 개념적 요소로 원격교육을 정의했다. 첫째, 학습 과정에서 교수자와 학습자의 반영구적 분리, 둘째, 학습자료 계획 및 준비, 학습자 지원에 있어서 교육 조직자의 영향, 셋째, 교수자와 학습자를 연결하고 교육과정의 내용을 전달하기 위한 기술적 매체의 활용, 넷째, 학습자와의 대화를 촉진하기 위한 쌍방향 의사소통 제공, 다섯째, 학습자가 개별적으로 교육받을 수 있도록 학습과정에 있어서 학습 집단 결성의 제한 및 사회적 교류를 위한 간헐적 모임 등이 그것이다(이경아, 2005).

그러나 정보화 사회에서의 원격교육은 모든 사람을 대상으로 하는 평생 교육적 차원에서 전통적 대면 학습과 달리, 교수자와 학습자 간에 시간적·공간적 원격성을 전제로 인쇄물이나 방송 통신 및 컴퓨터 등과 같은 다양한 교육공학 매체들을 매개로 하여 행하는 새로운 형태의 대안적 교육방식을 의미한다(이미정, 2020). 이처럼 원격교육은 학자마다 다양한 정의를 가지지만, 본 고에서는 교사와 학습자가 시간적, 공간적으로 분리된 상황에서 이루어지는 교수학습 활동의 형태로 정의한다.

### 2) 원격교육의 특징

원격교육에 대한 정의를 토대로 그 특징을 다음과 같이 3가지로 정리할 수 있다(박상훈, 2018). 첫째, 원격교육은 학습자의 능동적이면서 자기 주도적인 학습 참여를 유발하기 위해 기본적으로 학습자 중심 활동과 학습 환경을 지향한다. 둘째, 온라인 공간에서 교사와 학습자, 학습자와 학습자 간 상호작용을 중시한다. 셋째, 시간과 장소에 상관없이 원하는 내용을 학습할 수 있는 유연성 있는 학습 환경을 제공하고 이를 위해 정보통신기술을 적극적으로 활용한다(김현집, 2021).

## 2 원격교육 유형 및 운영체계

### 1) 원격교육의 유형

원격교육은 의사소통의 동시성 여부에 따라 실시간 원격교육과 비실시간 원격교육으로 구분할 수 있다(Belanger & Jordan, 1999). 실시간 의사소통은 정보를 전달하는 사람과 정보를 받는 사람이 다른 장소에 있더라도 같은 시간에 정보를 교환하는 것을 의미하는 반면, 비실시간 의사소통은 시간과 장소에 상관없이 원하는 시간과 장소에서 정보의 교환이 이루어지는 것을 뜻한다(Berge, 1999; Liaw & Huang, 2000). 실시간 원격교육에서는 비실시간 의사소통을, 반대로 비실시간 원격교육에서는 실시간 의사소통을 보조도구로 사용할 수 있으며, 양자를 독립적으로 사용하는 것보다 학습의 내용과 사용하는 매체의 종류에 따라 적절하게 상호보완적으로 활용하는 것이 효과적이다(김현집, 2021).

### 2) 원격교육(온라인 수업) 운영체계

평생교육 중앙 지원 기관은 수업이 종료되면 개별 운영 기관에 학습자의 학습 결과(진도율, 과제 평가 결과)를 제공한다. 해당 운영 기관은 중앙 지원 기관에서 제공한 학습 결과 및 자체적으로 실시한 평가 결과를 바탕으로 이수 여부를 판단하고 그 결과를 학습 이력 기록에 기재하는 역할을 맡는다.

이 외에 온라인 수업 운영 방법 및 이수 기준 설정의 권한은 광역자치단체 또는 관련 주무 부처의 권한에 속하므로 운영 주체나 지역별로 차이가 발생한다. 기관의 지침에 따라 100% 온라인 형태로 진행하는 곳과 출석과 온라인을 병행하는 블렌디드 러닝(Blended Learning) 방식으로 운영하는 곳이 있다. 이수 방법 역시 진도율만을 기준으로 하는 곳과 진도율과 과제 제출을 이수 기준으로 삼는 곳, 나아가 진도율, 과제 제출, 그리고 기말평가의 세 가지 요소를 모두 이수 기준으로 반영하는 곳이 존재한다(이쌍철, 박상완, 2017; 김현집, 2021).

## 3 원격교육 실행

### 1) 원격교육 계획

원격교육 계획을 수립하기 위해 고려해야 할 사항으로는 먼저, 교사, 학습자, 보호자의 의견을 반영하기 위해 노력해야 하고, 교육과정의 교과 목표, 내용 등을 반영하며, 학생의 참여와 학습권이 보장되어야 한다. 다음으로, 교과 및 창의적 체험

활동 등이 균형적으로 반영되어야 하고, 학교·지역·교과·학년 특성을 고려하여 원격수업 유형을 다양하게 활용하는 계획을 수립하여야 하며, 효과적으로 학습이 이루어지는 방안을 모색해 주간 단위로 교과목 교육과정을 편성하여야 한다.

마지막으로, 원격수업 출결 관리 세부 방안 및 학습자 평가, 학습자 기록, 관리 계획을 포함한 원격교육 계획을 수립한다(한국교육학술정보원, 2020a). 교육 대상과 과목은 교육과정 편제 및 시간 배당 기준의 전 교과를 대상으로 하며, 교육과정 편제 및 시간 배당을 기준으로 '학년별 주간 시간표'를 작성해야 한다(김현집, 2021).

### 2) 원격수업의 요건

정영식과 서정희(2020)는 원격수업 운영을 위해 필요한 요건을 다음의 표 6-1 과 같이 다섯 가지로 정리하였다.

**표 6-1 원격수업 운영을 위한 필요 요건**

| 주요 내용 | 구체적 준비 및 고려 사항 |
|---|---|
| 1. 시스템 구축 | • 인터넷 기반 교육 플랫폼 필요<br>• TV · 라디오 등 방송 시스템 활용 가능<br>• 학습은 컴퓨터, 스마트폰, TV 등 수신 기기 확보 필요 |
| 2. 교수학습 자료 | • 서책형 교과서 또는 디지털 콘텐츠 제공<br>• 멀티미디어 자료(영상, 음성, 이미지 등) 제작<br>• 다양한 매체에 맞는 형식으로 자료 구성 |
| 3. 학습 환경 조성 | • 보호자의 협조 필요<br>• 교사가 학습의 학습 공간 점검 및 안내<br>• 단말기 · 통신비 지원 방안(학교 · 유관기관을 통한 대여 및 지원) 마련 |
| 4. 수시 점검 및 모니터링 | • 교사와 학습자의 준비 상태 점검<br>• 보호자 대상 연수 제공(자녀 학습 지도 및 모니터링 방법)<br>• 지속적 연락망 유지 |
| 5. 평가 및 피드백 체계 | • 수업 참여 추적 및 결과 평가 체계 구축<br>• 자기 조절 능력 부족 학습자에 대한 맞춤형 지원<br>• 위기 발생 시 즉각 대응할 수 있는 지원 체계 마련 |

출처: 정영식, 서정희(2020) 비대면 시대의 원격수업 방향. 저자가 요점 정리한 것임.

결론적으로 성공적인 원격수업 운영을 위해 시스템 구축, 교수학습 자료 준비, 학습 환경 조성, 수시 점검 및 모니터링, 그리고 평가 및 피드백 체계 마련이라는 다섯 가지 핵심 요건이 중요하다고 강조한다. 이는 비대면 교육 환경에서 학습 효과를 높이기 위한 다각적이고 체계적인 접근의 필요성을 시사한다(정영식, 서정희, 2020).

### 3) 원격교육 환경적 지원 사항

한국교육학술정보원(2020a)은 원격교육 환경을 지원하기 위해 플랫폼 선정을 위한 준비 가이드라인을 제시하여 콘텐츠, 플랫폼, 실시간 화상 툴 등을 분석하였고(표 6-2 참조), 교육 현장에서 온라인수업을 위해 많이 활용되는 사이트 및 커뮤니티를 소개하였다(김현집, 2021) (표 6-3 참조).

**표 6-2 콘텐츠 분석**

| 내용 / 출처 | 특징 | 장점 | 단점 | 선행 조건<br>(가입절차 유/무) | 접근 방법<br>(URL 주소) |
|---|---|---|---|---|---|
| 디지털 교과서 | 다양한 멀티미디어 자료 탑재 | 위두랑과 연계 교육 | 일부 교과만 서비스 | 에듀넷 가입 | https://wobdt.edunet.net |
| e학습터 | 자체 강의 동영상 탑재 | 교육과정과 연계 탑재 | 콘텐츠 보완 필요 | 에듀넷 가입 | https://cls.edunet |
| 에듀넷 학교온 | 맞춤형 자료 공유 | 매일 자료 업데이트 | 자료 누적량 부족 | 에듀넷 가입 | https://onschool.edunet.net |
| EBS 클래스 | EBS 강의 콘텐츠 다수 | 양질의 콘텐츠 다수 | 일부 교과 미지원 | EBS 가입 | https://oc.ebssw.kr |
| 유튜브 | 방대한 자료 | 방대한 자료 | 광고 노출 | 구글 계정 가입 | https://www.youtube.com |
| 자체 제작 | 맞춤형 제작 | 다양성 | 전 교과 생산시 비효율적 | - | - |

출처: 한국교육학술정보원(2020a). 원격교육 수업 실행 방안. 연구보고서. p.16

**표 6-3 플랫폼 분석**

| 내용<br>플랫폼 | 특징 | 장점 | 단점 | 가입방법 | 접근 방법 |
|---|---|---|---|---|---|
| 위두랑 | 디지털교과서와 연계한 자기 주도적 교육 구현 | 모둠 단위 활동, 반 단위 과제 부여, 포트폴리오 작성 | 디지털교과서 중 일부 교과 미지원 | 개별가입, 일괄가입 | http://rang.edunet.net/ |
| e학습터 | 사이트 내 공유평가지, 자체 제작 평가지 | 진도율 및 평가 점수를 기준으로 이수 여부 설정 | 강의 주제 속 업로드된 콘텐츠 수정 불가 | 개별가입, 일괄가입 | https://cls.edunet.net/ |
| EBS 클래스 | EBS 자체 강의 영상 활용 | OX 퀴즈, 객관식, 토론 기능 제공 | 단체 아이디 생성 기능 미지원 | 개별가입, | https://oc.ebssw.kr/ |
| 구글 클래스룸 | 구글 교육 툴 활용 | 과제 중심 평가 용이 | 교육용 G Suite 계정 자체 생성 불가 | 개별가입, 초대/수락 | httls://classroom.google.com/ |
| MS팀즈 | MS오피스 365 툴 활용 | 협업 용이 | 단체아이디 생성 기능 미지원 | 개별가입, 초대/수락 | https://products.office.com |
| 클래스팅 | 소통 커뮤니티 | 학습자, 보호자와 소통 용이 | 일부 콘텐츠 유료 | 개별가입, | https://www.classting.com |
| Band | 소통 커뮤니티 | 게시판 기능, 라이브 방송 | 단체 아이디 생성 기능 미지원 | 개별가입, 초대/수락 | https://band.us/ko |
| 카카오톡 단톡방 | 즉각적인 대화 창구 | 신속한 정보 전달 | 게시판 기능 미흡 | 개별가입, | https://www.kakaocorp.com |

출처: 한국교육학술정보원(2020a). 원격교육 수업 실행 방안. 연구보고서. pp.16-17.

이러한 분석은 원격교육 환경 조성 시 고려해야 할 콘텐츠와 플랫폼의 구체적인 특징 및 활용 방안을 제시한다. 각 도구의 장단점과 접근성을 이해함으로써 교육 목적에 부합하는 효과적인 온라인 학습 환경을 구축하는 데 기여한다.

## 4 장애인 평생교육에서 원격교육의 필요성

### 1) 학습 기회의 확대

장애인 평생교육의 핵심은 누구나 제약 없이 자발적으로 학습에 참여할 기회를 보장하는 것이다. 장애인의 평생교육 참여는 단순히 교육을 넘어 삶의 질 향상과 사회참여로 이어지는 중요한 통로가 된다. 국가장애인평생교육진흥센터(2023)는 장애인의 자아실현과 사회통합을 지원하기 위해 평생교육의 확대와 교육 접근성 제고 노력이 필요하다고 강조한다. 그러나 실제 현장에서는 교육기관까지의 교통수단 부족, 장애 친화 시설 미비, 시간적 유연성 부족 등 오프라인 교육의 물리적 제약이 여전히 존재하여 장애인 학습자의 참여를 어렵게 한다. 이러한 문제를 보완하기 위해 온라인 교육이 점차 확산되고 있다. 온라인 교육은 시간과 장소의 제약 없이 학습할 수 있는 환경을 제공하며, 개별 학습자의 속도에 맞춰 자율적인 학습을 가능하게 한다.

또한, 장애 유형에 따라 온라인 교육 참여 및 지속에 영향을 미치는 요소는 상이하다. 예를 들어, 시각적 정보 처리 방식이나 청각적 정보 의존도 등에 따라 필요한 지원이 달라질 수 있으며, 만약 추가적인 접근성 지원이 부족하면 오히려 교육 기회가 제한될 수 있다.

권보민과 권순우(2022)는 청각장애 대학생 대상 사례연구에서 실시간 자막 시스템 부재와 수어 통역 인력 부족이 학습 집중도와 이해도에 영향을 미쳐 교육 만족도를 저하시킨다고 보고한다. 이는 단순히 인터넷 접속 가능 여부를 넘어, 콘텐츠의 구조와 보조 기술 제공 여부가 중요한 변수임을 보여준다. 따라서 온라인 교육은 장애인의 학습 기회를 확대하는 효과적인 수단이지만, 진정한 '접근 가능한 교육'으로 기능하기 위해서는 전제 조건들을 충족해야 한다. 이를 위해 교육 설계 단계부터 장애 유형과 학습자 요구를 반영한 콘텐츠 구성, 기술적 지원, 상호작용 강화 전략이 통합적으로 마련되어야 한다.

## 2) 기술 발전과 교육 환경 변화

### (1) 4차 산업혁명 시대의 장애인 디지털 교육

4차 산업혁명 시대의 도래로 디지털 기술이 교육에 활발히 도입됨에 따라 장애인 평생교육 또한 새로운 교육 모델을 필요로 한다. 특히 코로나19 팬데믹을 계기로 비대면 교육이 급속히 확산되면서, 장애인 학습자들은 대면 중심 교육에서 온라인 기반 원격교육으로 전환되는 전례 없는 변화를 경험했다(정승원, 2024).

이처럼 원격교육은 시공간 제약을 넘어선 장점을 제공하지만, 초기에는 장애 유형별 적합한 접근성 지원이 부족하여 많은 장애 학습자가 학습의 장벽에 직면했다(김현집, 2021). 예를 들어, 시각장애인은 스크린 리더와 호환되지 않는 콘텐츠로 인해, 청각장애인은 자막 없는 강의 영상으로 인해 학습 기회에서 소외되는 경우가 빈번했다(정승원, 2024).

그러나 이러한 초기 한계를 극복하기 위한 다양한 노력이 이어지면서 디지털 학습 환경은 점차 개선되었고, 맞춤형 학습 지원 및 개인화된 교육 콘텐츠 제공이 가능해지는 긍정적인 변화가 나타났다(김현집, 2021; 정승원, 2024).

### (2) 온라인 학습 환경

최근 장애인 교육 분야에서는 AI 기반 학습 보조 기술과 VR(가상현실), AR(증강현실)과 같은 첨단 디지털 도구들이 도입되면서 온라인 학습 환경의 질이 크게 향상되고 있다. 디지털 기반의 원격교육은 특히 코로나19를 계기로 급속히 확대되었으며, 장애인 평생교육에서도 적극적으로 활용되고 있다. 지적장애 학습자의 원격교육 과정에 VR 및 AR 기술이 도입되면서 단순한 정보 전달을 넘어 학습자가 실제로 체험하는 듯한 몰입감을 제공하는 방향으로 발전하고 있다. 이를 통해 학습자들은 지역사회 적응 활동이나 직업교육 과정에서 실습형 콘텐츠를 경험하게 되며, 이는 학습 흥미도를 높이고 학습자 중심의 교육을 실현하는 데 크게 기여한다. VR 기술을 활용하면

교사들이 장애 학습자에게 복잡한 직무 활동을 가상 공간에서 반복적으로 연습할 기회를 제공할 수 있어, 학습자들의 직무 이해도를 향상시키고 실제 직업 현장에 대한 심리적 부담을 감소시키는 긍정적 효과가 나타난다(김현집, 2021). 특히 코로나19로 인해 대면 직업훈련이 제한되었던 상황에서 VR 기반 교육은 대안적인 직업체험 방법으로서 매우 유용하게 활용되었으며, 학습자들의 학습 몰입과 성취감을 높이는 데 기여하였다. 결국 AI 기반 학습 보조기술과 VR · AR 기술의 도입은 장애 학습자의 교육 접근성을 대폭 개선하고, 학습자 개개인의 요구와 특성을 반영하는 맞춤형 학습 환경을 구현하는 데 중추적인 역할을 한다. 이를 통해 장애인 평생교육의 질적 향상이 기대되며, 앞으로도 이러한 기술의 발전과 적극적인 활용이 장애인 학습자의 학습 기회를 확장하고 자기 주도적 학습 역량을 높이는 데 기여할 것으로 전망된다.

### 3) 장애인 원격교육 선행연구

선행 연구들은 원격수업이 효과적인 교수 · 학습을 통해 성공적인 학습 결과를 가져올 수 있다고 보고한다. 건강 장애 학습자의 원격수업은 성적 향상 및 학습 태도에 긍정적인 영향을 미친다(김남진, 2011). 또한, 원격수업은 집중도가 낮은 지적장애 학습자에게 흥미를 유발하고, 학습 이해도, 문제 해결력, 자신감 향상에 기여한다(이금지, 2011). 시각장애 학습자의 교수 실재감, 학습 만족도, 학습 지속성에도 긍정적인 영향을 미치며(이재은, 2013), ADHD 학습자의 주의집중력과 학업성취도 향상에도 효과적이다(박연화, 2010).

하지만 장애 학습자의 원격수업 운영을 위한 콘텐츠, 플랫폼, 교수 방법 등의 인프라가 부족하여 어려움이 존재한다(김현집, 2021). 이를 해결하기 위한 다양한 지원이 필요하다는 연구 결과가 보고된다. 장애 학습자는 장애 유형별로 다양한 학습 상황에서 어려움을 겪으므로 도우미 배치, 학습 내용 실시간 문자 통역, 보조기기 및 앱 개발 등 다채로운 지원이 필요하다. 또한, 국내 국가 원격수업 플랫폼인 에듀넷의 온라인 학습 콘텐츠는 학습 난이도 조절과 학습 지원 기능이 제한적이며, 장애 아동에게 유용한 콘텐츠가 부족한 실정이다(이윤희, 2020). 따라서 콘텐츠부터 다양한 교육 환경까지 개발 및 개선이 요구된다(손지영, 2011).

원격수업에 대한 건강 장애 학습자 보호자의 원격수업 인식 연구에서는 교과 수업 전문성 강화 등 수업의 질 향상과 더불어 또래 관계 지원, 대안적 평가 방법 마련 등의 지원이 필요하다고 보고되었다(김정연 외, 2014).

## 5 온라인 강의 콘텐츠 개발 및 운영 방법

### 1) 강의 콘텐츠 유형

온라인 강의 콘텐츠는 크게 사전 녹화 수업, 실시간 원격수업, 그리고 이 둘을 결합한 혼합형 모델로 나눌 수 있다. 각 유형은 학습의 유연성, 상호작용, 기술적 요구 사항 등에서 상이한 장단점을 가진다.

표 6-4 는 각 수업유형의 특징을 요약하였다.

**표 6-4 강의 콘텐츠 유형별 장·단점**

| 수업유형 | 장점 | 단점 |
|---|---|---|
| 사전 녹화 수업 | • 자유로운 시간 선택<br>• 반복 학습 가능<br>• 고품질 콘텐츠 제공<br>• 개인 속도에 맞춘 학습 가능<br>• 시험 준비에 유리 | • 즉각적인 피드백 부족<br>• 스스로 학습해야 함<br>• 교사와의 상호작용 부족<br>• 사회적 상호작용 부족 |
| 실시간 원격 수업 | • 즉각적인 피드백 제공<br>• 규칙적인 학습 습관 형성<br>• 실시간 상호작용 및 토론 가능<br>• 사회적 연결 유지 | • 시간의 제약<br>• 기술적 문제 가능성<br>• 교사의 피로<br>• 개인 속도에 맞추기 어려움 |

| 수업유형 | 장점 | 단점 |
|---|---|---|
| 혼합형 모델<br>(실시간 + 녹화) | • 유연성과 상호작용 결합<br>• 개인 맞춤 학습 제공<br>• 시험 준비 및 복습에 효과적<br>• 다양한 학습 스타일 수용<br>• 사회적 상호작용과 독립 학습의 균형 | • 운영의 복잡성<br>• 높은 기술적 요구<br>• 비용 증가 |

출처: https://www.pagecall.com/blog의 글을 요점 정리함.

이러한 강의 콘텐츠 유형별 특징을 이해하는 것은 학습 목표와 학습자 특성에 맞는 효과적인 온라인 교육 설계를 위한 중요한 기준이 된다.

### (1) 녹화강의

장애인 평생교육에서 녹화강의는 다양한 형태로 활용될 수 있다. 예를 들어, e학습터, EBS 강좌, 교사 자체 제작 콘텐츠 등을 활용하여 퀴즈, 댓글 토론, 과제 수행, 질의응답 등의 활동으로 확장할 수 있다(최정화, 2021). 이러한 수업 방식은 학습자가 학습 속도를 조절하며 개별 학습을 진행하게 하고, 특히 장애학습자에게 반복학습 기회를 제공하여 이해도를 높이는 데 효과적이다. 그러나 한계점도 존재한다. 학습자들의 강의 수강 여부 확인 및 출결 처리 방법이 확립되지 않아, 체계적인 학습 관리와 사후 활동 계획이 필요하다는 점이 지적된다(권혜진, 2021). 특히 교사와의 직접적인 상호작용 부족과 즉각적인 피드백 부재는 학습자의 동기 부여와 학습 지속성에 영향을 미칠 수 있다(서한나, 2021). 이러한 한계를 극복하기 위해 학습 관리 시스템(LMS)을 통한 출결 관리 및 학습 진도 확인 기능 강화, 또는 실시간 Q&A 세션 혼합을 통한 녹화 강의 단점 보완 방식이 제안된다. 실제로 녹화 강의가 포함된 비실시간 온라인 수업은 충분한 시간을 가지고 깊이 있는 인지적 상호작용이 가능하다는 장점이 있으며, 학습자가 스스로 성찰하며 학습을 이어갈 수 있도록 돕는다(서한나, 2021). 녹화 강의는 장애인 평생교육에서 학습자의 다양한 학습 속도와 특성을 고려할 수 있는 유연한 교육 방식이다. 체계적인 학습 관리와 추가적인 상호작용 방안을 마련한다면, 장애 학습자의 학습 기회 확대 및 교육의 질 향상에 중요한 역할을 할 수 있다.

### (2) 실시간 강의

실시간 강의는 교수자와 학습자가 동일한 시간에 온라인 환경에서 함께 참여하여 즉각적인 상호작용을 할 수 있는 수업 형태이다. 이를 통해 학습자는 동료 학습자 및 교수자와의 활발한 의사소통이 가능하며, 학습자의 만족도와 몰입감을 높이는 데 긍정적인 역할을 한다(서한나, 2021). 특히 실시간 강의는 비실시간 녹화 강의의 즉각적인 피드백 및 사회적 관계 형성 한계를 보완하는 방식으로 주목받고 있다. 교수자가 실시간 수업 중 활발한 상호작용을 유도하면, 온라인 수업에서도 학습자들은 실재감을 느끼며 수업에 참여하게 된다(서한나, 2021). 김현집(2021)의 연구에서도 실시간 원격교육 플랫폼을 활용한 실시간 토론과 소통은 즉각적인 피드백 제공과 오프라인 수업과 유사한 실재감 및 생생함을 제공하는 장점이 있다고 언급된다. 다만, 디지털 기기 사용에 익숙하지 않거나 네트워크 환경이 불안정한 경우 수업 참여가 어려울 수 있으며, 참여하지 못하는 학습자를 위한 대체학습 방안이 필요하다는 점이 지적된다. 또한, 실시간 강의에서는 학습자의 감정을 쉽게 표현할 수 있도록 다양한 비언어적 커뮤니케이션 방법이 사용된다. 실시간 통계 투표, 포스트잇, 채팅 등의 기능을 활용하여 학습자의 의견을 자유롭게 표현하게 하며, 이는 수업의 몰입도를 높이는 효과가 있다(서한나, 2021). 실시간 강의는 즉각적인 피드백과 활발한 상호작용을 통해 학습자들의 실재감을 증진시키고 학습 몰입도를 향상시키는 효과적인 방식이다. 그러나 기술적 제약이나 학습자 간 속도 차이로 인한 어려움이 존재하므로, 이러한 한계를 보완할 수 있는 전략적 설계가 병행되어야 한다.

### (3) 혼합형 강의

혼합형 강의는 온라인과 오프라인 수업, 또는 비실시간(녹화 강의)과 실시간(쌍방향 강의)을 결합한 형태로, 학습자의 유연한 학습 환경과 교수자의 적극적인 피드백을 동시에 충족할 수 있는 방식이다. 김현집(2021)은 혼합형 원격교육 운영 방식이 특히 효과적으로 활용되며, 콘텐츠 활용 중심 수업과 과제 수행 중심 수업을 결합한 형태가 가장 많이 사용된다고 보고한다. 이 방식은 학습자가 녹화된 강의를 통해 기초 개념을 습득하고, 이후 과제를 수행하거나 실시간으로 상호작용하는 과정에서 심화 학습을 진행하는 구조로 설계된다. 서한나(2021)의 연구에서도 플립러닝(Flipped Learning) 방식이 혼합형 강의의 대표적인 예로 제시된다. 플립러닝은 사전 녹화된 강의 콘텐츠로 선행학습 후 실시간 강의를 통해 토론이나 과제 수행, 피드백을 받는 구조로 운영된다. 이를 통해 학습자는 자신의 속도에 맞춰 학습하면서도, 수업 중 교수자 및 동료 학습자와 활발하게 소통할 수 있다. 혼합형 강의는 학습자의 자기 주도성을 강조한다. 사전 학습 단계에서 학습자는 녹화된 강의를 통해 개인적으로 학습하고, 실시간 수업에서는 소그룹 활동이나 팀 프로젝트 등을 통해 사회적 상호작용을 강화할 수 있다. 이를 통해 학습자는 학습 내용을 깊이 이해하고, 학습 과정에 능동적으로 참여하게 된다.

### 2) 시각적 · 청각적 보조자료 활용법 및 접근성 강화

장애인 평생교육에서 학습 접근성 향상을 위해 다양한 시각적 · 청각적 보조자료를 적극적으로 활용하는 것이 중요하다. 특히 자막, 음성 안내, 읽기 쉬운 자료 등은 학습자의 이해도를 높이고 정보 접근성을 강화하는 핵심 도구로 평가된다.

#### (1) 자막과 음성 안내의 효과적 활용

보편적 학습설계 관점에서 다양한 방식으로 정보를 제공하는 것은 학습자의 인지적 다양성을 존중하는 교수설계의 기본 원칙이다. 시각적 정보 제공 방법으로는 자막이, 청각적 정보 제공 방법으로는 음성 안내가 대표적이다. 차현진과 손지영(2019)은 청각적 정보와 시각적 정보의 대안을 제공하는 것이 중요하며, 이를 통해 학습자의 정보 접근성을 높일 수 있다고 강조한다. 구체적으로, 시각장애인을 위한 음성 안내 기능은 텍스트 정보를 음성으로 변환하여 제공함으로써 학습자가 텍스트를 읽지 않고도 내용을 이해할 수 있도록 돕는다. 청각장애인을 위한 자막 제공은 강의나 영상 콘텐츠의 내용을 글로 제공하여 전달함으로써 학습자의 이해를 돕는다. 한국지능정보사회진흥원(2020)은 텍스트가 아닌 콘텐츠의 의미나 용도를 이해할 수 있도록 대체 텍스트를 제공해야 한다고 명시하며, 이를 웹 접근성 향상 방안으로 제시한다.

### (2) 읽기 쉬운 자료의 활용

발달장애인을 위한 평생교육에서는 '쉬운 설명', 즉 읽기 쉬운 자료 제공이 특히 중요하다. 김경양과 남보람(2021)은 발달장애인을 위한 읽기 쉬운 자료 개발에서 쉬운 어휘 선택, 문장 및 문단 수정, 상징적 이미지 활용의 필요성을 강조한다. 이들은 읽기 쉬운 자료가 발달장애인의 정보 접근성을 보장하고 학습자의 자율성을 증진하는 핵심 수단임을 분명히 한다. 특히 상징적 이미지를 활용하는 것은 발달장애 학습자의 이해를 돕는 매우 효과적인 방법으로, 의견이나 생각을 전달하는 그래픽 이미지로 본문 내용을 설명하며 접근 가능한 정보를 만드는 도구 역할을 한다. 또한, 색상 대비와 간결한 문서 디자인, 핵심 내용의 명료한 전달 등도 함께 고려되어야 한다고 제안한다(김경양, 남보람, 2021).

### (3) 웹 및 디지털 콘텐츠 접근성 강화

장애인 학습자를 위한 디지털 콘텐츠 제작 시에는 다양한 시각적·청각적 지원 장치를 필수적으로 적용해야 한다. 한국지능정보사회진흥원(2020)의 웹 접근성 실태조사에서는 레이블 제공, 표 설명 제공, 대체 텍스트 제공 등이 시각장애인 사용자의 정보 접근성을 높이는 요소임을 지적한다. 특히 디지털 교과서나 온라인 콘텐츠 제작 시 이미지 콘텐츠에는 반드시 맥락을 고려한 대체 텍스트를 제공해야 하며, 이는 단순히 기술적 요구 사항을 넘어 학습자의 정보 이해도를 높이는 교수적 전략으로 볼 수 있다. 차현진과 손지영(2019)은 사진이나 삽화와 같은 이미지 콘텐츠에 대해 맥락을 고려하여 해당 콘텐츠가 담고 있는 정보를 대체 텍스트로 제공해야 한다고 제시한다.

### (4) 학습자 참여와 검증

읽기 쉬운 자료 개발에서 중요한 것은 단순히 자료를 제작하는 것이 아니라, 학습자 당사자가 검토자로 참여하여 타당성을 검증하는 것이다. 김경양과 남보람(2021)은 읽기 쉬운 자료의 독자가 그 자료를 읽지 못하면 특정 영역의 전문가가 검증했더라도 의미가 없다고 지적하며, 학습자의 적극적인 참여를 강조한다. 이는 단순히 자료 제공자의 관점에서 접근성을 확보하는 데 그치지 않고, 실제 학습자들이 스스로 학습 자료를 평가하고 피드백을 제공하는 참여형 학습설계의 필요성을 시사한다. 이러한 방식은 학습자의 자기 주도성을 강화하는 동시에, 자료의 실효성을 확보하는 중요한 방법이 된다. 장애인 평생교육에서 시각적 · 청각적 보조자료의 활용은 학습자의 정보 접근성을 보장하고 교육의 질을 높이는 핵심 요소이다. 자막과 음성 안내, 읽기 쉬운 자료의 제공은 단순히 보조적 기능에 머무르지 않고, 학습자의 적극적인 참여를 유도하며, 학습 과정 전반에서 자율성과 효율성을 증진하는 데 기여한다. 나아가, 학습자 당사자의 참여를 통한 자료 검증은 더욱 효과적인 학습 환경 조성을 가능하게 한다. 따라서 앞으로 장애인 평생교육에서는 이러한 시각적 · 청각적 지원 방안을 체계적으로 도입하고, 교수자와 학습자가 함께 학습 환경을 개선하는 노력이 지속되어야 한다.

## 3) 장애인 맞춤형 콘텐츠 제작 도구 및 플랫폼 소개

### (1) 장애인 맞춤형 콘텐츠 제작 도구

장애인 교육 현장에서는 교사가 직접 제작하는 콘텐츠가 가장 많이 활용된다. 이는 기존 일반 교육용 콘텐츠가 특수교육 대상자에게 적합하지 않다는 문제에서 비롯된다. 설문조사 결과, 특수교사가 원격수업에서 가장 많이 사용하는 콘텐츠는 자체 제작한 것이었으며, 특수교사는 이러한 콘텐츠가 개인, 기관, 정부 차원에서 다양하게 개발되어야 한다고 강조한다. 특히 콘텐츠 제작의 분업화가 필요하다는 의견이 제시되는데, 이는 교사, 기술 전문가, 디자이너 등이 역할을 분담하여 보다 효율적이고 체계적으로 콘텐츠를 개발할 필요성을 강조한 것이다(김현집, 2021). 콘텐츠는 학습자의 인지적 부담을 줄이고, 이해를 돕기 위해 시각적·청각적 요소를 적극적으로 활용해야 한다(차현진, 손지영, 2019).

### (2) 장애인 맞춤형 콘텐츠 플랫폼

플랫폼 개발에서 가장 중요한 것은 복잡하지 않고 간결하며 직관적인 사용자 인터페이스 설계이다. 지나치게 복잡한 인터페이스는 학습자의 집중력을 분산시키고 학습 접근성을 저해할 수 있다. 따라서 첫 화면에는 아이디와 비밀번호 입력창만, 다음 화면에는 클래스 입장, 그다음 화면에는 강의 참여 화면이 나오는 식의 구조가 바람직하다는 의견이 제시된다.

현재 활용 가능한 플랫폼으로는 에듀넷 e학습터가 있다. 이 플랫폼은 공유 평가지와 자체 제작 평가지 제공, 진도율 및 평가 점수에 따른 이수 여부 설정 기능을 가진다(김현집, 2021). 다만, 강의 주제 내 업로드된 콘텐츠 수정이 불가능하다는 제한이 있다. 에듀넷 e학습터는 https://cls.edunet.net/에서 접속할 수 있다. 또한, 이 플랫폼은 학습자가 자신의 학습 진도를 자율적으로 관리할 수 있노록 설계되어 자기 주도적 학습 지원에 강점을 가진다(김송희, 2021).

유튜브는 방대한 자료를 제공하는 개방형 플랫폼으로 다양한 학습 자료를 활용하거나 맞춤형 콘텐츠를 공유하는 데 유용하다. 그러나 광고 노출 등으로 인해 학습자의 집중도가 떨어질 수 있으므로 교육용으로 사용할 때에는 주의가 필요하다.

결국, 장애인 맞춤형 콘텐츠 제작 도구와 플랫폼 개발은 서로 유기적으로 연결되어야 한다. 학습자의 특성과 요구를 충분히 반영한 콘텐츠와 이를 효과적으로 전달할 수 있는 플랫폼이 함께 발전할 때 비로소 교육적 효과를 극대화할 수 있다. 콘텐츠 개발자, 플랫폼 개발자, 교사, 보호자 모두가 함께 협력하여 장애인의 평생교육을 지원하는 환경을 구축해야 한다(김현집, 2021).

# 6 효과적인 원격 강의 진행 전략

## 1) 실시간 강의 운영 방법

디지털 시대의 도래와 함께 실시간 강의는 학습자의 시공간 제약을 극복하는 효과적인 교육 방법으로 자리 잡는다. 특히 장애인 학습자에게 실시간 강의는 즉각적인 피드백과 상호작용 기회를 제공하여 학습 효과를 극대화할 수 있다. 실시간 강의 운영을 위해 다양한 플랫폼이 활용되며, 각 플랫폼마다 특징과 장단점이 존재한다.

### (1) Zoom

Zoom은 전 세계적으로 널리 사용되는 화상 회의 및 실시간 강의 플랫폼으로, 교육 분야에서도 폭넓게 활용된다. 특히 장애인 학습자에게 Zoom은 다양한 보조 기능과 직관적인 사용자 인터페이스로 인해 높은 접근성을 제공한다. 예를 들어, 청각장애인을 위한 자동 자막 생성 기능은 교사의 발화를 실시간으로 자막으로 변환하여 학습자의 이해를 돕는다(서한나, 2021). 또한 Zoom은 화면 공유 기능을 통해 교사가 수업 자료를 직접 제시하고, 화이트보드를 활용하여 시각적 학습을 지원한다. 장애인 학습자들은 이러한 기능을 통해 수업 내용을 보다 쉽게 따라갈 수 있다(김현집, 2021).

더불어 Zoom은 다양한 접근성 기능을 제공한다. 키보드 단축키를 지원하여 시각장애인이 화면을 보다 쉽게 탐색할 수 있도록 돕고, 화면 낭독 프로그램과의 호환성도 뛰어나다. 이를 통해 장애인 학습자의 독립적인 학습 참여를 지원하며, 기술적 장벽을 최소화하는 데 기여한다(서한나, 2021).

### (2) Google Meet

구글 미트(Google Meet)는 구글(Google) 계정을 기반으로 제공되는 실시간 화상 회의 서비스로, 직관적인 인터페이스와 높은 접근성을 자랑한다. 구글 미트(Google Meet)의 가장 큰 강점 중 하나는 자동 자막 생성 기능이다. 이 기능은 교사의 발화를 실시간으로 텍스트로 변환하여 청각장애 학습자의 정보 접근성을 대폭 향상시킨다(서한나, 2021). 또한, 화면 공유와 실시간 채팅 기능을 통해 학습자가 교사의 설명을 시각적으로 보조하고 질문할 수 있도록 지원한다.

보안성 측면에서도 구글 미트(Google Meet)는 강점을 가진다. 회의 링크의 보안 설정, 참여자 관리 기능 등을 통해 학습자의 개인정보를 보호할 수 있으며, 비인가자의 수업 참여를 방지할 수 있다(윤인호, 2020). 특히 장애인 학습자를 대상으로 할 때, 이러한 보안성은 학습자의 심리적 안정감을 제공하는 중요한 요소가 된다.

결론적으로 구글 미트(Google Meet)는 접근성, 편의성, 보안성을 모두 갖춘 플랫폼으로, 장애인 학습자들이 실시간으로 참여하고 교사와 원활하게 소통할 수 있는 학습 환경을 제공한다. 이러한 특징들은 장애인 평생교육에서 구글 미트(Google Meet)는 효과적으로 활용될 수 있는 기반이 된다(서한나, 2021).

### (3) Microsoft Teams

마이크로소프트 팀즈(Microsoft Teams)는 마이크로소프트(Microsoft) 365 환경과 통합되어 제공되는 협업 및 화상 회의 플랫폼으로, 원격교육에서도 매우 효과적으로 활용된다. Teams는 채팅, 파일 공유, 화상회의, 과제 관리 기능 등을 통합적으로 제공하여 교사와 학습자 간의 소통을 원활하게 지원한다(서한나, 2021).

장애인 학습자를 위한 Teams의 주요 기능 중 하나는 실시간 자막 생성 기능이다. 수업 중 교사의 발화를 실시간으로 자막으로 변환하여 제공함으로써 청각장애 학습자들이 수업 내용을 효과적으로 이해할 수 있도록 돕는다(김현집, 2021). 또한 Teams는 화면 공유, 가상 화이트보드, 실시간 채팅 기능 등을 통해 시각적 보조 자료를 제공하며, 이는 시각적 정보를 통해 학습을 보조하는 데 유용하다(서한나, 2021).

## 2) 학습자 참여를 높이는 인터랙티브 기법

### (1) 퀴즈를 활용한 참여 증진 전략

퀴즈는 학습자의 이해도를 즉각적으로 평가하고 학습 흥미를 유지하는 효과적인 도구로 평가된다. 실시간 플랫폼에서는 카훗, 구글 폼, 마이크로소프트 폼즈(Kahoot!, Google Form, Microsoft Forms) 등을 활용하여 다채로운 퀴즈를 출제할 수 있다. 장애인 학습자를 위한 퀴즈 설계 시, 시각장애 학습자에게는 화면 낭독 프로그램과 호환되는 플랫폼을 선택하고, 청각장애 학습자에게는 시각적 피드백이 풍부한 퀴즈 도구를 활용하는 것이 효과적이다(서한나, 2021).

퀴즈 활용 시 학습자의 사전 지식 수준을 진단하여 맞춤형 피드백을 제공하는 것이 중요하다. 예를 들어, 퀴즈 응답 결과를 기반으로 추가 설명이나 보충 자료를 제공하면 학습자가 스스로 학습 방향을 설정하는 데 도움을 받을 수 있다(서한나, 2021). 교사는 퀴즈 결과를 분석하여 학습자의 이해 부족 부분을 파악하고, 이를 수업 후 보충 자료로 활용함으로써 학습 효과를 극대화할 수 있다.

### (2) 토론을 통한 참여 증진 전략

토론은 학습자의 비판적 사고력과 문제 해결 능력을 향상시키는 효과적인 방법으로, 장애인 평생교육에서도 적극적으로 활용될 수 있다. 온라인 플랫폼에서는 줌(Zoom), 시스코 웹엑스(Cisco Webex), 마이크로소프트 팀즈(Microsoft Teams)의 소회의실 기능을 이용해 소규모 그룹 토론을 활성화할 수 있다(서한나, 2021). 장애인 학습자의 참여를 촉진하기 위해 토론 주제를 사전에 제공하고, 시각 자료나 이해를 돕는 쉬운 설명 자료를 함께 제공하는 것이 효과적이다(윤인호, 2020).

### (3) 활동을 통한 참여 증진 전략

활동 기법으로는 구글 잼보드(Google Jamboard)나 마이크로소프트 화이트보드를 활용한 공동 작업이 효과적이다. 학습자는 가상의 화이트보드에 아이디어를 자유롭게 표현하며 학습 내용을 시각적으로 정리할 수 있으며, 이는 시각적 학습자뿐 아니라 협동적 학습이 필요한 장애인 학습자들에게도 매우 유익하다(서한나, 2021).

활동을 설계할 때는 학습자의 수준과 장애 유형에 따라 난이도를 조절하고, 활동의 목적과 절차를 명확하게 안내하는 것이 필요하다. 예를 들어, 시각적 자료나 단계별 지침서를 제공하여 학습자가 활동의 흐름을 이해하고 참여할 수 있도록 지원해야 한다(김현집, 2021).

이처럼 퀴즈, 토론, 활동 등의 인터랙티브 기법들은 장애인 평생교육에서 학습자의 적극적인 참여를 유도하고 학습 효과를 극대화하는 핵심적인 전략으로 자리매김한다. 교사는 학습자의 특성과 필요에 따라 다양한 기법을 유연하게 조합하여 활용함으로써 학습자의 참여도를 높이고, 포용적이고 효과적인 학습 환경을 조성할 수 있다(서한나, 2021; 김현집, 2021; 윤인호, 2020).

**연구문제**

1. 온라인 및 원격교육을 통해 장애인의 학습권을 보장하는 것이 갖는 철학적 의미와 사회적 가치는 무엇인지 토론해 보시오.
2. 장애인 온라인 교육 현장에서 행동주의 학습이론이나 사회학습이론이 적용된 사례가 있다면 경험을 바탕으로 토론해 보시오.
3. 장애 유형에 따른 온라인 및 원격교육에서 어려운 점 및 방안을 논하여 보시오.

## 실습가이드

### 함께 만드는 온라인 수업 아이디어

▸ **준비물** : A4용지, 포스트잇, 색연필, 네임펜, 디지털 도구(Whiteboard.fi) https://whiteboard.fi
▸ **소요시간** : 50분(※ 팀 빌딩을 이전 시간에 완료한 경우 30분으로 조정)

**1단계 나누기(10분)**

- 활동 : 내가 겪었던 온라인 수업 중 불편했던 점 1가지 떠올리기
  말로 이야기하거나, 선생님이 질문지를 읽어주면 선택하기
  말하기 어려운 친구는 그림 카드나 스티커로 표현하기
- 도구 : 말하기 / 보기 그림 / 스티커 / (Google Forms – 선택지형)

**2단계 쉬운 수업 만들기(20분)**

- 활동 : 모두가 함께할 수 있는 수업 아이디어 1개 만들기
- 예시 : 소리 없이도 참여할 수 있는 활동, 보기 그림으로만 하는 퀴즈
  큰 글자만 나오는 영상 만들기
- 도구 : 색종이, 포스트잇, 그림자료(또는 Symbaloo, Google Slides, Forms 활용 가능)

**3단계 친구들에게 소개하기(10분)**

- 활동 : 내가 만든 아이디어를 친구들에게 보여주기
  말로 소개하거나 선생님이 대신 읽어주거나 그림이나 포스트잇으로 설명하기

**4단계 마무리 이야기(10분)**

- 질문 예시 : 오늘 어떤 활동이 제일 재미있었나요?, 다음에는 어떤 수업을 해보고 싶나요?
- 방법 : 말로 말하기 / 스티커로 고르기 / 보기 카드 고르기
- 도구 : Google Forms, Whiteboard.fi, 종이 카드

**5단계 교수자 팁**

- 말이 어려운 친구는 그림, 손짓, 스티커로 표현하게 유도
- 디지털 도구는 누르기만 하면 되는 간단한 것만 사용
- "잘했어요!", "좋은 생각이에요!" 같이 즉각 피드백 주기

장애인평생교육

# 07 장애인 평생교육 프로그램 개발

## 학습개요

장애인의 삶은 단순히 생존을 넘어 자기 결정권을 존중받으며 사회의 주체로 살아가는 것을 지향한다. 이러한 삶의 기반을 마련하는 핵심 수단이 바로 평생교육이다. 그러나 현실의 장애인 평생교육은 아직도 제한된 프로그램, 획일적 내용, 접근성 부족 등으로 인해 학습자들의 다양한 요구를 충분히 반영하지 못하고 있다.

따라서 장애인 평생교육의 성과를 좌우하는 핵심 과제는 체계적이고 과학적인 프로그램 개발이다. 프로그램은 단순한 활동의 나열이 아니라, 학습자의 요구를 분석하고, 명확한 목표를 세우며, 적절한 학습내용과 방법을 설계하고, 그 효과를 평가하는 일련의 과정을 통해 완성된다.

이 장에서는 장애인 평생교육 프로그램 개발의 이론적 기초, 절차, 실제 적용 방안을 다루고자 한다. 장애인 프로그램 개발은 장애 유형별에 따라 유형별 특성을 고려한 평생교육 프로그램 개발이 필요하지만 여기에서는 유형별이 아닌 일반적 장애인 프로그램 개발 개념 및 접근 방법, 모형, 프로그램 개발 절차를 중심으로 조망하고자 한다.

## 학습목표

1. 프로그램 개발 개념을 협의와 광의의 개념으로 설명할 수 있다.
2. 프로그램 개발 접근 방법을 사례를 들어 설명할 수 있다.
3. 장애인 프로그램 개발 시 유의점 3가지 이상을 들 수 있다.

# 1 장애인 평생교육 프로그램 의미 및 절차

장애인 평생교육 프로그램은 장애를 가진 사람들이 나이에 관계 없이 지속적으로 교육을 받을 수 있도록 설계된 프로그램이다. 이 프로그램의 핵심은 장애인들이 사회에서 자립적으로 살아가고, 경제적으로 독립할 수 있도록 돕는 것이다. 평생교육은 단순히 지식을 전달하는 것 이상의 의미를 갖는다. 장애인들이 실생활에서 필요한 기술과 지식을 습득하고, 이를 통해 사회에서 활발하게 활동할 수 있는 능력을 기르는 것이 목표다.

## 1) 장애인 평생교육 프로그램 의미

장애인 평생교육 프로그램은 단순한 교육을 넘어서 장애인들의 삶에 큰 영향을 미친다. 이 프로그램을 통해 장애인들은 자신감을 얻고 사회적 역할을 수행할 수 있는 능력을 기르게 된다. 학습을 통해 장애인들은 의사소통 능력, 사회적 기술, 문제 해결 능력 등을 향상시킬 수 있으며, 이는 결국 사회적 통합과 자기 존중을 증진시킨다. 장애인 평생교육 프로그램의 가장 중요한 의미는 장애인들이 경제적 자립을 이룰 수 있도록 돕는 것이다. 직업 교육과 기술 훈련을 통해 장애인들은 노동시장에 참여할 수 있는 능력을 갖추게 된다. 이러한 교육은 장애인들이 직업을 통해 자신감을 얻고, 자립적인 삶을 살 수 있도록 지원한다.

결국 장애인 평생교육 프로그램은 장애인들이 자기 주도적인 삶을 살 수 있는 기회 제공을 의미한다. 프로그램을 통해 장애인들은 자신을 더 잘 이해하고, 사회와 원활하게 소통하며, 새로운 기회를 찾아나갈 수 있게 된다.

### 2) 장애인 평생교육 프로그램 개발 특징

우리나라 장애인 평생교육 프로그램은 「평생교육법」에 등록 · 인가된 평생교육시설에서 이루어지기보다는 장애인 복지관, 장애인주간보호시설, 장애인시설 등 장애인 복지시설에서 주로 이루어지고 있다. 이에 장애인복지시설 종사자들은 평생교육에 대한 전문성이 부족하여 장애인 학습자의 요구를 파악하고 이를 위한 효과적이고 효율적인 평생교육 프로그램을 개발하는 것에 여러 가지 한계를 지니고 있다(조창빈, 김두영, 류재연, 2019).

또한 장애인 평생교육 프로그램은 일반 평생교육 프로그램과 달리 장애인 학습자의 장애 유형과 장애 정도에 따른 다양한 특성을 고려하여 개발해야 하기 때문에 반드시 일반 평생교육과 달리 장애인 학습자에 대한 전문성을 갖춘 인력이 프로그램 개발 · 운영 역할을 해야 한다. 따라서 장애인 평생교육 프로그램은 일반 평생교육에서 제시한 프로그램 개발 절차 및 장애인 학습자와 장애인 평생교육시설의 특성 등을 고려하여 개발되어야 할 것이다.

장애인 평생교육 프로그램은 장애를 가진 사람들이 언제 어디서나 교육을 받을 수 있도록 설계된 다양한 교육 기회를 제공하며, 직업 교육, 사회적 기술 훈련, 자립생활을 위한 교육 등으로 구성될 수 있다. 또한 장애인 평생교육은 정기적이고 지속적인 학습을 제공하는 것 외에도, 학습자가 자기 주도적으로 성장할 수 있는 환경을 제공하는 것이 중요하다.

장애인 평생교육 프로그램은 장애인 각자의 필요와 능력에 맞춘 개별화된 학습을 제공하는 것이 특징이다. 학습 방법은 다양하며, 사회적 상호작용과 협력 학습을 통해 학습의 효과를 극대화할 수 있다. 또한, 장애인의 장애 유형에 맞는 보조 기술과 자료를 활용해 접근성을 높이고, 학습자가 자신의 속도와 방식에 맞춰 교육을 받을 수 있도록 돕는다.

# 2 프로그램 개발의 개념과 접근 방법

이 절에서는 일반적 프로그램 개발의 개념과 접근 방법에 대한 고찰을 통해 장애인 프로그램에 대한 이해를 도모하고자 한다.

## 1) 프로그램 개발의 개념과 특성

### (1) 프로그램 개발의 개념

프로그램 개발은 좁은 의미에서 교수·학습경험을 선정하고 순서를 정해서 조직하는 프로그램 설계의 의미로 사용되지만, 넓은 의미에서는 프로그램의 기획, 설계, 개발, 홍보 및 마케팅, 실행, 평가, 개정 모두를 포함하는 종합적인 개념이다. 즉 교수·학습과 관련된 여러 가지 관련 요인(시간, 공간, 재료, 설비, 인적자원 등)과 교육환경을 구조화하여 학습자에게 제공하고, 그 효과를 평가하여 프로그램을 개정하는 일련의 과정을 프로그램 개발이라 한다.

프로그램 개발의 개념을 보다 구체적으로 이해하기 위하여 네 가지 측면으로 나누어서 살펴보면 다음과 같다(김진화, 2001).

① 구조적 측면: 협의적으로 프로그램 설계를 의미하지만, 광의적으로는 프로그램 기획, 설계, 개발, 홍보 및 마케팅, 실행, 평가, 개정을 포함하는 과정이다.

② 절차적 측면: 프로그램을 체계적이고 과학적으로 개발하기 위해서 프로그램 개발 전문가가 행하는 일련의 활동 절차와 단계를 의미한다.

③ 행위적 측면: 프로그래머가 담당해야 할 역할과 그들이 당면한 문제를 해결해 나가는 일련의 과정을 말하며, 개발과정에서 프로그램과 관련된 권력관계나 주체들 간의 협상, 개발자의 책임성 등이 고려될 수 있다.

④ 현상적 측면: 학습자와 교수자가 상호작용을 통해서 문제 해결에 필요한 지식

과 정보를 창출하고, 그것을 토대로 학습내용을 선정하고 조직하며, 매체화된 자료로 개발하는 행위를 말한다.

### (2) 프로그램 개발의 특성

프로그램 개발은 일시적으로 완성되는 과정이 아니라 지속적인 평가와 개선, 피드백이 부단히 계속되는 과정이다. 피드백을 통한 점진적 개혁은 학습자가 변화하고, 조직이 변화하며, 사회가 변화하는 토대를 형성한다. 결국 프로그램 개발은 우리의 현실을 끊임없이 점검하고 피드백하여 발전시켜 나가는 원동력이라 할 수 있다. 프로그램 개발의 기본성격을 알아보면 다음과 같다.

① 프로그램 개발은 사회변화에 대한 평생교육기관의 적응기제이고, 변화창출 전략이다. 평생교육기관은 끊임없이 변화하는 사회변화와 학습자들의 요구에 적응해야 한다. 프로그램 개발은 이러한 사회변화와 교육적 요구에 대하여 평생교육기관이 적응해 나가기 위한 필수불가결한 절차이다. 평생교육기관은 사회변화와 교육적 요구에 수동적으로 대응하기보다는 적극적으로 새로운 변화를 창출하는 노력이 필요하다.

② 프로그램 개발은 개인학습자의 변화뿐만 아니라 조직이나 기관, 지역사회의 변화를 지향한다. 평생교육의 대상은 개인뿐만 아니라 조직이나 기관, 지역사회를 포함한다. 조직의 변화는 그 조직 속 개인의 변화를 전제로 하기 때문이다. 프로그램 개발은 좁게는 개인 학습자의 지식(Knowledge)과 기능(Skill), 태도(Attitude)를 변화시키며, 넓게는 집단과 지역사회 리더의 신념과 태도를 변화시켜서 개혁과 발전을 이끄는 데 초점을 두어야 한다. 따라서 프로그램 개발자는 개인학습자, 학습자집단, 지역사회의 3가지 체제를 변화시키는데 노력을 기울여야 한다.

③ 프로그램 개발은 여러 사람들의 협동적인 의사결정과정이다. 프로그램 개발은 프로그램 개발과정에 참여하는 많은 사람들 간의 협동적인 노력과 참여로 이

루어진다. 교수자뿐만 아니라 학습자, 프로그램을 지원하는 많은 사람들의 참여와 복잡한 의사결정과정을 통해서 지역사회 환경과 학습자들의 요구수준에 맞는 프로그램이 만들어진다. 프로그램 개발은 다양한 가능성 속에서 가장 합리적이고 실천 가능성이 높은 것을 선택하는 협동적인 의사결정 과정이라고 볼 수 있다.

④ 프로그램 개발은 학습에 필요한 모든 자원을 총체적으로 활용하여 계획하고 실시하며 평가하는 종합적인 과정이다. 프로그램 개발은 단편적이고 부분적인 과정으로 이루어져서는 안 되며, 학습에 필요한 모든 인적 자원과 물적 자원을 총체적으로 투입하여 개발되어야 한다. 투입된 자원은 통합적인 절차와 단계에 따라서 유기적으로 연계되고 최대의 효과를 기대할 수 있도록 개발되어야 한다.

⑤ 프로그램 개발은 일시적인 과정이 아니라 끊임없이 계속되는 점진적 개혁과정이다.

프로그램 개발과정에는 예측하지 못했던 많은 제한 요인들이 나타날 수 있으며, 이들 중에는 통제가 가능한 것도 있지만, 통제가 불가능한 요인들도 많다. 따라서 프로그램 개발과정에서 나타날 수 있는 다양한 제한 요인들을 미리 확인하고 준비하는 세심한 배려가 필요하다. 따라서 프로그램 개발 시 다양한 상황들을 고려하여 진행하는 것이 필요하다.

프로그램 개발의 고려사항으로 환경적 요인, 기관 및 조직체적 요인, 개발과정상의 요인으로 구분하여 살펴보면 다음과 같다(Kowalski, 1988; 이화정 외, 2003).

표 7-1 프로그램 개발 시 고려사항

| 고려사항 | 내용 |
|---|---|
| 환경적 제한 요인 | • 잠재적 학습자의 낮은 의식 수준<br>• 평생교육 프로그램 제공자들 간의 네트워크 부족<br>• 평생교육 기관 간 과도한 경쟁<br>• 평생학습에 대한 학습자들의 부정적인 시각 |
| 평생교육기관 내부의 제한 요인 | • 평생교육기관의 속성(기관의 사명, 목표, 조직의 전통과 역사 · 문화적 요소)<br>• 평생교육에 대한 기관 내부의 인식 부족<br>• 재정자원의 부족<br>• 평생교육 수행을 위한 부적절한 시설<br>• 평생교육 가치에 대한 좁은 시각<br>• 프로그램 제공의 이기적인 동기 |
| 개발과정상의 제한 요인 | • 예산 부족<br>• 프로그래머의 전문성 부족<br>• 프로그램을 개발하기 위한 시간상의 제약<br>• 개발과정 참여자들 간의 갈등 |

## 2) 프로그램 개발의 접근 방법과 모형

### (1) 프로그램 개발의 접근 방법

프로그램 개발의 접근 방법이란 프로그램 개발자가 프로그램 개발을 실시할 때, 어떤 절차에 의해서 실시해야 하는지를 설명해주는 형식과 전략을 말한다. 이러한 접근 방법은 프로그램 개발자가 프로그램을 개발할 때 고려해야 할 구성요소들을 빠짐없이 검토할 수 있게 해준다는 점에서 유용하게 활용될 수 있다. 프로그램 개발의 접근 방법으로는 선형적 접근 방법, 비선형적 접근 방법, 통합적 접근 방법, 비통합적 접근 방법, 체제분석적 접근 방법이 있다.

① 선형적 접근 방법(Linear Approach)

선형적 접근 방법은 프로그램의 개발과정을 단계별로 세분화하여, 세분화된 단계를 실행하면 하나의 프로그램 개발을 완성할 수 있는 방법이다. 테일러(R. Tyler)의 전통적 합리성 이론을 바탕으로 하고 있으며, 가장 보편적으로 사용되는 방법이다. 프로그램 개발의 단계와 방향성을 분명하게 제시하고 있으며, 단순하고 합리적이라는 짐에서 인기를 얻어 왔다.

선형적 접근 방법의 절차는 먼저 학습자와 기관, 지역사회의 교육적 요구를 분석하고, 분석된 요구를 바탕으로 프로그램의 학습목표를 설정하며, 학습목표를 달성하기 위하여 필요한 학습내용과 방법을 선정하고 조직하는 설계과정을 거친다. 그 후 프로그램을 실행하는 데 필요한 자원과 예산을 확보하며, 프로그램을 홍보하고 실행하는 일련의 과정으로 구성되어 있다.

선형적 접근 방법의 장점은 프로그램 개발의 경험이 없는 교수자들도 단계별 절차를 따르면 쉽게 프로그램을 개발할 수 있다는 점이다. 반면에 급변하는 사회환경 속에서 환경변화에 능동적으로 대처할 수 없어서 융통성과 유연성이 떨어진다는 단점을 지니고 있다.

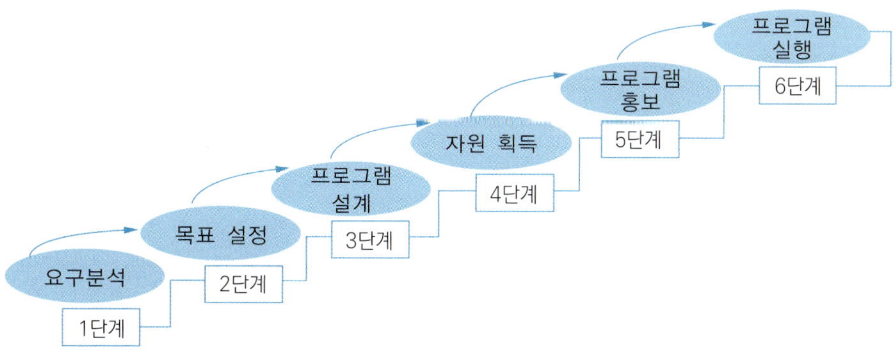


**그림 7-1 프로그램 개발의 선형적 접근 방법**

② 비선형적 접근 방법(Non-linear Approach)

비선형적 접근 방법은 선형적 접근 방법에서 살펴본 바와 같이 프로그램 개발 과정이 획일적인 단계로 이루어지는 것이 아니라 프로그램 개발자에 의하여 상황에 따라 융통성 있게 추진된다. 역동적 상황이론에 기초한 것으로 프로그램 개발자의 판단에 따라서 어떤 단계의 활동은 생략되기도 하고, 동시에 몇 개의 절차가 함께 수행되기도 한다. 이러한 접근 방법은 프로그램 평가가 중심되어 프로그램 개발자가 각 단계마다 적절한 평가를 되풀이하며 개발이 진행된다. 따라서 선형적 접근에 비하여 활용이 어렵고 숙련된 프로그램 개발자에게 보다 적합한 방법이라 할 수 있다.

③ 통합적 접근 방법(Integrated Approach)

통합적 접근 방법은 프로그램 개발에 영향을 미치는 다양한 요인을 종합적으로 고려하는 방법이다. 프로그램을 개발하는 데 있어서 학습자를 중심으로 하여 그들과 관련된 다양한 요인(학습자의 요구, 물리적 환경, 학습자의 동기 등)을 고려함과 동시에 프로그램을 사용하는 기관의 조직 목표와 지원, 정책 등도 함께 반영한다. 이 방법은 접근 방법이 총체적이고 분석적이기 때문에 개발의 과정이 복잡하고 개발자의 전문적인 능력이 요구된다. 그러나 다른 방법에 비하여 개발의 오차를 최소화할 수 있다는 장점을 갖고 있다(이해주, 2010).

④ 비통합적 접근 방법(Non-integrated Approach)

비통합적 접근 방법은 프로그램을 새롭게 개발하기보다는 유사기관에서 이미 사용하고 있는 프로그램을 모방하여 개발하는 방법이다. 따라서 이 방법은 프로그램 개발자로서 특별한 능력이 없어도 가능하며, 프로그램 개발과정에 학습자들을 참여시키지 않는다. 잠재적인 학습자들의 교육적 요구나 의견을 수렴하지 않고 평생교육기관에서 일방적으로 학습내용과 방법을 결정하여 프로그램을 개발한다.

특히, 비통합적 접근 방법은 비전문가도 쉽게 프로그램을 개발할 수 있다는 장점이 있으며, 프로그램 개발에 따른 시간과 비용을 절감할 수 있고, 지역사회 여건과 학습자들의 특성이 유사한 경우에는 모방한 프로그램과 비슷한 효과를 기대할 수 있다. 그러나 학습자들의 교육적 요구를 분석하지 않음으로써 프로그램의 효과와 성공 여부를 장담할 수 없으며, 장기간 운영되는 프로그램이나 전문성을 요구하는 경우에는 적용하는 데 한계가 있다.

⑤ 체제분석적 접근 방법(System Analysis Approach)

체제분석적 접근 방법은 평생교육기관을 하나의 사회체제로 간주하고 프로그램 개발사가 학습자, 평생교육기관, 환경 등과 상호작용을 통해서 개발하는 것을 중요시한다. 체제분석적 접근 방법은 투입-과정(교육활동)-산출이라는 기본적인 체제로 구성되어 있다(김진화, 2001). 프로그램 개발과정에서 환경과 조직, 그리고 학습자의 개인적 가치와 욕구를 동시에 고려하고, 프로그램 개발과정에 나타나는 여러 가지 상황을 체계적으로 반영하는 것이 특징이다. 체제분석적 접근 방법은 교육 프로그램 개발이 미시적인 관점에서 학습목표 설정이나 학습내용 및 방법의 선정에 관심을 두기보다는 거시적인 관점에서 평생교육기관을 둘러싼 사회·문화적 맥락을 고려하여 다양한 요소들이 체계적으로 분석되고 효율적인 대안들이 신중하게 결정되어야 한다는 것을 보여준다.

### (2) 프로그램 개발 모형

프로그램을 개발하는 데 있어서는 상황과 여건에 따라 여러 모형의 토대에 따라 개발할 수 있다.

① DACUM(Developing A Curriculum) 모형

DACUM은 직무분석을 통해 교육 프로그램을 개발하는 것이 특징이다. 특정한 직무(Job)를 업무(duty)와 과제(task)로 정의하고 분석하는 것으로 교육 프로그램 개발이 시작된다. 직무분석을 통해 교육에 필요한 과제가 선정되고 그 과제를 수행하는 데 요구되는 지식·기능·태도를 도출해 낸다. 이때 기존 교육과정의 목표나 내용을 확인한다. 각 과정을 목록화하여 구성된 과제와 지식·기능·태도를 비교하여 교육과정을 구성하고 특정 직무의 동료 수행자들의 검증 작업을 거친다. 그 다음 요구되는 스킬에 알맞은 교육과정을 선정한다. 이상과 같은 과정을 거쳐 선정된 일련의 교육과정들이 모여 특정 직무수행에 필요한 교육의 체계도(roadmap)를 완성하게 된다.

DACUM은 장애인 교육을 담당하는 기관 담당자의 직무분석을 토대로 개발하는 것이라 담당자를 위한 프로그램 개발에 적합하다고 볼 수 있다.

② IMPACT 훈련 모형

IMPACT 모형은 교육요구를 충실히 파악하고(Identify: I), 바람직한 접근방식을 선택하고(Map: M), 적합한 학습도구를 제작하며(Product: P), 적절한 교육기법을 적용하고(Apply: A), 교육결과를 측정하고(Calculate: C), 교육효과를 지속시켜야(Track: T) 하는 단계로 구분할 수 있다. 상세한 내용은 표 7-2 와 같다.

**표 7-2 창(Chang)의 High-IMPACT 모형**

| I-M-P-A-C-T 단계 | | 설 명 |
|---|---|---|
| Identify | 교육요구 파악 | 업무수행의 개선을 위해 교육 필요성 파악 |
| Map | 교육접근방식 선정 | 업무목표 달성과 업무수행 개선을 위한 최적의 교육방식 선정 |
| Product | 학습도구 제작 | 훈련생용 교육도구 제작 |
| Apply | 교육기법 적용 | 성공적 결과를 위해 설계된 대로 교육 실시 |
| Calculate | 교육결과 측정 | 교육의 실제 수행개선 여부 평가, 결과 공지 |
| Track | 교육효과 지속 | 교육효과가 소멸되지 않게 개인과 조직의 방법을 강구 |

③ ADDIE 모형

ADDIE모형은 분석(Analysis: A), 설계(Design: D), 개발(Development: D), 실행(Implementation: I), 평가(Evaluation: E) 다섯 단계를 포함하고 있는 전형적인 수업설계 모형이다.

프로그램 개발의 절차는 단계적인 여러 과정의 체계적인 접근하에 이루어지며, 일관적이고 순환적인 과정을 거치게 된다. 기획하고 분석하는 단계부터 평가단계에 이르기까지 상호일관성을 유지해야 하며, 평가결과는 다시 프로그램 개발과 운영과정에 환류(Feedback)되는 통합적 시스템을 이루어야 한다(이복희, 유인숙, 2023).

- **분석**(Analysis) **단계** : 장애인 프로그램 개발을 추진하기 위하여 필요로 하는 다양한 요소들을 확인하고 도출하는 단계로 개발의 필요성 검토 및 추진 여부 결정,

개발팀 및 자문위원회 구성, 기관 내부 및 외부 환경 분석, 잠재적 학습자(장애인) 분석, 학습요구 분석, 학습요구의 우선순위 결정이 포함된다.

- **실계**(Design) **단계** : 분석된 내용을 바탕으로 교수자와 학습자의 교수학습활동과 관련된 교육내용을 구체화시키는 단계로 학습목표 설정 및 진술, 학습내용 선정 및 조직, 교수방법 선정, 교수매체 선정, 평가방법 계획 등이 포함된다.
- **개발**(Development) **단계** : 설계안에 기초한 교재와 강의지침서를 개발하는 단계로 장애인 학습자용 교재 개발, 교수자용 매뉴얼 개발, 학습자료 개발 등이 포함된다.
- **실행**(Implementation) **단계** : 프로그램을 운영하기 위한 운영계획과 교육을 실시하는 단계로 자원 확보 및 배분, 마케팅 및 홍보, 강사 섭외, 장소 선정, 프로그램 실행 등이 포함된다. 장소는 잠재적 학습자인 장애인의 장애 상태를 고려하여 선정한다.
- **평가**(Evaluation) **단계** : 장애인프로그램을 실행한 후에 성과를 판단하여 개선하는 단계로 평가과정 설계, 평가방법 선정 및 도구 개발, 평가자료 수집 및 분석, 평가결과 보고 및 활용 등이 포함된다.

## 3 프로그램 개발 절차

### 1) 프로그램 개발을 위한 분석

#### (1) 기획 및 타당성 분석

프로그램 기획이란 프로그램 개발 과정의 첫 번째 단계로 프로그램의 목표를 달성하기 위한 미래지향적 준비 활동으로 프로그램 개발의 기본 방향을 설정하는 체계화된 계획과정으로 볼 수 있다. 특히, 평생교육 프로그램 기획은 '격동적인' 환경 변화에 둘러싸여 프로그램을 수행하는 관계로 특별한 중요성을 갖는다. 또한 프로그램의 효과성과 효율성, 책임성으로 표현되는 사회적인 요구들에 대응해서, 프로그램 수행의 정당성을 제시하기 위해서는 특히 합리적 성격을 띤 프로그램 기획이 매우 필요하다.

코왈스키(Kowalski, 1988)는 평생교육 프로그램 개발에서 기획은 마스터플랜으로서 미래지향적 평생교육의 목표나 목적 수립에 필요한 근거를 제공해 줄 수 있으며, 다른 조직의 기능과 발생 가능한 갈등의 소지를 줄여 줄 수 있고, 교육기관 경영시 필요한 판단의 잣대와 자료 역할을 해줄 수 있다고 지적하였다(이해주, 2010). 따라서 기획 단계에서는 프로그램을 왜 개발해야 하는가에 관심을 기울여야 하며, 프로그램 개발을 통해 내놓을 구체적인 결과물이 무엇인지를 결정해야 한다. 이러한 의미에서 평생교육 프로그램 기획은 프로그램 개발의 기본 방향 설정 단계에 해당된다.

프로그램 기획에는 ① 프로그램 개발 여부(타당성 분석) ② 프로그램 개발팀 구성 및 자문위원회 구성 등이 포함되며 보유하고 있는 자원의 효율적인 활용, 팀워크의 강화 및 증진, 관리를 위한 기초 자료의 수집 및 활용, 발전된 프로그램의 개발, 실행계획(Action Plan)의 수립을 통한 쉽고 편리한 성과관리와 같은 목적을 지닌다.

### (2) 상황분석

이 단계에서는 프로그램 개발 실시기관 분석과 환경분석(SWOT)을 파악하는 것이 필요하다. SWOT 분석을 통해 기관 내부의 강점(S: Strength)과 약점(W: Weakness)을 파악하고 외부환경의 기회요인(O: Opportunity)과 위협(T: Threat)요인을 파악함으로 잠재적 학습자 분석을 통한 상황분석이 가능하다.

프로그램 실시기관 분석이란 프로그램을 개발 의뢰한 기관에 대한 분석이다. 즉, 프로그램을 개발하여 운영할 기관을 의미한다. 따라서 기관의 비전, 미션, 경영전략, 경영방침, 주요 사업내용, 시설 현황 등에 대한 분석이 반드시 필요하다. 거시적 관점에서 그 기관에 대한 분석뿐만 아니라 미시적 관점에서 개발 의뢰한 기관 내의 특정 본부나 특정 부서의 업무내용 등과 관련된 내용을 분석해야 한다.

환경분석이란 프로그램 개발 과정에 대한 여러 가지 환경상황 분석을 의미한다.

환경분석의 경우에 SWOT 분석을 통하여 외부/내부 환경을 파악할 수 있다.

표 7-3 SWOT 분석의 예

| 구분 | | 내부 환경 | |
|---|---|---|---|
| | | 강점(Strengths) | 약점(Weakness) |
| 외부환경 | 기회<br>(Opportunities) | 강점이면서 기회전략<br>기회를 활용하기 위해<br>강점을 사용하는 전략<br>(aggressive strategy) | 약점이면서 기회전략<br>약점을 극복함으로써<br>기회를 활용하는 전략<br>(tern around-oriented strategy) |
| | 위협<br>(Threats) | 강점이면서 위협전략<br>위협을 회피하기 위해<br>강점을 사용하는 전략<br>(diversification strategy) | 약점이면서 위협전략<br>위협을 회피하고<br>약점을 최소화하는 전략<br>(defensive strategy) |

장애인평생교육 프로그램의 내용은 장애인 학습자에게 도움이 되는 프로그램을 제공하더라도 적극적인 참여를 장담할 수 없다. 따라서 프로그램 개발 단계에서 참여가 예상되는 잠재적 학습자들의 다양한 특성을 분석함으로써 프로그램의 홍보, 편성 및 운영 등을 좀 더 효과적으로 수행할 수 있다.

### (3) 요구분석 및 요구우선순위 결정

요구분석은 프로그램 개발 초기 단계에서 목표를 설정하고 교육 내용을 결정하기 위하여 문제를 확인하는 필수적인 활동이다. 이 과정에서 문제가 무엇이든 간에 불확실한 문제의 본질을 규명하고 그 문제를 해결할 수 있는 가장 적절한 방안을 모색하고자 하는 활동이 바로 요구분석이다(윤관식, 2007).

따라서 장애인 평생교육 프로그램의 개발 초기 단계에서 잠재적 장애인 학습자가 원하는 사항을 요구분석을 통해 조사하고 분석할 수 있는 평생교육사의 전문적 역할과 활동이 요구된다.

① 요구분석의 계획

요구분석의 상황과 목적 결정을 바탕으로 누가 필요한 정보를 가지고 있는지 정보의 출처를 확인해야 한다. 즉 어디에 그 정보가 있는가, 그 자료를 얻는 데 장애요인은 무엇인가 등에 관한 사항을 결정할 필요가 있다. 정보의 출처는 요구분석 상황에 따라 달라진다. 일반적으로 요구 사정의 출처는 장애 상태에 따라 본인뿐만 아니라 보호자, 담당자의 요구분석도 포함될 수 있다. 또한 요구분석으로 얻은 결과를 실행하는 데 협조가 필요하다면 그 대상들을 요구분석 과정에 포함시킴으로써 요구분석 과정을 알릴 필요가 있다(오인경, 최정임, 2005).

효과적인 요구분석을 위해서는 다양한 요구사정 도구(면담, 관찰, 소집단 회의, 설문지 등)가 가지고 있는 특성 및 장 · 단점을 파악하여 요구분석 도구를 선정하는 것이 필요하다.

② 요구의 우선순위 결정

우선순위 결정이란 요구분석을 통하여 얻게 되는 수많은 아이디어(요구)들을 실시기관의 한정된 자원(시간, 예산 등)과 여건을 고려하여 일정한 기준에 따라 그 순위를 결정하는 것을 의미한다.

실시기관의 활용자원과 역량, 예산이 어떤 수준인가에 따라, 수많은 아이디어 중에서 우선적으로 개발해야 할 것을 위계화시켜 순차적으로 결정해 나가는 작업이 이루어지게 된다.

우선순위 결정을 위한 단계는 다음과 같다.

- **1단계** : 우선순위 결정에 참여할 사람을 누구로 할 것인지를 결정한다.
- **2단계** : 우선순위 결정을 위한 평가 준거를 개발, 결정한다.
- **3단계** : 우선순위 차트에 평가준거에 따라 아이디어를 기록한다.
- **4단계** : 각각의 아이디어에 대한 우선순위의 점수를 합산하여 그중에서 가장 높은 점수대의 아이디어를 채택하게 한다.

**표 7-4** 우선순위 결정을 위한 단계

| 프로그램 아이디어(요구) | 중요도 | 난이도 | 빈도 | 필요도 | 합계 |
| --- | --- | --- | --- | --- | --- |
| A 내용 | | | | | |
| B 내용 | | | | | |
| C 내용 | | | | | |
| D 내용 | | | | | |

## 2) 프로그램 설계

### (1) 프로그램 설계의 의미

프로그램 설계(program design)란 프로그램 기획단계에서 확인된 교육적 요구와 필요를 기반으로 교육목표를 설정하고 교육내용과 방법을 선정하여 프로그램을 조직화하는 일련의 과정을 의미한다.

프로그램을 설계하기 위해서는 먼저 다음과 같은 질문을 해 보아야 한다.

① 장애인 기관이나 단체가 추구하는 교육목표는 무엇인가?
② 그 교육목표를 추구하기 위해 제공될 수 있는 교육적 경험에는 어떤 것들이 있을 수 있을까?
③ 이러한 교육적 경험은 어떤 방법을 통해 효과적으로 전달될 수 있을까?
④ 교육설계 후 교육목표의 달성 여부는 어떻게 평가될 수 있는가?

이와 같은 질문을 바탕으로 프로그램 설계를 하기 위해서는 우선 해당 기관이나 단체가 추구하는 교육목적이나 이념에 맞추어 구체적인 교육과정의 학습 목표를 설정하고, 그것을 실행하기 위한 학습 내용을 선정한다. 다음으로 이를 효과적으로 전달할 수 있는 교수·학습 방법을 선택하고 나서 마지막으로 학습지도안으로 작성해 내는 과정으로 진행한다.

### (2) 목표 기술 방법

학습목표는 학습자에게 수행의 필요조건과 평가 기준을 제시해 줌으로써 학습자가 학습에 성공할 수 있도록 그 준거를 제시해 준다. 학습 목표를 진술할 때에는 구체적인 행동 용어로 기술하고 목적한 행동 변화를 가져오기 위해, 소요시간은 어느 정도인지, 그 기간이나 시간적 빈도 등과 같은 시간 조정이 포함되어야 한다. 또한 다른 목표와의 조화를 유지하며 학습목표에 평가를 위한 기준이 마련되도록 해야 한다.

학습목표에는 최종학습목표와 중간학습목표가 있다.

① 최종학습목표(Terminal Learning Objectives)는 어느 한 교과목을 통하여 학습자가 도달해야 하는 목표를 의미한다.

② 중간학습목표(Intermediate Learning Objectives)는 최종 학습목표를 달성하기 위해 미리 달성해야 하는 선행목표를 의미한다.

③ 학습목표는 다음의 3가지 구성요소를 갖는다.

- **행위**: 학습자가 할 수 있거나 나타내야 하는 수행 행위이며 행위동사(수행 여부를 눈으로 관찰할 수 있고 측정 가능한 동사)로 기술한다.
- **조건**: 학습자가 수행 시 존재하는 주위 여건이나 물리적 환경이다.
- **기준**: 학습자의 성취도를 측정하고 평가하는 준거이다.

### (3) 교수 · 학습 방법 선정

프로그램의 학습목표가 설정되면 이를 수행하기 위해 필요한 교육내용, 교수 · 학습 방법, 효과적인 매체 선택과 평가방법을 선정하는 것이 중요하다.

교육내용 선정의 기본 원칙으로는 학습자, 기관, 사회적 요구분석 결과를 토대로 해야 하며, 교육내용의 종류와 분량은 장애인 학습집단의 특징에 맞추어 선택하고, 분량은 '적정화의 원칙'에 기초해야 한다. 학습이 효과적으로 이루어지도록 구성해야 하는 교육내용은 구체적인 것에서 추상적인 내용으로 조직해야 하며, 쉬운 것에서부터 어려운 것으로 구성해 나가는 것이 좋다. 또한 교육내용이 가까운 곳에서 먼 곳으로 관련지어 구성하며, 교육내용의 상호 간 연계성을 고려하여 조직한다.

교육내용 선정 시 고려해야 하는 원칙은 다음과 같다.

① 합목적성(목표와의 일관성)

② 능력 수준과 흥미에의 적합성 및 자발성의 원칙

③ 실용성과 다양성의 원칙

④ 능률성의 원칙

⑤ 교육 및 학습 가능성의 원칙

### 3) 프로그램 자료 개발

#### (1) 교수학습자료 개발

프로그램 개발 단계는 설계명세서에 따라 교육용 자료를 실제로 개발하고 제작하는 단계이다.

교육용 자료에는 학습자용 교재, 교수자용 교수매뉴얼, 교육보조자료 및 매체 등이 있고 이를 개발한다. 학습자용 교재는 프로그램 수행의 중요한 전달매체이다. 종류로는 워크북(Workbook)의 형태와 핸드아웃(Handouts)의 형태 등이 있다.

교수자용 매뉴얼(Instructional Manual)은 말 그대로 교수자가 교육운영을 위해 필요한 학습내용, 전달 포인트, 교육방법 등을 자세히 기술해 놓은 것이다. 교수자용 매뉴얼 제작의 목적은 교수자 개인의 자질로 인해 교육 효과가 좌우되는 것이 아니라 표준화된 매뉴얼을 통해 교수자로서의 질을 일정하게 맞추고 학습자에게 동일한 정보가 전달되도록 하는 것이다. 교수자용 매뉴얼의 구성요소는 과목명, 과정 교육체계도, 주제의 흐름도, 교육 운영일정, 목적, 개요, 소요시간, 과목별 교안이 포함된다. 특히 교수자용 매뉴얼에서 중요한 작업 중의 하나는 교안을 제작하는 것이다.

### (2) 교안 작성법 및 유의점

교수자와 학습자 간 학습활동의 기반이 되는 학습지도안으로 교수활동의 단계 및 내용을 자세히 기록하여 놓은 것이다. 교수자는 교안을 작성함으로써 학습내용을 빠짐없이 교수할 수 있고 교수활동의 일관성을 유지할 수 있다.

① 교안 작성의 원리

- 구체적으로 작성되어야 한다.
- 교수자 자신이 교수활동 중 교안을 쉽게 보고 식별할 수 있도록 명확하게 작성되어야 한다.
- 교수활동에 실질적으로 사용될 수 있도록 실용적으로 작성되어야 한다.
- 쉽게 작성되어야 한다.
- 이론적이고 체계적으로 논리성을 갖추어 작성되어야 한다.

② 교안 작성 시 유의 사항

- 소기의 학습성과는 관련되는 자료에 의하여 충분히 지원되고 있는가?
- 교안에 포함된 학습지도는 학습자들이 소기의 학습성과를 성취하도록 돕기 위하여 의의 있는 활동을 기약하는가?
- 개인의 소기 학습성과에 대한 지원은 학습 수준에 적합한가?
- 서론은 학습 환경을 위하여 준비되었는가?
- 학습내용을 습득하는 충분한 이유를 학습자들에게 제공하는가?
- 학습의 전체를 인식하는 데 사용될 조직 체계를 논리적이고 명백하게 제시하였는가?
- 계획은 학습자로 하여금 제반 사항 및 구상을 개념으로 구체적으로 인식하도록 모든 기회를 이용하는가?
- 학습시킬 준비는 충분한가?

③ 교안의 구성요소

- **도입**: 학습자와 교수자 간에 공통된 기반을 형성하는 단계로 주의집중, 동기부여, 학습개요의 단계로 구성된다. 도입단계의 시간은 총 학습시간의 약 5~10%를 점유한다.
- **전개**: 도입 단계에서 제시된 학습개요의 순서에 따라 주제를 구체적으로 설명하고 입증하며 규명하는 단계이다. 전개단계는 총 학습시간의 약 80~85%를 점유한다. 전개의 원칙은 쉬운 것으로부터 어려운 것으로 논리적으로 체계화되어 설명할 수 있어야 한다. 또한 주제의 연결 단계가 매끄러워야 하며 중간 동기부여를 반드시 계획하여야 한다. 전개 단계 마지막 단계에서는 질의 응답시간을 마련하여 학습자의 의문을 해소시켜 주거나 교수자가 질문을 하여 학습자의 이해도를 측정하는 것이 필요하다.
- **종결**: 종결단계는 총 학습시간의 약 5~10%를 점유한다. 종결 단계는 전개 단계에서 설명하고 검증한 사실들을 요약하고 재동기 부여와 맺음말로 마친다.

④ 교안에 포함해야 할 항목

- **목표**: 무엇을 이해 또는 습득시킬 것인가
- **내용**: 도입, 전개, 종결의 3부로 나누어진다.
- **판서**: 무엇을 판서할 것인가. 주제와 대, 중, 소 항목 및 내용
- **요약**: 강조점이 무엇이며 요약은 어떻게 하나
- **시간배분**: 5분 또는 10분 단위로 표시한다. 그 이하가 되면 실제 사용이 어렵다.
- **시청각 자료**: 자료명과 활용방법 등
- **기타 교수활동**: 질문, 예화를 비롯해 통계 · 인용 · 유머 등은 별도로 표시해 둔다.

### (3) 학습매체 개발

교수자는 수업설계안을 바탕으로 내용을 잘 전달하기 위한 교육 자료인 교보재를 개발해야 한다.

① 목표 설정

교수자는 수업설계안을 작성한 후에는 각각의 내용을 전달하기 위한 자료를 개발해야 한다. 이때 제일 먼저 할 일은 자료를 통해 전달하고자 하는 목적을 바탕으로 제작하는 것이다.

예를 들어 학습내용에 관한 자료라면 학습자가 이번 수업을 통해 학습하게 될 내용의 개요를 전체적으로 인식하게 하는 것이 된다. 자료를 작성한 후에는 목표에 부합되는지를 기준으로 평가하면 된다.

② 정보 수집

다음으로 정보를 수집해야 한다. 수집된 정보는 내용을 구성하고 표현하기 위한 재료가 된다. 내용 정보, 근거 자료, 이미지 자료, 영상 자료까지 충분한 재료가 수집되면 효과적인 교육 자료가 만들어질 가능성이 커진다.

③ 내용 구성

자료의 내용을 구성할 때에는 주제와 관련성(Relevance) 있는 자료를 제시하고 학습자가 주의집중(Attention)할 수 있는 이미지, 영상, 삽화, 도표, 소리, 문장 등의 다양한 시청각 자료를 제시하여 구성한다.

④ 디자인 작업

자료 제작의 최종 단계는 디자인 작업으로 주제와 관련된 내용으로 제작한다. 시각자료는 단순 명료하게 제작하고 일관성을 바탕으로 전달하고자 하는 내용을 이미지화하는 것이 필요하다. 이때 시각자료의 컬러는 3색 이상을 넘지 않도록 하는 것이 효과적이다.

## 4) 프로그램 실행

### (1) 자원확보 및 배분

프로그램 개발은 인적 자원과 물적 자원, 금전적 자원의 확보에 대한 계획을 포함하고 있다. 자원확보는 프로그램의 성패를 좌우하는 중요한 요소로서 아무리 훌륭한 프로그램도 자원이 확보되지 않으면 실현될 수 없다. 자원의 확보는 경영마인드가 필요한 작업으로 프로그램 개발자들의 자원동원 능력은 프로그램의 성패를 결정하기도 한다.

### (2) 프로그램 마케팅과 홍보

프로그램 마케팅이란 개발된 프로그램에 장애인 학습자들의 참여를 유도하기 위해 취해지는 여러 가지 활동을 포괄적으로 지칭하는 개념을 의미한다(김진화, 2011). 평생교육 프로그램 개발에 있어서 마케팅 절차는 일반적으로 5단계를 거치며 각각의 단계는 필요에 따라 피드백 과정을 거치며 순환하면서 진행된다.

- 1단계: 정보수집 및 학습자 행동분석
- 2단계: 시장 세분화(segmentation) 및 표적(targeting) 시장 선정
- 3단계: 기관 및 프로그램 포지셔닝(positioning)
- 4단계: 마케팅전략 수립
- 5단계: 마케팅 실행 및 조절의 단계

### (3) 프로그램 운영

프로그램의 효과와 효율적인 운영을 위해서는 프로그램의 기본 방향과 진행과정 등에 관한 사항들을 확인하고 점검하는 과정이 필요하다. 먼저 개발된 프로그램을 실행함에 있어 가장 효율적이고 효과적인 운영이 가능하도록 학습을 위한 환경을 조성하는 것이 필요하다. 학습환경의 범위는 건물의 위치, 강의실 내부구조, 기자재

환경 등 다양하게 생각할 수 있다.

다음으로 프로그램 운영 담당자의 역할이 중요하다. Boone(1985)는 평생교육사가 프로그램을 실행하고 운영 · 관리하는 과정에서 반드시 이해하고 실천해야 할 역할을 제시했다(김진화, 2001).

첫째, 프로그램 운영 담당자는 설계된 프로그램을 실행하는 데 필요한 환경을 조성하고 마련함에 있어서 다양한 기법과 전략을 활용해야 한다. 둘째, 프로그램 실행이 보다 효과적으로 이루어질 수 있도록 인적 · 물적 자원을 연계하고 동력화하며 이를 발전적으로 이용할 수 있어야 한다. 셋째, 계획된 프로그램의 실행과정은 더 나은 실행을 위해 필요하다면 적절히 조정할 수 있어야 한다. 넷째, 프로그램 실행과정에서 운영 담당자는 참여자들에게 지속적인 강화요인을 제공해야 한다. 다섯째, 프로그램 실행 활동에 학습자들의 경험을 적응시키고 재조정함에 있어서 학습자의 반응을 기꺼이 수용할 수 있어야 한다.

### 5) 프로그램 평가

#### (1) 프로그램 평가 개요

평생교육 프로그램은 다양한 목적과 목표를 위하여 기획되고 운영된다. 개인 및 조직적 차원의 지식, 기술, 태도의 지속적 변화에서부터 사회적 차원의 사회체제 변화에 이르기까지 다양하다. 평생교육 프로그램 평가는 바로 프로그램이 의도한 목적과 목표를 달성했는지를 판단하는 일련의 과정이라 할 수 있다.

프로그램 평가의 목적이 다소 추상적으로 기술되고 하위의 여러 목표들을 포괄한다면, 목표는 보다 구체적으로 기술된다. 예컨대, 평가의 목적이 '프로그램의 지속 여부를 결정한다.'라면 평가의 목표는 ① 프로그램의 지속 여부 결정을 위한 관련 정보수집 및 분석하기 ② 프로그램의 지속 여부 결정을 위한 유효한 정보 제공하기 ③ 프로그램의 지속 여부 결정을 위한 권고사항 제안하기 등이 될 수 있다.

프로그램 평가목표가 결정되고 나면 각 평가목표에 따른 평가항목을 결정하는 일이 수반된다. 평가항목의 결정은 무엇보다 해당 평가항목이 평가목표를 측정하는 데 적합한지 여부를 먼저 판단해야 한다. 그리고 프로그램 목적과의 일관성 여부, 평가를 위해 확보할 수 있는 자원(인력, 시간, 예산)의 규모, 평가항목에의 접근성 여부, 이해관계자의 협조를 구할 수 있는지 여부 등을 종합적으로 고려하여 판단한다.

평가담당자는 평생교육 프로그램의 내용에 따라 어떤 방법을 이용하여 평가 프로젝트를 수행할지 결정해야 한다. 대표적인 프로그램 평가모델에는 Kirkpatrick(1959)의 4수준 평가모델, Phillips(1997)의 투자수익률(ROI) 평가모델, Brinkerhoff(2003)의 성공사례기법(SCM) 평가모델, Stufflebeam(1967)의 CIPP 평가모델 등이 있다(이복희 외, 2023).

평생교육 프로그램 평가일정 수립은 효과적이고 효율적인 평가 일정관리를 목적으로 한다. 평가일정은 평가 수행에 필요한 예산, 시간, 인력 등을 고려하여 작성한다.

### (2) 프로그램 평가계획 수립 및 결과 보고

프로그램 평가를 위해서는 평가과정에 대한 면밀한 계획이 필요하다. 아울러 평가결과를 어떻게 활용할 것인지에 대한 설계가 선행되어야 한다. 평가과정 설계는 평가를 위한 판단근거를 수집하고 설정하는 일을 어떻게 수행하고 전개할 것인가라는 질문에 답변하는 일이라고 할 수 있다. 먼저 거시적인 관점에서 평가의 골격을 정한 다음 미시적으로 구체적인 평가활동을 단계별로 계획하는 것이 필요하다.

평가자료를 수집하고 분석하기 위해서는 먼저 평가방법을 결정해야 한다. 평가자료를 수집하기 위한 평가방법은 여러 가지 방법이 활용될 수 있는데 자주 사용되는 5가지 방법은 질문지법, 면접법, 관찰법, 논평, 녹음과 녹화기법이 있다.

평가결과 보고 및 활용 단계에서 평가자는 보고의 목적을 설정하는 일, 보고서의 내용과 형태를 결정하는 일, 보고서 배포 시기를 결정하며 보고서를 제출하고 배포할 대상자를 선정하는 일, 보고서를 활용하여 관련자 모두가 읽고 그를 활용하도록 권장하는 일, 보고서에 대한 반응(피드백)을 파악하는 일을 준비해야 한다. 나아가서 평가결과를 활용하고 난 뒤에 예상되는 변화를 지속적으로 파악하고 결과 활용의 정도와 반응을 추적 · 조사하는 등의 계획을 수립할 필요가 있다(배호순, 1994).

## 4 장애인 프로그램의 접근 유형

장애인 프로그램의 접근유형은 장애인의 다양한 특성과 요구를 반영하여, 학습자가 자신에게 맞는 환경과 방식을 통해 교육을 받을 수 있도록 하는 것이 핵심이다. 이를 위해 여러 가지 접근 방법을 사용하여 장애인들이 교육을 효과적으로 받을 수 있도록 돕는다.

### 1) 개별화된 접근(Individualized Approach)

장애인마다 장애의 종류와 정도가 다르고, 학습 스타일과 능력도 다양하다. 따라서 각 학습자의 개별적인 특성과 요구를 반영한 맞춤형 교육을 제공하는 것이 중요하다. 개별화된 접근에서는 학습자의 수준과 속도에 맞춘 학습 계획을 세우고, 필요한 보조 도구나 기술을 제공하여 학습자가 편안하게 학습할 수 있도록 한다.

예를 들어, 청각장애인에게는 비주얼 자료를 많이 활용하고, 시각 장애인에게는 촉각 자료나 음성 안내를 제공하는 방식으로 학습 환경을 조성한다.

### 2) 통합적 접근(Inclusive Approach)

통합적 접근은 장애인과 비장애인이 함께 학습할 수 있는 환경을 제공하는 것이다. 이를 통해 장애인은 사회에서의 자기 역할을 인식하고, 비장애인과의 상호작용을 통해 사회적 통합을 이루게 된다. 통합적 접근에서는 장애인이 비장애인과 함께 학습하는 기회를 제공하며, 장애인에 대한 이해와 배려가 필요한 환경을 조성한다.

학습 활동 중 동료 학습이나 그룹 활동을 통해 장애인들이 더 자연스럽게 사회에 통합될 수 있도록 지원한다.

### 3) 보조 기술 접근(Assistive Technology Approach)

장애인들이 교육을 효과적으로 받을 수 있도록 돕는 보조 기술을 활용하는 접근이다. 이 기술은 장애인들이 정보에 접근하고, 학습할 수 있도록 지원하는 도구나 장비를 의미한다. 예를 들어, 음성 인식 소프트웨어, 화면 확대 프로그램, 전자책 등이 보조 기술에 해당한다. 이러한 도구를 통해 장애인들은 자신에게 적합한 방식으로 학습할 수 있다. 보조 기술은 장애 유형에 맞게 다양한 방식으로 활용할 수 있어, 학습자의 자율성을 높이고, 학습을 더욱 효과적으로 지원할 수 있다.

### 4) 사회적 접근(Social Approach)

장애를 단지 개인의 문제로 보는 것이 아니라, 사회적인 문제로 접근하는 방식이다. 이 접근법에서는 장애인의 사회적 환경과 태도를 변화시키는 데 중점을 둔다. 장애인 교육은 사회적 통합을 목표로 하고, 장애인들이 사회에서 활발히 참여할 수 있도록 돕는 것이 중요하다. 장애인들이 사회적 역할을 수행하고, 경제적으로 자립할 수 있도록 하는 교육이 핵심이다. 이 접근법에서는 사회적 기술 교육, 대인 관계 훈련, 사회 참여 활동 등을 포함하여 장애인들이 사회에서 자신감을 갖고 생활할 수 있도록 돕는다.

### 5) 다양성 존중 접근(Respect for Diversity Approach)

장애인들은 각기 다른 배경과 경험을 가지고 있기 때문에, 프로그램 개발 시 문화적, 언어적 다양성을 존중하는 것이 중요하다. 학습자의 배경이나 가족 환경 등을 고려하여 프로그램을 설계하고, 장애인들이 자신만의 문화적 정체성을 존중받을 수 있도록 한다. 예를 들어, 다양한 언어를 사용하는 장애인들이 있을 수 있기 때문에, 다국어 지원이나 문화적 차이를 고려한 콘텐츠 제공이 필요할 수 있다.

### 6) 실용적 접근(Pragmatic Approach)

장애인 평생교육 프로그램은 학문적 이론보다 실제 생활에서 유용한 기술과 지식을 중시하는 접근이다. 장애인들이 자립적인 생활을 할 수 있도록 돕기 위해 실용적인 교육이 중요하다. 이 접근법에서는 직업 훈련, 생활 기술, 금융 관리, 가사 관리 등과 같은 실제적인 기술 교육을 제공하여 장애인들이 독립적인 삶을 살 수 있도록 지원한다. 실용적 접근은 학습자의 일상생활에 직접적으로 도움이 되는 내용을 제공하고, 장애인들이 자신의 삶을 더욱 적극적으로 관리할 수 있게 돕는다.

### 7) 정서적 지원 접근(Emotional Support Approach)

장애인들은 학습 과정에서 정서적인 어려움을 겪을 수 있기 때문에, 이들을 위한 정서적 지원이 중요하다. 이 접근법에서는 학습자가 겪는 불안, 스트레스, 자존감 문제를 해결할 수 있도록 돕는다.

정서적 지원 접근은 심리 상담, 멘토링 프로그램, 정서적 안정을 위한 그룹 활동 등을 포함한다. 학습자가 자신감을 갖고 적극적으로 프로그램에 참여할 수 있도록 도와주는 것이 이 접근법의 핵심이다.

장애인 프로그램 접근 방법은 그들의 개별적 특성과 사회적 요구를 고려하여, 다양한 방법을 통해 학습자가 실질적인 도움을 받을 수 있도록 해야 한다. 이러한 접근법을 통해 장애인들은 자신에게 맞는 교육을 받으며, 보다 자립적이고 자신감 넘치는 삶을 살아갈 수 있다.

### 연구문제

1. 장애인 평생교육 프로그램을 개발하려고 한다. 주제와 구체적 대상자를 정한 후 왜 이 주제의 프로그램 개발이 필요한지에 대해 타당성을 제시하여 보시오.
2. 장애인 프로그램 접근 유형에 대해 토론하여 보시오.

## 실습가이드

### 장애인 평생교육 프로그램 기획

- **소요시간**: 50분
- 팀별로 프로그램 개발의 주제 선정, 개발 필요성, 기존 유사 프로그램과 차이점을 작성

<table>
<tr><td>주제</td><td colspan="2"></td></tr>
<tr><td>프로그램 개발<br>필요성</td><td colspan="2"></td></tr>
<tr><td rowspan="3">기존<br>유사 프로그램의<br>존재 여부와<br>차이점, 차별화<br>방안</td><td>유사 프로그램<br>존재 여부</td><td></td></tr>
<tr><td>유사 프로그램과의<br>차이점</td><td></td></tr>
<tr><td>차별화 방안</td><td></td></tr>
</table>

장애인평생교육

# 08 장애인 프로그램 교수계획과 설계

## 학습개요

현대 사회에서 장애인의 삶의 질 향상과 사회적 참여 확대는 평생교육의 중요한 목표 중 하나이다. 이를 위해 장애인을 대상으로 한 교육 프로그램은 단순한 지식 전달을 넘어, 학습자의 능력과 요구를 반영한 체계적 교수설계가 필요하다.

이 장에서는 장애인 대상 교육 프로그램을 효과적으로 계획하고 설계하는 방법을 다룬다. 학습 목표 설정, 교육 내용 구성, 교수 전략 선택, 평가 방안 설계 등 교수계획의 핵심 요소를 단계별로 살펴보고, 실제 프로그램 개발과 적용 사례를 통해 구체적인 설계 방법을 제시한다.

특히, 장애 유형과 학습 특성을 고려한 맞춤형 교수설계의 중요성을 강조하며, 교육 실무자가 현실적인 상황에서 적용할 수 있는 실천적 지침을 제공하는 것을 목표로 한다.

## 학습목표

1. 교수계획의 의미와 성격을 설명할 수 있다.
2. 프로그램 설계의 구성요소 중 3가지 이상을 설명할 수 있다.
3. 학습목표 설정에서 기준, 조건, 행위동사를 적용하여 학습목표를 설정할 수 있다.

# 1 장애인 프로그램 교수계획

## 1) 교수계획의 의미

교수계획이란 교육 과정에 설정된 학습 내용을 어떻게 실제 교육에 옮기는가에 대한 계획으로 즉, 학습의 실패를 예방하기 위한 사전 계획 활동이다. 또한 수업 목표의 성공적인 달성을 위하여 수업에 관련된 여러 가지 요소, 즉 수업 목표, 수업 내용, 수업 방법과 활동, 시간, 교육 설비 등을 체계적으로 조직하는 수단이다.

이에 교수자의 성실한 교수계획은 평생교육에 대한 훌륭한 강의 진행과 아울러 학습자들의 학습 성과를 최대한으로 높일 수 있다(이복희 외, 2023).

## 2) 교수계획의 목적

교수계획의 목적은 학습자들 개개인의 학습을 촉진시키고 최적의 교수-학습 환경을 조성해 줌으로써 학습자들의 학습 성과를 극대화할 수 있도록 하는 데 있다.

수업을 실시하는 목적이 학습자들의 인간적 성숙과 사회적 적응을 위한 것이라면 교수계획 역시 학습자들로 하여금 보다 가치 있는 교육적 삶을 영위할 수 있도록 도움을 주는 것이어야 한다. 결국 교수계획을 작성하는 목적은 교수자의 훌륭한 강의 진행과 학습자들의 바람직한 학습 성과 달성을 위해서 유효하며, 장애인 학습자들에게 학습목표에 적합한 변화를 유발할 수 있는 행동과 경험을 선택하는 계획이 되어야 한다.

## 3) 교수계획의 성격

교수계획은 장애인 학습자, 학습환경 등에 따라 적절하게 작성되어야 한다. 다음은 학습목표를 효과적으로 달성하기 위한 계획을 수립할 때 고려하여야 할 점이다.

### (1) 적합성

교수계획은 학습목적에 적합해야 하며, 교수 활동에서 사용하는 교재는 유익하게 계획되어 목적에 부합되는 것이어야 한다.

### (2) 역동성

교수계획이 교수 중심으로 수립된다면 학습 활동은 타율적이며 수동성을 면치 못할 것이다. 학습 성과는 교수자의 지도성도 중요하지만 학습자들의 능동적인 활동이 더 중요하므로 이와 같은 관계가 계획에 잘 반영되고 학습자들의 능력 및 제반 교육 여건이 교수 계획에 고려될 때 그 효과에 의미 있게 작용됨을 명심해야 할 것이다.

### (3) 과학성

교수계획은 객관적이고 타당성 있는 계획이 되어야 하며, 그 계획이 교수자에게는 적합하나 학습자들에게 적합하지 못했다면 그 계획은 바람직하지 못하므로 조직과 지역사회(국가)의 실정에 맞게 작성되어야 한다.

## 4) 교수계획의 모델: ISD 모델

교육공학과 교수공학의 개념을 잘 보면 한 가지 중요한 공통점을 발견할 수 있다. 그것은 문제의 분석, 해결 방안 발견, 실행, 평가 등으로 이어지는 과정을 가지고 있다는 것이다. 이 과정을 ISD(Instructional Systems Development, 교수 체제 개발) 일반모형이라고 부르며, 실제 이 과정은 분석, 설계, 개발, 실행, 평가의 다섯 단계로 구성된다(Glaser, 1962). ISD 일반모형은 종종 교수설계 모형이라고 부르기도 하는데, 실제 교수 체제 설계를 위해 쓰이는 가장 기본적인 모형으로, 요구에 입각하여 투입(input)의 최소화와 성과(output)의 최대화를 모색하는 절차적 모형이다.

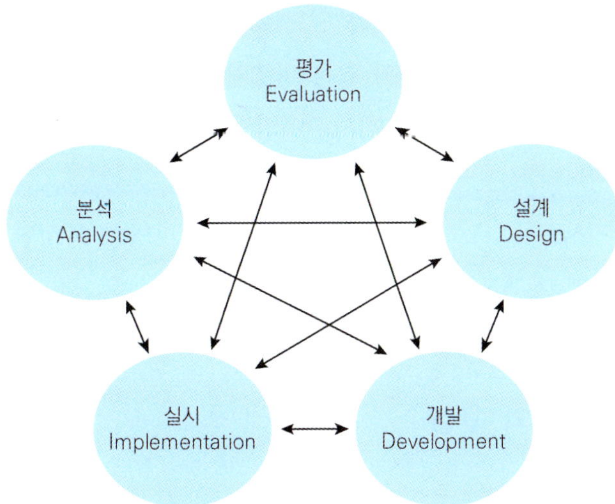


그림 8-1 **교수계획모델: ISD모델**

## 2 프로그램 설계

프로그램 설계는 교육목표를 명확히 하고, 학습자가 필요한 지식과 기술을 효과적으로 습득할 수 있도록 돕는 데 중점을 둔다. 이 과정은 단계별로 체계적이고, 장애 유형에 맞는 맞춤형 접근법을 적용해야 한다.

장애인 평생교육 프로그램의 설계는 학습자 중심의 교육을 제공하기 위해 철저한 계획과 구체적인 목표 설정을 통해 진행된다.

### 1) 학습자 분석

구체적인 설계를 세우기전 먼저 학습자의 특성을 분석하는 것이 중요하다. 장애인들은 각기 다른 장애 유형, 능력, 관심사, 학습 스타일을 갖고 있기 때문에 이를 고려하여 맞춤형 프로그램을 설계해야 한다(김용현 외, 2025).

장애 유형별로 필요한 학습 도구와 교육 방법을 선택한다. 예를 들어, 시각장애인을 위한 촉각 자료나 오디오 자료, 청각장애인을 위한 시각적 자료나 텍스트 자료 등을 사용할 수 있다.

또한, 장애인 평생교육 프로그램 설계는 장애인의 다양한 특성과 요구를 충족시키기 위해 세심하게 계획되어야 한다.

### 2) 프로그램 설계의 구성

프로그램 설계는 교육의 목적을 달성하기 위해 여러 구성 요소를 통합하고, 이를 실현할 수 있는 방법을 체계적으로 계획하는 과정이다. 설계 구성 요소는 보통 다음과 같다.

#### (1) 목표 설정(Objectives Setting)

설계의 첫 단계는 교수목표를 설정하는 것이다. 교수목표란 교육 후에 학습자들이 알아야 할 지식, 기능, 태도, 행동 등을 말할 수 있는데 교수 목표가 바로 세워지지 않으면 강의에 중심점이 없기 때문에 교수자와 학습자들 모두 혼란을 가져올 수 있다. 따라서 프로그램의 주요 목표는 구체적이고 실현 가능하며 측정 가능해야 한다. 특히, 장애인 평생교육은 장애인의 자립적인 생활, 사회적 통합, 직업 능력 향상 등을 중심으로 설정된다.

이에 목표는 교육의 방향성을 제시하고, 모든 교육 활동이 이를 달성하는 데 집중될 수 있도록 한다. 예를 들어, 자립생활 교육을 목표로 할 경우, 프로그램은 가사 관리, 금융 관리, 시간 관리 등 실제 생활에 필요한 기술을 가르쳐야 한다. 직업 교육 프로그램이라면 직무 기술, 직장 내 사회적 기술, 의사소통 능력 등을 목표로 설정할 수 있다.

목표는 단기적 · 중기적 · 장기적 목표로 나누어 구체적으로 설정하고, 각 단계별로 달성할 수 있는 성과를 정의한다.

### 3) 내용 선정 및 조직

교육 내용은 목표를 달성할 수 있는 실질적인 내용으로 구성된다. 예를 들어, 장애인들이 자립적인 삶을 살 수 있도록 돕는 프로그램이라면, 생활 기술, 사회적 기술, 자기 표현 등을 다룬다.

#### (1) 프로그램 내용 선정

장애인 평생교육 프로그램의 내용 선정과 조직은 학습자의 특성과 필요에 맞추어 실질적이고 유용한 정보를 제공하는 것이 중요하다. 교육 내용을 잘 구성하면 학습자가 더 효과적으로 목표를 달성하고, 일상생활에서 실질적인 변화를 이끌어낼 수 있다. 프로그램 내용은 교육목표를 지원하는 방향으로 체계적으로 조직되어야 하며, 장애 유형에 맞는 학습 방법과 자료를 활용해야 한다.

프로그램 내용 선정은 학습자의 필요와 교육목표에 기반하여 이루어진다. 이 과정에서 중요한 요소는 장애인의 장애 유형, 개인적 요구, 학습 스타일 등을 고려하는 것이다.

주요 선정 기준은 다음과 같다:

① 학습목표와 일치하는 내용 선정

교육의 목표는 학습자가 목표를 달성하는 데 필요한 지식과 기술을 습득하는 것이다. 따라서 프로그램 내용은 설정한 목표와 잘 일치해야 하며, 목표 달성에 직접적인 기여를 할 수 있어야 한다. 예를 들어, 직업 훈련을 목표로 한다면, 실습 중심의 직무교육이 주요 내용으로 포함되어야 한다.

학습목표를 달성하기 위하여 교수자는 필요한 교수 내용과 그와 관련된 예시문, 기타 자료를 수집하여 분석하여야 한다. 이를 위하여 교수자는 기존의 교재 및 각종 지침서, 참고도서를 참조할 수 있으며 아울러 각종 학술지, 잡지 및 전문서적들을 읽고 분석 정리하여야 한다. 또한 교수 내용에 대하여 잘 알고 있는 장애인교육 현장의 전문가들로부터 자문을 얻는 것도 필요하다. 일단 내용과 관련된 자료가 수집되면 그 내용의 정확성과 최신성을 검토하면서 학습자들의 요구와 학습목표에 맞는 최종 내용을 선정한다. 그리고 학습목표를 달성하기 위하여 내용을 선정하여야 하는데 내용 선정에 있어서는 먼저 목표를 달성하는 데 기여를 많이 할 수 있는 내용을 선정하여야 한다. 또한 그 내용이 학습자들이 학습할 수 있는 내용이어야 한다. 여건이 허락한다면(시간과 경비 등) 요구하는 내용을 모두 할 수도 있지만 현실은 그렇지가 않다. 그래서 결국은 많은 내용 중에서 목표에 적합한 내용과 학습 가능성이 있는 내용을 선정하여야 한다.

② 학습자의 요구를 토대로 한 내용

학습자의 장애 유형, 기존 지식과 기술 수준, 학습 동기 등을 파악하여 그들이 필요로 하는 교육 내용을 선정한다. 예를 들어, 시각 장애인에게는 촉각 자료나 음성 안내를 중심으로, 청각장애인에게는 비주얼 자료나 자막을 제공하는 방식으로 내용이 선정된다.

③ 생활 중심의 교육 내용

장애인들이 실제로 일상생활에서 활용할 수 있는 실용적이고 구체적인 내용을 제공해야 한다. 예를 들어, 자기 관리, 가사 기술, 직업 교육, 사회적 기술 등이 포함된다. 이렇게 생활과 직결되는 교육을 통해 장애인들이 자립적인 삶을 살 수 있도록 돕는다.

④ 사회적 통합과 직업 준비

사회적 통합과 직업 준비를 위한 내용도 중요하다. 장애인들이 사회와 직장에서 활발하게 참여할 수 있도록 지원하는 프로그램을 설계한다. 예를 들어, 커뮤니케이션 기술, 팀워크 훈련, 직무 기술 훈련 등을 포함시킨다.

⑤ 학습자의 참여 유도

프로그램 내용은 학습자가 적극적으로 참여할 수 있도록 구성되어야 한다. 학습자가 주도적으로 참여하고, 자신의 경험을 바탕으로 배우도록 유도하는 내용으로 구성된다. 이를 통해 학습자는 자신감을 얻고, 주도적인 학습을 할 수 있다.

### (2) 프로그램 내용 조직

프로그램 내용은 시간과 단계에 맞춰 체계적으로 조직되어야 한다. 내용의 구성은 단계적이고 연결성이 있어야 하며, 학습자가 한 단계씩 차근차근 학습할 수 있도록 설계된다. 프로그램 내용 조직에서 중요한 점은 다음과 같다.

① 기초에서 고급으로 진행

프로그램은 기초적인 내용에서 시작하여 점차 고급 내용으로 진행된다. 예를 들어, 기본적인 생활 기술을 배우고 나서 직업 기술이나 사회적 기술로 넘어가는 방식이다. 각 단계가 이전 단계의 학습을 바탕으로 발전하도록 조직한다.

② 주제별 분류

프로그램 내용을 주제별로 구분하여 체계적으로 제공한다. 예를 들어, 생활 기술(가사, 시간 관리, 금융 관리), 직업 기술(직무 훈련, 직장 내 커뮤니케이션), 사회적 기술(의사소통, 팀워크) 등의 주제로 내용을 나누어 각각의 목표를 달성할 수 있도록 한다.

③ 학습 시간과 분량 조절

각 학습 내용의 시간 배분과 분량을 적절하게 설정한다. 학습자의 집중력과 체력을 고려하여 과도하게 긴 수업 시간이나 많은 양의 학습을 피한다. 각 세션은 짧고 집중적인 내용으로 구성하여 학습자가 피로감을 느끼지 않도록 한다.

④ 연속성과 통합성

내용은 연속적이고 통합적이어야 한다. 예를 들어, 생활 기술을 다룰 때 가사 관리부터 시작하여, 시간 관리와 금융 관리를 통합적으로 학습할 수 있도록 한다. 또한, 각 학습 요소는 서로 연관되도록 구성하여 학습자가 전체 내용을 이해하는 데 도움이 된다.

⑤ 프로그램 내용 예시

- 생활 기술 교육(가사 관리-청소, 세탁, 요리 등), 시간 관리 및 자기 관리(일정 관리, 목표 설정 등), 금융 관리(예산 짜기, 지출 관리 등)
- 직무 기술(컴퓨터 사용, 직무에 필요한 기술 훈련 등)
- 직장 내 커뮤니케이션(동료와의 소통, 업무 보고 등)
- 직업 탐색 및 준비(이력서 작성, 면접 준비 등)
- 사회적 기술 교육(의사소통 기술-언어적, 비언어적 커뮤니케이션)
- 팀워크 및 협력(협력적 작업, 역할 분담 등)
- 문제 해결 기술(갈등 해결, 의사결정 과정 등)

장애인 평생교육 프로그램 내용의 선정과 조직은 학습자의 특성을 고려하고, 실제 생활에서 유용하게 활용할 수 있는 내용을 중심으로 이루어져야 한다. 내용은 단계적이고, 실용적이며, 참여적인 학습을 촉진할 수 있도록 구성해야 한다. 다양한 학습 스타일과 장애 유형에 맞는 교육 방법과 자료를 활용하여 장애인들이 자립적인 삶을 영위할 수 있도록 돕는 것이 중요하다.

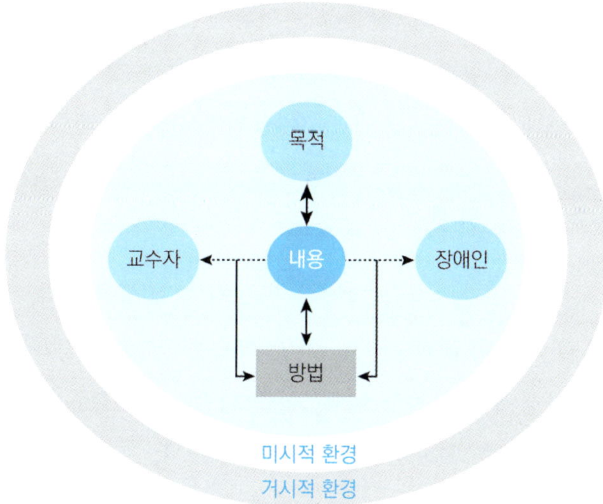


**그림 8-2** 교수 방법의 결정

### 4) 교수·학습 방법 및 강의 보조자료

장애인 평생교육 프로그램에서 교수·학습 방법은 프로그램의 효과성을 결정짓는 중요한 요소이다. 학습자가 실질적으로 목표를 달성할 수 있도록 돕는 데 중요한 역할을 하며, 개별 학습자의 특성을 고려한 적절한 방법을 선택하는 것이 필요하다(김두영, 2024).

특히, 교수 방법은 장애 유형에 맞게 다양화해야 한다. 시각 자료, 오디오 자료, 온라인 학습 등 다양한 매체와 도구를 사용하여 학습을 지원하며, 실습과 경험을 통해 학습이 이루어질 수 있도록 한다.

협동 학습과 같은 상호작용적인 학습 방법을 통해 사회적 기술을 배울 수 있도록 한다. 각 주제에 맞는 학습 방법과 자료를 선택한다. 예를 들어, 시각장애인에게는 촉각 자료나 음성 안내가, 청각장애인에게는 비주얼 자료와 자막이 필요하다. 이 외에도 디지털 자료, 인터넷 학습 플랫폼, 실습 중심의 자료 등을 적절히 사용하여 다양한 학습 스타일을 반영할 수 있다. 그리고 참여적이고 실용적인 학습 활동이 필요하다. 즉, 장애인 평생교육 프로그램에서는 이론적인 학습뿐만 아니라 실습과 체험을 중요시한다. 학습자는 직접적인 경험을 통해 배우는 것이 효과적이다. 예를 들어, 직무 체험이나 모의 실습을 통해 실제 상황에 가까운 학습을 제공한다.

### (1) 교수 · 학습 방법 선정

장애인 평생교육에서 교수 · 학습 방법은 학습자의 특성에 맞추어 선정되어야 한다. 학습자가 목표를 달성하고 자기 주도적인 학습을 할 수 있도록 다양한 교수법을 사용해야 한다. 이 과정에서 시청각 자료, 실습 학습, 협동 학습 등을 포함한 다양한 방법을 통해 장애인들이 효과적으로 배울 수 있도록 돕고, 지속적인 피드백을 통해 학습이 진전될 수 있도록 평가 방법을 선정해야 한다.

또한 교수 · 학습 방법은 장애인의 다양한 학습 스타일과 장애 유형을 고려하여, 학습자가 효과적으로 학습할 수 있도록 지원하는 방안을 모색해야 한다.

교수 방법이 정해지면 강의 실행하기에 필요한 각종 교수자료 및 매체들을 수집하거나 개발하여 강의 보조 자료로 이용을 한다. 교수 현장에서 사용될 각종 자료들은 장애인 학습자에게 적합하며, 학습목표와 내용에 맞게 논리적으로 구성되고 학습자들의 수준을 고려하여 흥미로우면서도 명확하고 구체적으로 준비되어야 한다.

교수방법 선정에 있어서와 마찬가지로 매체를 선정할 때도 최고의 매체는 없고 다만 최적의 매체만이 있을 수 있다.

### (2) 주요 교수 · 학습 방법

① 강의 및 시범(Lecture and Demonstration)

장애인 학습자들에게 중요한 정보를 전달하기 위한 기초적인 방법으로, 강의는 이론적인 내용을 전달하는 데 사용된다. 하지만, 시범을 통해 실제 동작이나 기술을 보여주는 것이 중요한데, 특히 실습 중심의 학습에서는 필수적이다. 예를 들어, 생활 기술이나 직업 훈련에서 교사가 실제로 동작을 시범 보이거나, 적절한 비주얼 자료를 제공하여 학습자가 이를 따라할 수 있게 한다.

② 실습 및 체험 학습(Hands-on and Experiential Learning)

장애인 평생교육에서는 이론적인 학습뿐만 아니라 실제 경험을 통해 배우는 실습이 중요하다. 직업 훈련, 생활 기술, 사회적 기술 등 실생활에서 활용되는 내용을 체험을 통해 학습할 수 있도록 한다. 예를 들어, 가사 관리나 금융 관리와 같은 내용은 실제로 자기 집에서 할 수 있도록 실습을 통해 배운다.

③ 협동 학습(Cooperative Learning)

장애인들은 사회적 상호작용을 통해 더 많은 것을 배울 수 있다. 협동학습은 팀워크, 소통, 상호 협력을 중시하며, 그룹 내에서 문제 해결을 돕고 사회적 기술을 발전시키는 데 유용하다. 예를 들어, 장애인 학습자들이 함께 일정 관리나 팀 프로젝트를 수행하면서 서로 의견을 나누고 협력하는 과정은 중요한 학습 경험이 된다.

④ 개별화 학습(Individualized Learning)

장애인 학습자의 특성에 맞추어 개별화된 학습계획을 제공하는 것이 중요하다. 각 학습자는 장애 유형과 능력에 따라 학습 속도와 방식이 다르기 때문에, 개인 맞춤형 학습이 필요하다. 예를 들어, 학습자가 어려워하는 부분에 대해서는 보조 학습도구나 보조 교사의 도움을 받아 개인 맞춤형 학습을 진행할 수 있다.

⑤ 문제 해결 학습(Problem-Based Learning)

장애인들이 실제 삶에서 겪을 수 있는 문제를 해결하는 과정에서 학습을 이끌어 나가는 방법이다. 이 방법은 창의적 사고, 자기 주도 학습, 실용적인 기술 습득을 촉진한다. 예를 들어, 사회적 갈등 해결, 직장에서의 문제 해결 등을 다룬 실습을 통해 장애인들이 실제 상황에서 사용할 수 있는 기술을 학습할 수 있다(조창빈 외, 2019).

### 5) 학습 평가 및 피드백

평가 기준은 명확하고 구체적으로 설정되어야 한다. 평가 방식은 진행 중 평가, 결과 평가, 자기 평가 등 다양한 방법을 활용할 수 있다.

실제로 평가는 강의 후에 이루어지지만 평가계획은 설계 단계에서 수립되어야 한다. 커크펙트릭이 주장한 4단계 평가방법을 사용하여 설명하고자 한다. 1단계 평가는 반응평가로 학습자들의 교육에 대한 만족도를 조사하는 것이다. 교육에 대한 만족도가 높으면 강의 효과가 있다고 보는 것이다. 2단계 평가는 학습평가로 의도하였던 지식, 기능, 태도가 얼마나 습득되었는지를 평가하는 것이다(학교에서 하는 평가는 일반적으로 학습평가라고 볼 수 있다). 3단계 평가는 행동평가로 학습하였던 내용대로 행동이 변화가 되었는지를 평가하는 것이다. 4단계 평가는 기여도 평가인데 학습 후 조직이나 기관에 얼마나 기여하는가 하는 것에 대한 평가를 말한다. 즉, 평가는 준비 단계인 설계에서 어느 단계까지 어떤 방법으로 평가할 것인가가 제시되어야 한다. 평가 결과는 학습자가 자신의 학습 진행 상황을 이해하고, 개선점을 파악할 수 있도록 돕는다. 또한, 피드백을 통해 학습 동기를 유발하고, 자기 주도적 학습을 촉진한다. 평가에는 과정 평가와 결과 평가가 포함되어야 하며, 장애인 학습자에게는 상호 피드백이 가능하도록 지원해야 한다.

#### (1) 평가 방법 선정

평가 방법은 학습자가 목표를 달성했는지 확인하고, 프로그램의 효과성을 측정하는 데 중요한 역할을 한다. 장애인 평생교육에서는 학습자의 진척도와 학습목표 달성 여부를 평가하기 위한 다양한 방법을 활용한다.

① 진단 평가(Diagnostic Assessment)

프로그램 시작 전, 학습자의 기존 지식과 기술 수준을 평가하여, 그들이 어디에서부터 시작해야 하는지, 어떤 추가 지원이 필요한지 파악한다. 예를 들어, 기술 부족이나 자기 관리 능력 부족 등을 진단하고, 이를 바탕으로 학습 계획을 세운다.

② 형성 평가(Formative Assessment)

학습 진행 중에 지속적인 피드백을 제공하여 학습자가 계속 발전할 수 있도록 돕는 평가 방법이다. 이는 퀴즈, 실습 평가, 동료 평가 등을 통해 이루어진다. 예를 들어, 직업훈련 중에 실습을 평가하여 학습자가 즉각적인 피드백을 받아 개선할 수 있도록 한다.

③ 총괄 평가(Summative Assessment)

프로그램이 끝난 후, 학습자가 설정된 목표를 얼마나 잘 달성했는지 평가한다. 이를 통해 프로그램의 전체적인 성과를 측정하고, 학습자의 최종 성과를 평가한다. 예를 들어, 직무 훈련 후에는 작업 수행 능력을 평가하는 방식으로 이루어진다.

④ 자기 평가(Self-Assessment)

학습자가 자신이 학습한 내용을 자기 스스로 평가하는 방법이다. 학습자는 자신이 배운 내용을 돌아보며, 강점과 약점을 파악하고, 향후 개선 계획을 세울 수 있다. 예를 들어, 자기 관리 능력에 대한 자기 평가를 통해 개선이 필요한 부분을 파악하고, 이를 위한 학습목표를 설정할 수 있다.

⑤ 동료 평가(Peer Assessment)

동료들끼리 서로의 학습 과정과 결과를 평가하는 방법이다. 협동 학습에서 동료 평가를 통해 상호 피드백을 제공하고, 팀워크와 협력적 사고를 증진시킬 수 있다. 예를 들어, 팀 프로젝트에서 동료들이 서로의 역할 수행에 대해 평가하며 상호 보완하는 방식을 취한다.

⑥ 관찰 평가(Observation Assessment)

학습자의 행동이나 실습을 직접 관찰하여 평가하는 방법이다. 특히 사회적 기술이나 직무 수행 능력을 평가할 때 유용하다. 예를 들어, 가사 기술이나 사회적 상호작용을 평가할 때 학습자가 실제 상황에서 어떻게 행동하는지 관찰하여 평가한다.

⑦ 포트폴리오 평가(Portfolio Assessment)

학습자가 수행한 다양한 작업과 활동을 모은 포트폴리오를 통해 평가하는 방법이다. 포트폴리오는 학습자가 프로그램 동안 습득한 지식과 기술을 기록하고, 그 발전 과정을 시각적으로 보여준다. 예를 들어, 작업 시연, 자기 관리 계획, 직무 관련 작업 결과물 등을 포트폴리오에 포함시켜 평가한다.

### 6) 지원 시스템 구축 및 기술적 도구 지원

#### (1) 지원 시스템

프로그램 설계에는 지원 시스템이 필요하다. 이는 학습자가 학습하는 동안 겪을 수 있는 어려움을 해결하는 데 도움이 된다.

멘토링 시스템, 정서적 지원을 위한 상담 서비스, 학습 도우미 등을 제공하여 학습자의 심리적 안정을 지원한다.

장애인 평생교육 프로그램은 다양한 전문가들과 협력하여 운영되어야 한다. 교사, 상담가, 직업 훈련 전문가 등 다양한 지원 체계가 연계되어 프로그램을 보다 효과적으로 운영할 수 있다.

#### (2) 기술적 도구와 자료 활용

장애인 평생교육 프로그램 설계 시, 보조 기술이나 디지털 도구의 활용이 필수적이다. 장애인들이 프로그램에 쉽게 접근하고, 효율적으로 학습할 수 있도록 돕는다. 보조기기나 디지털 기술을 활용하여 학습자의 접근성을 높일 수 있다. 예를 들어, 음성 인식 소프트웨어, 디지털 교재, 온라인 학습 플랫폼 등을 활용하여, 장애인들이 자신에게 맞는 방식으로 학습할 수 있도록 지원한다.

시각장애인에게는 촉각 자료, 음성 안내를 제공하며, 청각장애인에게는 자막이나 비주얼 자료를 활용한다. 이를 통해 다양한 감각을 자극하여 학습 효과를 높일 수 있다. 디지털 학습 도구, 인터넷 학습 플랫폼을 활용하여 장애인들에게 접근성이 높고 참여적인 학습 환경을 제공할 수 있다.

따라서 이와 같이 장애인 평생교육 프로그램 설계는 장애인의 특성과 요구를 충족시키는 방향으로 이루어져야 한다. 이를 위해 목표 설정, 학습자 분석, 교육 내용 개발, 학습 환경 설계, 평가 및 지원 시스템 구축 등 다양한 요소가 유기적으로 연계되어야 한다. 또한, 보조 기술과 디지털 도구를 활용하여 학습의 접근성을 높이고, 장애인들이 자립적인 삶을 살 수 있도록 돕는 교육이 이루어져야 한다.

### 연구문제

1. 주제를 정하여 대상자인 학습자 분석에 대해 토론하여 보시오.
2. 프로그램 설계의 구성에 대해 논하여 보시오.
3. 장애인 프로그램 하나를 선정하여 커크펙트릭이 주창한 4단계 평가방법의 사례를 들어 논하여 보시오.

## 실습가이드

### 교수계획 설계도

▶ **소요시간** : 40분

**1단계** 개인 또는 팀별로 장애인평생교육에 대한 교수계획을 설계도 양식에 따라 작성하도록 한다.

주제 : 자유

1. 교수목표
   가)
   나)
   다)

2. 내용, 방법, 매체 및 보조자료 선정

| 교 수 내 용 | | 시간 | 교수방법 | 매체보조자료 | 강사 |
|---|---|---|---|---|---|
| | ·<br>· | | | | |
| | ·<br>· | | | | |

3. 장소

4. 평가계획

**2단계** 작성 내용을 발표 후 교수자가 피드백을 한다.

# 09 직업 및 자립교육

## 학습개요

장애인 평생교육에서 직업 및 자립교육은 단순한 취업지원 차원을 넘어, 장애인이 사회의 일원으로 자립적이고 존엄한 삶을 살아가기 위한 필수적인 교육 영역이다. 직업능력향상교육은 장애인이 단순한 복지 수혜자가 아니라, 스스로 사회적 · 경제적 역할을 수행하는 생산적 주체로 성장할 수 있도록 지원하는 기반이 된다. 이를 위해 기초직업교육, 전문직업교육, 자격인증교육을 포함한 다양한 프로그램이 개발되고 있으며, 발달장애인을 포함한 다양한 장애 유형을 고려한 맞춤형 접근이 강조되고 있다.

또한 사회적응훈련과 일상생활훈련은 장애인의 독립생활 역량을 강화하는 데 중요한 역할을 하며, 경제교육과 창업지원은 장애인의 경제적 자립과 삶의 질 향상에 기여한다. 본 장에서는 장애인 평생교육에서 직업 및 자립교육의 의미와 필요성을 이해하고, 주요 프로그램과 지원방안의 체계적인 구조를 학습함으로써, 장애인 평생교육 실천에 필요한 기본 소양과 관점을 살펴보고자 한다.

## 학습목표

1. 장애인 평생교육에서 직업능력향상교육, 사회적응훈련, 일상생활훈련의 개념과 중요성을 설명할 수 있다.
2. 장애인 내상 직업교육 및 경제교육 프로그램의 유형과 특징을 분류할 수 있다.
3. 장애인 자립지원을 위한 직업 및 경제활동 지원방안을 요약할 수 있다.

## 1 직업기술훈련 및 취업연계 프로그램

장애인 평생교육의 직업능력향상교육 프로그램은 장애인의 자립생활 및 사회통합을 달성하기 위한 중요한 수단이다. 직업능력향상교육은 평생교육의 목적 가운데 하나인 인적개발 차원에서의 의미뿐 아니라 장애인의 자립생활 및 사회통합이라는 측면과 직결되고, 장애인이 복지 수혜의 대상이 아니라 생산자로서 권리를 갖게 되는 기초가 될 수 있다는 측면에서도 큰 의미가 있다. 직업능력향상교육은 장애인의 취업에 필요한 기초직업교육, 전문직업교육 및 자격인증교육 등을 위한 다양한 프로그램들이 적절하게 개발되어야 한다. 특히, 장애인의 경우 프로그램을 제공하는 기관의 상황과 장애인 본인의 준비 미흡 등으로 인해 노동시장에서 소외된 채 시설이나 가정에 머물러 있거나 단기 프로그램을 순회하면서 시간을 보내는 경우가 적지 않기 때문에 이들을 위한 맞춤형 직업능력향상교육 프로그램의 개발이 필요하다.

직업능력향상교육의 중요성에도 불구하고 그동안 제공되고 있는 장애인 평생교육 프로그램을 살펴보면 문화예술교육과 인문교양교육에 지나치게 편중된 모습을 보인다. 한편 장애인 부모가 인식하는 발달장애인 평생교육 프로그램의 중요도를 분석한 Kim과 Ko(2016)의 연구에 따르면, 향후 발달장애인 평생교육기관에서 중점적으로 수행해야 할 평생교육 프로그램의 영역은 직업능력향상교육이 2.98%로 문화예술교육(3.25%)에 이어 두 번째로 높게 나타났다.

### 1) 평생교육에서의 직업능력교육의 개념

한국 평생교육 분류체계에 따르면 직업능력교육은 직장으로의 진입과 함께 평생동안 직업을 가질 수 있도록 돕기 위한 교육으로서, 구직자, 재직자를 대상으로 "직업에 필요한 자격과 조건을 체계적으로 준비하고, 주어진 역할과 직무를 효과적으로 수행할 수 있도록 지원하는 평생교육"을 의미한다. 이러한 교육활동은 프로그램으로써 구현되는 데 평생교육 프로그램은 인류가 만들어내고 있는 지식을 현대인이 쉽게 학습할 수 있도록 재구성한 지식의 총체, 문화 콘텐츠이며 사회통합을 위한 교육복지의 기제로서 역할을 한다(김진화, 고영화, 2009). 직업능력교육 프로그램은 크게 직업준비 프로그램, 자격인증 프로그램, 현직직무역량 프로그램으로 분류되며 각 영역의 정의는 표 9-1 과 같다.

**표 9-1 한국 평생교육 프로그램 분류체계 중 직업능력교육의 정의**

| 대분류 | | 중분류 | |
|---|---|---|---|
| 영역 | 정의 | 하위영역 | 정의 |
| 직업능력교육 | 직업에 필요한 자격과 조건을 체계적으로 준비하고 주어진 역할과 직무를 효과적으로 수행할 수 있도록 지원하는 평생교육 | 직업준비 프로그램 | 특정 직업에 새롭게 취직하기를 희망하며 성공적인 창업에 필요한 지식, 정보, 기술, 기능을 획득하고 관련 조건을 체계적으로 준비할 수 있도록 지원하는 프로그램 |
| | | 자격인증 프로그램 | 특정 직업의 직무수행에 필요한 전문적인 지식, 기술, 기능이 일정한 수준에 도달하여 소정의 자격을 제도적으로 인증 받을 수 있도록 지원하는 프로그램 |
| | | 현직직무역량 프로그램 | 현직 종사자에게 보다 발전적인 직무수행에 필요한 관련 지식과 정보를 획득하게 하며, 관련 기술과 기능을 습득하고 익힐 수 있도록 지원하는 프로그램 |

출처: 김진화 외(2010)

직업준비프로그램의 예로는 인력양성과정, 창업관련과정, 취업준비과정, 재취업정보교육 등이 포함되고, 자격인증 프로그램에는 외국어자격인증, 지도사양성과정, 자격증취득과정, 자격인증과정, 토익 · 토플 강좌 등이 있다. 현직직무역량 프로그램에는 공통직무연수, 전문 직무연수, 평생교육사 연수 등이 포함된다.

### 2) 발달장애인 교육 프로그램 직업능력향상교육

2017년 발달장애인 직업능력향상을 위한 교육 프로그램이 개발되었다. 발달장애인의 특성과 요구, 발달장애인평생교육기관의 특성을 고려하여 현장적합성이 높은 직업교육 프로그램을 개발하고자 하였다. 이는 김두영(2013)의 장애인 평생교육 프로그램 분류체계에 따라 직업생활에서 일반적으로 요구되는 직업의식과 태도, 습관, 지식, 정보 등을 다루는 기초직업교육 프로그램, 특정 직업을 위하여 준비 중이거나 현직 근로인이 직무 수행상 필요한 능력을 향상시키기 위한 전문직업교육 프로그램, 그리고 표본작업 기능을 익혀 이를 제도적으로 인증 받을 수 있도록 하는 자격인증 프로그램으로 구분하여 4종의 프로그램으로 학습자용 교재 및 교 · 강사용 프로그램 안내서로 개발되었다.

기초직업교육 프로그램은 '도전, 나의 꿈을 찾아서', 전문직업교육 프로그램은 '무엇을 도와드릴까요', '내가 바로 친절왕', 자격인증프로그램은 'ITQ, 한글, 내 손 안에 있소이다.'이다. 각 프로그램은 각각 12차시로 주 1회(3시간) 3개월(12주) 운영이 기본 포맷으로 구성되어 있다.

학습자용 교재는 개별화교육을 지원하는 활동 강화, 학습자용 교재 활용의 비중 강화, 학습 내용의 적정화, 학습자 참여 유도 강화를 기본 원리로 구성되었으며 교재의 구성체제는 학습목표 - 도입 - 활동 1 - 활동 2 - 활동 3 - 배운 내용 확인하기로 되어 있다. 교 · 강사용 프로그램 안내서는 실제 프로그램 진행에 적극 활용할 수 있도록 수준별 보충 및 심화과정으로 구성하였고 단순히 지식을 가르치는 데 비중을 두기보다 문제 해결 활동, 학습자중심 활동의 프로그램을 지향하였다. 안내서는 주제 목표 - 교수 학습자료 - 교수학습활동 - 평가 체제로 구성되어 있다.

표 9-2 는 기초직업교육 프로그램 중 '도전, 나의 꿈을 찾아서' 프로그램이다.

**표 9-2 기초직업교육 프로그램 '도전 나의 꿈을 찾아서'**

| 영역 | 주제 | 세부활동 |
|---|---|---|
| 나의 흥미와 적성 찾기 | 1. 서로에 대해 알기 | • 반갑게 인사하기 • 자기 소개하기<br>• 우리들의 약속 정하기 |
| | 2. 나의 적성 찾기 | • 내가 잘하는 것 찾아보기 • 적성 찾아보는 방법<br>• 나의 적성 찾아보기 |

| 영역 | 주제 | 세부활동 |
| --- | --- | --- |
| 신나는 직업 세계 | 3. 다양한 직업의 이해 | • 직업이란 • 직업 탐색하기<br>• 다양한 자격증 |
| | 4. 주변에서 만나볼 수 있는 직업 | • 주변에서 만나 볼 수 있는 직업 알아보기<br>• 유명한 사람들의 직업<br>• 관심 있는 직업 따라가기 |
| | 5. 고용현장의 근로자 만나보기 | • 고용현장에서 일하고 있는 근로자 인터뷰 질문지 준비하기<br>• 고용현장에서 일하고 있는 근로자 인터뷰 진행 준비하기<br>• 고용현장에서 일하고 있는 근로자 인터뷰 |
| | 6. 내가 하고 싶은 일 찾기 | • 내가 하고 싶은 일 찾는 방법 알아보기<br>• 내가 하고 싶은 일 찾아보기<br>• 내가 할 수 있는 일 알아보기 |
| | 7. 이력서와 자기소개서 작성하기 | • 이력서와 자기소개서 알아보기<br>• 이력서 작성법<br>• 자기소개서 작성법 |
| | 8. 면접 보기 | • 면접 진행 순서 • 면접에서 중요한 점<br>• 모의 면접 보기 |
| | 9. 직장생활 준비하기 | • 직장생활 준비하기<br>• 근로계약서 작성<br>• 임금 받는 방법 |
| 행복한 직장생활 | 10. 직장생활 매너 | • 직장생활에서의 관계<br>• 직장생활에서의 복장과 자세<br>• 직장생활에서의 인사 예절과 시간 관리 |
| | 11. 직장생활 적응하기 | • 직장생활에서의 문제 해결<br>• 직장생활에서 긍정적인 인간관계<br>• 직장생활에서 지켜야 할 안전 규칙과 성폭력 대처 |
| | 12. 행복한 직장인 | • 직장인이 된 후 변화된 나의 생활<br>• 직장인의 재정관리<br>• 앞으로 기대되는 나의 모습 |

## 2 사회적응훈련 및 일상생활훈련

### 1) 사회적응 훈련

사회적응의 개념을 살펴보면, 넓은 의미로는 개인과 사회환경과의 상호작용이라고 할 수 있으며 이는 사회조직 내에서 각 개인이 갖게 되는 다양한 사회적 지위와 그에 따르는 역할을 어떻게 수행해 나가고 있는가를 살펴봄으로써 알 수 있고, 직업, 사교적 여가활동, 확대된 가족, 부부, 부모 등 가족에서의 적절한 역할수행을 사회적응이라고 하였다(Weissman, 1975; 엄윤서, 2010 재인용). 즉 역할이란 개인과 개인이 갖게 되는 사회적 지위 사이의 역동적인 관계를 나타내는 것으로, 개인이 자신의 사회지위에 따르는 권리와 의무를 수행해 나가는 능력을 나타내며 개인이 자신의 역할을 얼마나 잘 수행해 나가고 있는가를 파악함으로써 개인의 사회적응을 평가할 수 있을 것이다(노정숙, 2001).

사회적응은 어떤 개인이 그에게 기대되는 사회적 역할을 생산적이고 건설적으로 성취해 내는 능력으로 불필요한 압박감을 경험하지 않고 사회적 욕구를 감당해 낼 수 있는 것이며 환경에 성공적으로 대처하는 능력으로 정의하였으며, 퇴원한 정신질환자의 사회적응을 개인적 영역과 사회적 영역으로 구분하였다(Linn, 1988; 고명석, 2010 재인용). 개인적 영역은 개인의 일상생활과 관련된 행동에서 평가될 수 있고 사회적 영역은 직업에 대한 태도나 역할, 결혼, 여가활동, 가족활동 영역에서의 행동을 통해서 평가될 수 있다고 하였다(염희정, 나동석, 2013). 이상의 정의를 정리하면 사회적응이라는 용어는 개체가 환경에 대하여 적절한 태도나 행동을 취하는 것으로 정리할 수 있을 것이다.

표 9-3 Brolin(1993)이 제시한 생활중심 진로교육(LCCE) 모형

| 영역 | 주요 능력 | 하위 능력 |
|---|---|---|
| 개인적 – 사회적 기술 | 자아의식 획득하기 | 신체적, 정신적 욕구 확인, 자신의 흥미와 능력 파악, 정서 파악, 자신의 신체 이해 |
| | 자신감 획득하기 | 자기 존중감 표현, 자신의 생각을 타인에게 표현하기, 칭찬하기 및 수용하기, 비판하기 및 수용하기, 자신감 증진하기 |
| | 사회적으로 책임 있는 행동 획득하기 | 타인의 권리와 재산에 대한 존중, 타인의 권위 인정 및 지시이행, 공공장소에서 적절한 행동하기, 환영받는 성격 이해하기, 개인의 책임 있는 역할 이해 |
| | 대인관계 기술 유지하기 | 듣고 반응하기, 친밀한 대인관계 형성하기, 우정의 형성 및 유지 방법 알기 |
| | 독립심 획득하기 | 자아실현을 위한 노력, 자아조직의 이해, 타인에게 미치는 행동의 영향 인식하기 |
| | 적절하게 의사결정하기 | 조력자원 활용, 결과 예견하기, 대안의 개발 및 평가, 문제 인식하기, 목표 지향적인 행동 개발하기 |
| | 다른 사람과 의사소통하기 | 위급 상황을 인지하고 적절히 대응하기, 알기 쉽게 말하기, 다양한 의사소통 대처방법 알기 |

출처: 박희찬, 김용득(1997); 조인수(1995)의 내용을 재구성함.

## 2) 일상생활 훈련

장애인 일상생활훈련은 장애로 인해 발생할 수 있는 의존성을 최소화하고, 생산적이고 독립적이며 행복한 삶을 영위할 수 있도록 돕는 것을 목표로 한다. 이를 통해 장애인은 독립적인 사회구성원으로서 지역사회에 통합될 수 있도록 지원받게 된다. 일상생활훈련의 주요 내용에는 식사지도, 용변지도, 옷 입고 벗기, 개인위생 관리, 이동기술, 성교육 등이 포함된다. 이러한 훈련은 장애인이 스스로 기본적인 생활을 수행할 수 있도록 함으로써 자립을 증진시키고, 삶의 질을 높이는 데 중요한 역할을 한다.

Brolin(1993)은 가정, 학교, 그리고 지역사회에서 개인이 성인으로서 기대되는 역할을 성공적으로 수행하기 위해 필요한 기술을 지속적으로 연구하고 이를 체계화하여 생활중심 진로교육(LCCE) 교육과정을 개발하였다(박희찬, 김용득, 1997). 그는 특히 지적장

애인이 지역사회에서 자립생활 능력을 향상시킬 수 있도록, 필요한 기술과제를 구체적으로 구성하고 교육 내용과 접근 방법을 제시하였다(박희찬, 김용득, 1997).

**표 9-4 Brolin(1993)이 제시한 생활중심 진로교육(LCCE) 모형**

| 영역 | 주요 능력 | 하위 능력 |
|---|---|---|
| 일상생활기술 | 개인적인 돈의 사용과 관리하기 | 금전계산과 거스름돈 주고받기, 현명한 소비생활, 금전 기록, 세금 계산 및 지불하기, 금융기관 이용, 은행 서비스 활용 |
| | 주거지를 선택하고 관리하기 | 가정 관리, 기본적인 설비와 도구 이용, 적절한 주거환경 선택, 집안의 시설설비, 가정 관리 |
| | 개인적인 필요를 충족하기 | 신체적 적응, 영양 및 체중조절, 적절한 몸단장과 위생 상태 유지, 적절한 의복 입기, 질병 예방 및 치료, 자기 안전 |
| | 결혼생활 및 자녀 양육하기 | 어린이 양육 준비(신체적 보호), 어린이 양육의 심리적 측면 이해, 결혼 적응의 준비 |
| | 음식을 사고 준비하고 먹기 | 식품 구매, 설거지, 음식 보관, 음식 요리, 적절한 식사 습관, 균형 있는 식사 계획, |
| | 옷을 사고 관리하기 | 세탁, 의복 구입, 의복 관리(다림질, 수선, 보관) |
| | 책임 있는 시민의식 기르기 | 시민의 권리와 책임, 정부의 역할 이해, 법 지식과 법 준수, 시민의 권리와 책무 이행 |
| | 여가를 준비하고 오락시설을 이용하기 | 유용한 지역사회 자원의 이해, 활동을 현명하게 계획하고 선택함. 오락의 가치, 집단 또는 개인 활동에 적극 참여하기, 휴가 계획 세우기 |
| | 지역사회에서 생활하기 | 교통법규 및 교통안전의 이해, 여러 가지 교통수단의 지식 및 활용, 지역사회 구역 알기, 운전하기 |

출처: 박희찬, 김용득(1997), 조인수(1995)의 내용을 재구성함.

따라서 장애인 일상생활훈련은 Brolin(1993)이 제시한 생활중심 진로교육(LCCE) 모형의 기본 정신을 반영하여, 장애인이 가정과 지역사회에서 독립적이고 주체적인 생활을 영위할 수 있도록 실질적이고 기능적인 생활기술을 습득하는 데 초점을 맞추어 이루어져야 한다.

### (1) 일상생활 수행능력

일상생활 수행능력이란 개인이 독립적으로 살아가는 데 필수적으로 요구되는 활동을 할 수 있는 능력으로, 신체적 기능 정도 능력과 생활 수단들을 독립적으로 이용할 수 있는가에 대한 활용 능력이다. 일상생활 수행능력은 기본적인 일상생활 활동(ADL)과 도구적 일상생활 활동(IADL)으로 구성되며 2가지 영역을 평가하는 것이다. 박자경(2008)은 일상생활 수행능력은 장애와 관련되어 있고 또한 신체 상태와 관련되어 있어 옷 입기와 식사하기, 움직이기, 화장실 가기, 대변 조절 등 일상생활에 필요한 가장 기본적인 기능이며 도구적 일상생활 수행 능력은 집안일 하기, 식사하기, 근거리 외출하기, 교통수단 이용하기, 은행업무 보기 등 독립적인 생활을 하는 데 필요한 보다 높은 차원의 기능들이라고 하였다.

## 3 경제교육 및 창업지원

### 1) 경제교육

경제교육은 경제 지식을 활용하여 일상생활에서 발생하는 개인적 · 사회적 문제를 합리적으로 해결하는 것으로써 인간의 기초능력이므로, 이는 장애인의 삶에서도 매우 중요하다. 따라서 장애학생의 학령기 이후 독립된 삶을 지원하기 위하여 체계적인 경제교육을 실시해야 함에도 불구하고 장애인을 위한 특화된 경제교육은 거의 찾아보기 힘들다(권미영, 2019).

그동안 경제교육의 필요성은 많은 학자들이 주장하였는데 특히 조보원과 최윤희(2011)는 합리적 경제생활을 하기 위해 발달 시기에 특히 구매와 관련된 화폐교육이 가장 필요하다고 하였다. 권용덕과 장혜성(2012)은 사회구성원으로서 절대적으로 습득해야 하는 지역사회 활용 기술로서 물건 사기 기술을 제시하였다. 권미영(2019)은 더 나아가서는 제한적 경제활동이지만 소득을 통한 저축과 소비를 계획하는 기초적인 경제개념의 교육까지도 필요하다고 하였다.

### 2) 장애인 경제교육

우리나라 정부기관에서 실시하는 경제교육을 총괄하는 기획재정부는 경제교육 관련 정보를 one-stop으로 제공하는 경제배움e 사이트를 운영한다. 해당 사이트에서는 대상별 맞춤형 경제정보를 확인하고 온라인 경제교육 과정을 수강할 수 있는 경제배움터, 어린이와 청소년을 위한 경제교육 자료를 모아놓은 경제놀이터, 교육현장에서 활용 가능한 교수학습 자료가 탑재되어 있는 교육 자료실, 경제교육기관의 교육 일정을 확인할 수 있는 경제교육정보, 마지막으로 '경제배움e'를 소개하고 제안 및 건의 사항을 작성하는 경제배움e 탭으로 구성되어 있다.

홈페이지 경제배움터 탭에는 세대별 및 계층별로 교육이 필요한 경제교육 역량과 요소를 나누어 설명하고 있는데, 어린이 · 청소년기 · 청년기 · 중장년기 · 노년기 · 다문화가정 · 북한이탈주민 · 장애인으로 분류하여 필요한 중점 경제교육 주제를 제시한다. 이 중 장애인을 대상으로 필요한 중점 경제교육 주제는 크게 경제 기초상식, 은행 이용방법, 경제피해 예방 방법으로 구분된다.

#### (1) 경제 기초상식

① 한국의 화폐제도, ② 수표와 신용카드, ③ 소득과 소비, ④ 저축과 보험

#### (2) 은행 이용 방법

① 통장 개설과 관리, ② 체크카드 발급, ③ ATM기기 이용법, ④ 공과금 납부, ⑤ 입금 · 출금 · 송금 · 무통장 입금 등

### (3) 경제피해 예방 방법

① 할부 · 렌탈 · 구독 · 서비스 가입 시 주의사항 숙지, ② 금전 차용 · 보증 · 투자를 권유받을 때, 전화사기 · 보이스피싱을 예방하는 방법으로 제시

## 3) 발달장애인 경제교육

KDI경제정보센터는 국민의 경제 이해 증진을 위하여 경제정책수립, 연구조사, 학교 경제교육뿐 아니라 다양한 이슈에 대해 빅데이터 분석을 수행하고 이를 멀티미디어 자료로 알기 쉽게 제작하여 전달한다. 2019년에 지적장애가 있는 아동과 성인을 대상으로 「이거 얼마예요」라는 주제의 경제교육 프로그램을 개발하였다. 동일 주제에 2차시씩 구성하여 45분을 기준으로 총 8차시 수업으로 구성하였고, 교사용 지도서와 학습자 워크북을 함께 개발하여 실제 수업에 활용도를 높였다.

워크북은 실제 화폐 모양을 본뜬 스티커를 붙이며 스스로 문제를 해결하도록 하였다. 본 교육안의 목적은 발달장애인이 일상생활에서 화폐를 활용하는 데에 있다. 이와 같은 목적을 달성하기 위하여 '우리나라의 지폐와 동전을 알아요!'라는 주제에서 우리나라의 지폐와 동전의 명칭을 파악하고 화폐와 동일한 색상을 색칠하는 과제가 주어진다. 두 번째 차시에서 화폐에 그려진 인물과 장소를 공부하고 화폐 가치에 따라 구분하는 과제가 부여된다.

'내가 가진 돈이 얼마인지 알 수 있어요'라는 주제에서는 지폐와 동전이 합쳐진 금액을 읽거나 동일한 금액을 다양한 화폐루 표현할 수 있는 것을 배운다. 네 번째 차시에서는 제시된 화폐가 총 얼마인지 읽고 숫자로 써보는 활동을 반복적으로 진행한다.

'물건의 가격을 읽고 물건값을 제대로 낼 수 있어요'라는 주제에서는 표시된 가격에 알맞게 화폐 스티커를 붙여 표현하는 과제가 주어지며, 여섯 번째 차시에서는 가장 비싼 물건을 고르거나 주어진 돈으로 살 수 있는 물건이 무엇인지 확인하는 과제가 부여된다. 내가 가진 돈으로 합리적인 소비를 할 수 있어요'라는 주제에서는

같은 기능의 물건이라면 가격이 저렴한 것을 고르거나, 꼭 사야 하는 물건을 먼저 고른 후에 갖고 싶은 물건을 고르는 등 욕구보다 필요를 먼저 파악하는 방법을 배운다. 마지막 차시에서는 물건을 고를 때 무엇을 생각해야 하는지 소비의 기준과 가격을 예측하는 방법을 배울 수 있다. 구체적인 교육 내용은 표 9-5 와 같다.

**표 9-5 KDI경제정보센터「이거 얼마예요」**

| 차시 | 주제 | 교육내용 | 교육목표 |
|---|---|---|---|
| 1 | 우리나라의 지폐와 동전을 알아요 | 돈의 종류와 명칭 알기 | 1. 우리나라에서 사용하는 화폐(지폐와 동전)의 종류와 이름 파악하기<br>2. 화폐의 색상 및 특징을 찾아 그려보기 |
| 2 | | 돈에 나타나 있는 인물과 장소를 알아보고, 가치에 따라 구분하기 | 1. 화폐에 나타난 인물과 명칭 연결하기<br>2. 가치가 큰 순서대로 배열하기 |
| 3 | 내가 가진 돈이 얼마인지 알 수 있어요 | 지폐와 동전으로 화폐 금액 읽기 | 1. 지폐와 동전이 함께 제시된 화폐 읽기<br>2. 같은 금액의 화폐 알기 |
| 4 | | 내가 가진 돈을 정확한 금액으로 표현하기 | 1. 제시된 화폐가 총 얼마인지 읽고 적기 |
| 5 | 물건의 가격을 읽고 물건값을 제대로 낼 수 있어요 | 물건의 가격 읽어보기 | 1. 물건을 사기 위해 내야 하는 금액 파악하기<br>2. 물건의 가격을 읽고, 화폐 스티커로 표현하기 |
| 6 | | 물건의 가격 비교하기 | 1. 가장 비싼 물건 고르기<br>2. 다양한 물건의 가격 읽어보기 |
| 7 | 내가 가진 돈으로 합리적인 소비를 할 수 있어요 | 합리적인 소비 방법 찾기 | 1. 꼭 필요한 물건만 사기<br>2. 주어진 용돈 내에서 소비하기<br>3. 미션 : 할머니 댁 혼자 가기 |
| 8 | | 다양한 소비의 기준과 가격 예측하기 | 1. 우유를 살 때와 운동화를 살 때에 달라지는 소비의 기준 찾기<br>2. 만화책 한 권의 가격은 얼마인지 예상할 수 있을까 |

출처: KDI경제정보센터(2019).「이거 얼마예요」.

2019년, 국가장애인평생교육진흥센터는 장애인 평생교육 대상자의 연령, 장애 유형, 장애 정도, 지역사회 문화 등 다양한 특성을 고려하여 교육적 요구를 충족시키기 위한 연구를 실시하였다. 각 모델에는 실제 교육 운영에 활용될 수 있도록 운영 방향, 교수-학습 지도안, 교수 방법, 성과 평가 방안 등이 포함된 매뉴얼이 함께 제시되었다. 특히 「일반화 모델 13: 지역사회기반 프로그램-우리 동네 발달장애인 자립생활 교육 프로그램」에는 경제교육 요소가 일부 포함되어 있어, 해당 내용을 중심으로 발췌 및 정리하였다. 표 9-6 을 통해 구체적인 교육 내용을 살펴보자.

**표 9-6 국립특수교육원 「일반화 모델 13」**

| 학습 주제 | 주요 학습 내용 |
|---|---|
| 소비와 지출하기 | 물건을 구입하는 과정 알기, 올바른 소비에 대해 알아보기 |
| 현금과 카드 알아보기 | 화폐의 필요성 알기, 현금의 종류 알기, 현금의 액수 비교하기, 현금으로 계산하기 |
| 소비 경험해 보기 | 내 용돈 한도 내에서 지폐와 동전 계산하기, 내 용돈 한도 내에서 물건 구입하기 |
| 소비와 지출 경험하기 | 물건 구입 계획하기, 상품 교환하기, 환불하기 |
| 수입과 지출 1 | 생산과 소득의 의미 알기, 소비와 지출의 의미 알기 |
| 수입과 지출 2 | 가계부 작성하기, 수입과 지출 각 항목 익히기 |
| 은행 이용하기 1 | 저축의 필요성과 의미 알기, 금융기관과 예금의 종류 알기, 상담하기 |
| 은행 이용하기 2 | 은행 오프라인 이용하기, 은행 온라인 이용하기 |
| 현금 사용하기 | 10,000원 한도 내에서 단위가 다른 돈 계산하기, 10,000원 한도 내에서 물건 사기(거스름돈 계산하기) |
| 독립생활의 이해 | 상품의 가격표 파악하기, 유사한 품질 중에서 구입할 물건 고르기, 합산된 물건 중 한 개의 가격 알기, 영수증 확인하는 법 알기 |
| 독립생활하기 | 재정관리 알아보기, 가계부 작성하기 |
| 수입과 지출 알아보기 | 예산 계획 세우기, 물건의 품목 알기 1 |
| 지역사회 준비하기 | 정해진 한도 내 물건 구입 계획 세우기, 5,000원 한도 내에서 물건 구입하기, 항목 나누고 가계부 기록하기 |
| 수입과 지출 체험해 보기 | 물건의 품목 알기 2, 필수품과 기호품 · 사치품 알기 |
| 은행 이용하기 | 통장 개설하기, 예금 입금, 인출하기, ATM기계 이용하기 |
| 현금 사용 및 관리하기 | 현금을 사용하여 물건 구입하기, 유사 화폐를 사용하는 방법 알기 |
| 카드 사용 및 관리하기 | 다양한 카드의 종류 알기, 카드를 사용하여 물건 구입하기 |
| 현금과 카드 사용하기 | 현금과 카드의 장단점, 올바른 카드 사용법과 주의사항 |

| 학습 주제 | 주요 학습 내용 |
|---|---|
| 소비와 지출해 보기 | 재래시장 및 대형마트를 들러보고 안내문에 따라 장보기 |
| 은행 이용하기 | 예금에 대해 알기, 주변에 있는 은행의 이름 이야기하기 |
| | 공인인증서 발급 방법 알기, 이자와 대출에 대해 알기 |
| | 자신이 사용하는 카드 알아보기, 혜택에 대하여 알기 |

출처: 국립특수교육원(2019). 「2019 시도별 장애인 평생교육 기관 시범운영을 통한 일반화 모델 개발 연구」.

### 4) 창업지원교육

장애인 창업은 장애인의 경제적 자립과 취업의 어려움, 생계수단 이상의 경제활동이다. 이러한 장애인 창업을 효과적이고 적극적으로 지원하기 위해 2005년 7월 「장애인기업활동촉진법」이 제정되었다. 법령의 주요 내용은 장애인기업에 대한 보증 추천, 정보 및 자료 제공, 창업지원, 교육 훈련 및 연수, 경영활동 및 판로 지원 등 장애인 창업 및 기업을 지원하기 위한 재단법인 장애인기업종합지원센터 설치, 장애인기업활동촉진위원회 구성, 공공기관의 우선 구매제도 권장 등으로 이루어져 있다. 동 법에서 정의하고 있는 장애인 기업이란 장애인창업의 연장선상의 개념으로 장애인이 소유하거나 경영하는 기업, 장애인이 「소득세법」 제168조 또는 「부가가치 세법」 제8조에 따라 사업자등록을 한 사업체, 해당 기업에 고용된 상시근로자 총수 중 장애인의 비율이 100분의 30이 상인 기업을 말한다. 단, 소기업에 대하여는 장애인고용 비율을 적용하지 아니한다(장애인기업활동촉진법 제2조).

장애인 맞춤형 창업교육은 예비 창업자를 대상으로 창업 실행 전 창업에 필요한 종합적인 교육을 제공하여 장애인의 성공적인 창업과 일자리 창출을 지원할 뿐만 아니라, 장애인 창업자가 변화하는 경영 환경에 대처하고자 생력을 강화하여 안정적인 경영이 지속될 수 있도록 특성화된 교육을 지원하고 있다. 장애인기업 종합지원센터의 장애인 창업 교육지원시스템(http://start.debc.or.kr)에 방문하면 자세한 내용을 알 수 있다.

**표 9-7 창업교육**

| 교육 | 내용 |
|---|---|
| 창업기초교육 | 장애인 예비창업자 및 전업 희망자를 대상으로 한 창업 마인드, 창업 절차, 성공 사례 등 기초 소양교육 |
| 업종 특화교육 | 비창업자 및 전업 희망 장애 경제인을 대상으로 특화 업종에 관한 실질적인 교육 |
| 창업자 역량 강화교육 | 창업 장애 경제인을 대상으로 세금과 절세전략, 창업기금 조달과 운용 전략, 인사 및 노무 전략, 마케팅 전략 등 창업자 경영능력 제고를 위한 교육 |

## 5) 장애인 창업점포 지원사업

장애인기업 종합지원센터(http://www.debc.or.kr)에서는 창업 의지가 있는 장애인 예비창업자에게 창업 공간을 지원하여 경제적 자립 기틀을 마련하기 위해 예비 창업자의 창업 아이템에 따라 사업화에 적합한 사업장을 장애인기업 종합지원센터명으로 임차하여 3년(최대 5년)간 창업보육서비스를 제공하는 사업이다.

**표 9-8 창업지원**

| | |
|---|---|
| 지원 대상 | • 2016년 이후 장애인기업 종합지원센터에서 주관한 창업교육과정을 이수한 장애인 예비 창업자 |
| 지원 내용 | • 창업점포 전세보증금: 1억 원 한도 내 최대 5년간 지원(부동산중개수수료, 권리금, 관리비, 월세, 인테리어 비용은 본임 부담)<br>• 직접비용의 일부 지원: 1천만 원 한도(자부담 20%)<br>(집기 및 인테리어 비용, 현판 · 간판비, 부동산 중개수수료 등) |
| 지원 업종 | • 서비스업, 도 · 소매 유통업, 음식업 등 입지 중심형 업종 |
| 신칭 질차 | • 창업점포 신청접수–서류심사–심층 면전심사–협약–점포개발 컨설팅 창업점포 선정평가–사후관리 |

**표 9-9 장애인 취업 및 창업 관련 사이트**

| 사이트 | 내용 |
|---|---|
| 국립특수교육원 잡에이블<br>(https://www.jobable.kr) | 대학교 진학정보, 일자리 정보, 사업체 정보, 학교 · 기업 현황, 거점학교 현황, 전공과 현황, 직업 중점 학교 현황 등을 알 수 있다. |
| 장애인고용 포털 워크 투게더<br>(http://www.worktogether.or.kr) | 직종별 · 지역별 기업체 정보 검색과 구인업체 정보 및 채용정보 스크랩 등의 구인 · 구직 서비스를 제공하고 있다. |
| 한국장애인 고용공단<br>(https://www.kead.or.kr) | 취업정보 및 직업능력평가, 고용 장려금, 직업능력개발원, 공단 지원 직업훈련기관 등 다양한 정보를 제공하고 있다. |
| 한국장애인개발원<br>(https://www.koddi.or.kr) | 중증장애인 직업재활 지원사업, 장애인 일자리사업 등 장애인 직업과 관련된 정보를 제공하고 있다. |
| 장애인기업 종합지원센터<br>(http://www.debc.or.kr) | 장애인 맞춤형 창업교육을 실시하여 예비창업자를 대상으로 창업 실행 전 창업에 필요한 종합적인 교육을 제공, 장애인의 성공 창업과 일자리 창출을 지원하고 있다. |
| 창업진흥원 K-Startup<br>(https://www.k-startup.go.kr) | 창업을 위한 교육사업, 창업정보, 창업지원 등에 관한 자료와 정보, 절차를 안내하고 있다. |

**연구문제**

1. 장애인 평생교육에서 직업능력향상교육이 필요한 이유에 대해 토의해 보시오.
2. 발달장애인을 위한 사회적응과 일상생활 훈련의 중요성에 대해 논의해 보시오.
3. 장애인의 경제적 자립을 위해 평생교육 차원에서 지원해야 할 내용은 무엇인지 토의해 보시오.

## 실습가이드

### 일할 수 있는 힘을 길러요!!

- **목적**: 장애 유형별 특성과 욕구를 반영한 맞춤형 직업훈련 프로그램을 팀이 직접 설계해 보고 실제 운영을 가정하여 시뮬레이션
- **팀 구성**: 4~6명
- **진행 시간**: 90분
- **형태**: 프로젝트 기반 팀빌딩 실습

| 순서 | 항목 | 내용 작성 |
|---|---|---|
| 1 | 팀 이름 | |
| 2 | 팀원 이름 | |
| 3 | 선택한 장애 유형 | □ 지체장애 □ 발달장애 □ 청각장애 □ 시각장애 □ 기타: ( ) |
| 4 | 직업훈련교육<br>주제 | □ 사무 보조 □ 바리스타 □ 온라인 상품 포장/배송<br>□ 디지털 콘텐츠 제작 □ 공방 창작활동 □ 기타: ( ) |
| 5 | 역할 분담 | • 조사자:<br>• 기획자:<br>• 시뮬레이터:<br>• 디자이너:<br>• 발표자: |
| 6 | 프로그램<br>개요 | • 대상자 설명: (예: 발달장애 청년)<br>• 교육 목표:<br>• 교육 내용 요약:<br>• 현장 적용 방식: |
| 7 | 제작한 자료 | □ 직업훈련 교육안<br>□ 교육 홍보 자료<br>□ 모의 시연 구성안<br>□ 발표용 포스터 or PPT |
| 8 | 실습 소감<br>(팀원 각자<br>작성) | • 내가 맡은 역할에서 배운 점:<br><br>• 장애인 직업훈련의 핵심 요소는?<br><br>• 가장 실행 가능한 아이디어는 무엇이었나요? |

장애인평생교육

# 10 통합교육 및 지역사회 연계 방법

## 학습개요

통합교육 및 지역사회 연계는 평생교육에서는 단지 지식 전달을 넘어, 진정한 사회통합을 실현하기 위한 핵심 교육 접근 방식으로 주목받는다. 통합교육은 장애인의 교육권을 보장하고 공동체 내 능동적 참여를 통해 사회적 포용과 책임감을 함양하는 것을 포함한다. 또한 지역사회는 학습자에게 실제적이고 지속 가능한 사회참여의 장을 제공하여 통합교육의 효과를 극대화한다. 본 장에서는 장애인과 비장애인이 함께 어울리는 통합교육의 철학적 기반과 실천적 의미를 고찰해 본다. 아울러 이를 뒷받침하는 지역사회 연계의 전략과 의미를 중점적으로 탐색하고, 통합교육이 사회구성원의 다양성을 존중하고 포용적 사회로 나아가기 위한 교육적 수단임을 이해한다. 이러한 교육이 효과적으로 작동하기 위해 요구되는 지역사회 협력의 구조와 과제에 대해서도 깊이 있게 고찰한다.

## 학습목표

1. 장애인 평생교육의 철학과 학습이론의 중요성을 설명할 수 있다.
2. 사례를 통해 통합교육과 지역사회 연계의 필요성과 효과를 설명할 수 있다.
3. 장애인 자조 모임(스스로 조직한 학습 모임)과 동아리 활동의 교육적 · 사회적 의미를 이해하고 설명할 수 있다.

# 1 비장애인과 함께하는 통합교육

## 1) 통합교육의 필요성과 목적

### (1) 사회통합과 공동체성 증진

통합교육이 지향하는 가장 중요한 가치 중 하나는 바로 사회통합과 공동체성 증진이다. 사회통합이란 장애인과 비장애인이 서로 구별되거나 분리되지 않고, 사회의 일원으로서 동등하게 참여하며 살아가는 것을 의미한다. 이러한 맥락에서 통합교육은 장애 유무를 초월하여 모든 학습자가 서로 소통하고 협력할 수 있도록 돕는 교육 방식으로, 단순히 함께 교육받는 것 이상의 의미를 가진다. 김혜진은 "통합교육을 통해 장애인과 비장애인이 상호작용하며 차이에 대한 이해와 수용의 태도를 기를 수 있다"고 하였으며, 이를 통해 사회구성원 간 긍정적 관계가 형성될 수 있음을 강조한다.

이러한 통합교육은 학습자들이 어릴 때부터 다양성을 경험하도록 하여 편견 없는 사고를 형성하는 데 큰 도움을 준다. 특히 발달 초기 단계에서부터 장애에 대한 편견 없이 상호작용할 수 있도록 하는 것은 평생동안 지속될 수 있는 포용적 태도를 길러주는 중요한 과정이다.

통합교육은 공동체 의식뿐 아니라 사회적 책임감까지 길러주는 교육적 효과를 가진다. 다양한 배경을 가진 학습자들이 협력하며 공동의 목표를 달성하는 과정에서 서로의 역할과 책임을 이해하고 존중하는 법을 배운다. 이는 장차 사회에 나가서도 자신이 속한 공동체 내에서 책임감 있는 구성원으로서 행동하도록 유도하는 중요한 경험이 된다. 문병환과 김동례는 "유아들이 지역주민들과 접촉함으로써 유아들의 대인 경험을 풍부하게 할 것이며, 실제적인 체험을 통해 심리·사회적인 확장을 경험하게 된다"고 지적한다. 이러한 점에서 볼 때 통합교육은 단순히 학습의 장을 넘어 삶의 학교로 기능한다고 볼 수 있다.

나아가 이러한 공동체 중심의 통합교육은 학습자 개인의 정체성 형성과도 깊은 관련이 있다. 학습자들은 공동의 활동을 통해 “나는 우리 공동체의 소중한 일원”이라는 긍정적인 자아 개념을 가지게 되며, 이를 바탕으로 타인을 존중하고 공동체에 기여하는 삶의 태도를 자연스럽게 익힌다. 이는 장애를 가진 학습자들에게 특히 중요하다. 통합교육을 통해 장애 학습자들이 단순한 보호 대상이 아닌, 공동체의 적극적인 구성원으로서 인정받는 경험을 하게 된다.

결국 통합교육은 학습자들이 자신의 존재를 긍정적으로 인식하고, 서로의 존재를 존중하는 문화를 형성하는 데 결정적인 역할을 한다. 이는 학습자 개인의 성장뿐만 아니라 우리 사회 전체의 발전을 위한 토대가 된다. 장애 유무를 넘어선 포용적 사회를 구축하기 위해 통합교육이 반드시 필요하며, 이를 위해서는 학교, 지역사회, 정부 등 사회 전반의 노력이 병행되어야 한다.

### (2) 긍정적 태도 형성과 편견 해소

통합교육은 단순히 장애 학습자와 비장애 학습자가 함께 수업을 받는 것을 넘어, 서로의 다름을 인정하고 이해하는 과정을 통해 긍정적인 태도를 형성하고 편견을 해소하는 중요한 교육적 접근 방식이다. 김혜진(2023)은 장애인과 비장애인의 상호작용을 통한 이해와 수용의 중요성을 강조하기도 한다. 이는 단순한 물리적 통합이 아니라 심리적 · 사회적 통합을 지향하는 것으로, 서로에 대한 이해가 깊어질수록 사회적 통합의 가능성도 높아짐을 의미한다.

또한, “학습자들이 지역주민들과 접촉함으로써 학습자들의 대인 경험을 풍부하게 할 것이며, 실제적인 체험을 통해 심리 · 사회적인 확장을 경험하게 된다”고 설명한다(문병환, 김동례, 2016). 이는 통합교육이 지역사회 연계와 결합될 때 긍정적 태도 형성과 편견 해소에 더욱 효과적임을 보여준다. 지역사회와의 연계를 통해 장애인들은 다양한 사회적 배경과 특성을 가진 사람들과 자연스럽게 어울리며 사회적 수용성을 높일 수 있다.

통합교육은 장애 학생의 강점을 발견하고 이를 교육 활동에 적극적으로 활용함으로써 비장애 학생의 인식 변화에 긍정적인 영향을 미치는 핵심적인 역할을 한다. 비장애 학생들은 장애 학생 동료를 자연스러운 롤모델로 접하고 그들의 역량을 인정하게 되며, 이 경험은 사회 통합의 강력한 기반이 된다. 나아가 이러한 상호작용은 비장애 학생에게는 다름을 이해하는 기회를, 장애 학생에게는 교육 환경에서 자신감을 가질 수 있도록 돕는다.

통합교육은 학생 개개인이 사회적 다양성을 이해하고 수용하는 능력을 기르는 데 중대한 역할을 수행한다. 특히, 장애 학생과 비장애 학생이 함께 협력하고 문제 해결을 통해 공동의 목표를 달성하는 과정은 사회적 책임감을 크게 함양시키는 데 기여한다. 이 과정에서 학생들은 자신의 강점뿐만 아니라 상대방의 강점까지도 인식하게 되어, 이는 자기 효능감 향상과 긍정적 자기 개념 형성으로 직결된다(김혜진, 2023).

궁극적으로 통합교육은 긍정적인 태도를 형성하고 사회적 편견을 해소하는 것을 핵심 목표로 설정하며, 이를 성공적으로 이루기 위해서는 학교, 교사, 지역사회, 그리고 전문가 모두의 유기적인 협력이 필수적이다.

### (3) 지역사회 연계의 중요성

통합교육에서 지역사회 연계는 필수적이다. 지역사회는 학교 교육을 넘어 학습자들이 실생활 속에서 다양한 경험을 통해 성장할 수 있는 중요한 장이다. 문병환과 김동례(2016)는 "지역사회 연계교육이 타인과의 관계 이해와 함께 살아가는 능력 확대를 위해 필요하며, 지역사회 자원을 활용한 풍부한 경험 획득을 하기 때문에 효과가 있다"고 분석한다. 이는 지역사회 연계가 단순히 부가적인 활동이 아니라, 학습자의 사회성 발달과 공동체성 함양에 필수적인 요소임을 강조하는 내용이다.

지역사회 연계를 통해 학습자들은 지역사회의 다양한 자원을 활용하여 공동체 구성원으로서 소속감을 높일 수 있다. 김혜진은 "통합 돌봄 체계에서는 서비스 제공자 간의 협업이 필수적이며, 이를 위해 통합사례관리자의 역할이 중요하다"고 설명한다.

이는 통합교육에서도 적용될 수 있는데, 학교와 지역사회, 다양한 기관 간의 협력을 통해 학습자들에게 실제적이고 의미 있는 학습 경험을 제공하는 것이 중요하다.

특히, 지역사회 연계는 장애인과 비장애인 모두에게 지역사회 구성원으로서 동등하게 참여하고 기여할 수 있는 기회를 제공한다는 점에서 그 가치가 크다. 이를 위해서는 지역사회 기관, 학교, 전문가들이 유기적으로 협력하여 체계적인 교육 프로그램을 마련하고, 학습자들이 지역사회와 자연스럽게 연결될 수 있도록 지속적인 지원이 필요하다.

결국, 통합교육에서 지역사회 연계는 학습자의 사회적 통합을 촉진하고 공동체성을 강화하는 데 중요한 기반이 된다. 지역사회의 다양한 자원을 활용하여 학습자들이 실제적인 경험을 쌓을 수 있도록 지원하는 것은 단순한 학습 효과를 넘어, 포용적 사회로 나아가는 밑거름이 된다. 이는 장애인과 비장애인 모두가 평등한 구성원으로 성장할 수 있도록 환경을 조성하는 데 핵심 요소가 된다.

### 2) 통합교육의 실제와 과제

#### (1) 통합교육의 운영 실제

통합교육이 효과적으로 정착하고 확산하려면 구체적인 운영 실제를 정확히 파악하는 것이 가장 중요하며, 특히 지역사회 연계와 함께 이루어질 때 그 효과가 극대화될 수 있다. 이를 위해 지역사회 연계 프로그램의 운영 방식과 성과, 참여자들의 경험 등을 면밀히 분석하는 것이 통합교육 개선 방안 마련의 중요한 기초 자료가 된다.

현재 통합교육은 정규 교육과정 내에서 이루어지지만, 지역사회 연계 교육 프로그램은 주 1회 운영 및 짧은 활동 시간으로 인해 빈번하고 체계적인 운영이 필요함을 시사한다. 또한, 이 프로그램은 주로 특별 활동 시간에 국한되며 교육과정과 연계된 지속적인 활동으로 운영되는 경우가 드물어, 통합교육이 교실 수업을 넘어 지역사회와의 협력 속에서 이루어지도록 운영상의 변화가 요구된다.

그리고, 운영 실제의 또 다른 특징은 프로그램 참여자의 제한성이다. 연계 교육 대상이 전체 학급으로 확대되기보다는 특정 학급이나 일부 학생에게 한정되는 경우가 많았음을 지적하고, 통합교육의 확산과 전면적인 적용을 위해서는 폭넓은 참여가 필수적임을 강조한다. 특히 장애 학생의 참여를 확대하고 비장애 학생과의 상호작용 기회를 늘리는 것이 매우 중요하다(문병화, 김동례, 2016).

더욱이 운영 실제에서 "통합사례관리자의 역할은 단순한 행정적 관리가 아니라, 참여자 간의 원활한 의사소통과 협력을 돕고, 프로그램이 실질적으로 작동할 수 있도록 조율하는 것"이라고 강조하고 있다(김혜진, 2023). 이는 통합교육 프로그램이 단순히 계획 수립에 그치지 않고, 실제 현장에서 효과적으로 운영되기 위해서는 통합사례관리자 등 전문가의 적극적인 참여와 조정이 필요하다는 것을 의미한다.

통합교육의 운영 실제는 현재 프로그램의 빈도, 참여 범위, 내용 다양성, 자원 활용도, 교사 부담 등 여러 측면에서 개선이 필요한 상황이다. 이를 위해서는 체계적인 프로그램 기획과 실행, 전문가의 적극적인 개입, 학교와 지역사회의 유기적 협력, 행정적 지원 등이 종합적으로 이루어져야 한다. 그렇게 될 때 통합교육은 장애인과 비장애인 모두에게 의미 있는 학습 경험을 제공하고, 포용적 사회로 나아가는 기반이 될 수 있을 것이다.

### (2) 통합교육의 문제점

통합교육은 포용적인 사회를 실현하기 위한 중요한 교육적 접근 방식이지만, 실제 운영 과정에서는 그 효과를 저해하는 여러 현실적 문제들이 존재한다. 이러한 문제들은 장애 학생과 비장애 학생 모두에게 충분한 교육적 혜택을 제공하는 데 걸림돌이 된다.

특히 지역사회 연계 교육 부문에서 자원 부족과 협조 체계 부족 문제가 크게 나타난다. 현실적으로 지역사회가 교육 프로그램을 충분히 지원할 인적·물적 자원을 갖추지 못한 경우가 많으며, 활용 가능한 자원이 한정되어 있어 새로운 자원을 개발하고 연계하려는 노력이 부족하다. 이러한 한계는 장애인들에게 제공되는 경험의 다양성을 가로막고 학습자들의 사회적 역량 발달에 장애 요인으로 작용한다. 실제로 평생교육기관이 제공하는 교육과정과 프로그램이 비장애인 위주로 운영되고 있으며, 장애인의 접근성을 고려한 교육과정 및 프로그램 운영이 부족하여 장애인의 평생교육 참여율이 낮다는 지적이 있다(국회입법조사처, 2022). 이는 지역사회 자원의 활용 한계를 보여주며, 통합교육의 실질적인 운영을 위해 보다 체계적인 자원 관리 및 협력 체계가 필요함을 시사한다.

이 외에도 통합교육의 운영 주체인 교사들이 활동 기획, 실행, 안전 관리 등 여러 역할을 동시에 수행하며 과중한 업무 부담을 느끼는 점이 문제점으로 지적된다. 교사들이 본연의 수업 준비 외에 특수교육 관련 행정 업무 등 다양하고 복잡한 업무를 떠안으면서 프로그램의 질이 저하되거나 운영의 지속성에 문제가 발생하는 것이다. 실제로 초등학교 통합학급 운영의 어려운 점으로 특수교육과 일반교육의 이원화된 시스템과 통합교육을 지원하지 않는 학교 시스템이 지적되었다. 이러한 구조적 문제는 통합학급 교사에게 더 큰 책무성을 요구하며, 교사들이 개별 전략 적용 및 실천에 집중하기 어렵게 만들어 통합교육의 성공적인 운영에 장애 요인으로 작용한다(이은주, 2023). 이는 교사들의 전문적인 역할 수행을 저해하고 통합교육의 질적 안정성을 확보하는 데 걸림돌이 된다.

이러한 한계는 학생들에게 제공되는 경험의 다양성을 가로막고 학습자들의 사회적 역량 발달에 장애 요인으로 작용한다. 이외에도 통합교육의 운영 주체인 교사들이 활동 기획, 실행, 안전 관리 등 여러 역할을 동시에 수행하며 과중한 업무 부담을 느끼는 점이 문제점으로 지적된다. 교사들이 본연의 수업 준비 외에 다양한 업무를 떠안으면서 프로그램의 질이 저하되거나 운영의 지속성에 문제가 발생하는 것이다(문병환, 김동례, 2016).

결국 이러한 문제들은 통합교육이 지향하는 포용적 사회 실현이라는 궁극적 목표 달성을 어렵게 만든다. 김혜진은 “통합교육은 사회 전체의 인식 변화를 유도하여,

장애인이 일상 속에서 자연스럽게 존재하는 사회를 만드는 데 필수적인 과정"이라고 강조한다(김혜진, 2023). 따라서 통합교육이 실질적으로 효과를 발휘하기 위해서는 이러한 구조적 문제를 해결하고, 보다 체계적이고 지속 가능한 프로그램 운영체계를 구축해야 한다.

이를 위해서는 지역사회 자원 발굴 및 활용 확대, 지역사회와의 협력 강화, 교사의 업무 부담 경감, 장애의 요구 반영, 프로그램의 지속 가능성 확보 등 다각적인 노력이 필요하다. 또한, 통합사례관리자 등 전문가의 적극적인 참여를 통해 프로그램 기획부터 실행, 평가에 이르기까지 전 과정에서 통합교육의 목표가 일관되게 반영되도록 관리해야 한다. 이를 통해 통합교육은 단순한 형식적 통합을 넘어, 장애인과 비장애인이 함께 성장하고 소통하는 진정한 포용적 교육의 장으로 자리매김할 수 있을 것이다.

### (3) 활성화 방안

통합교육이 단순히 장애인과 비장애인이 한 공간에서 수업을 받는 데 그치지 않고, 실질적인 사회통합을 이룰 수 있도록 하기 위해서는 구체적이고 실효성 있는 활성화 방안이 필요하다. 김혜진은 "통합 돌봄 체계에서는 서비스 제공자 간의 협업이 필수적이며, 이를 위해 통합사례관리자의 역할이 중요하다"고 설명하고 있다(김혜진, 2023). 이는 통합교육에서도 다양한 기관과 전문가들의 유기적인 협력이 필요하다는 점을 시사한다. 특히 통합사례관리자와 같은 중재자의 역할은 매우 중요하며, 이들은 교육기관, 복지기관, 지역사회 기관 등이 협력할 수 있도록 중심축 역할을 수행한다.

지역사회와의 긴밀한 협력은 통합교육의 성과를 높이기 위한 핵심 전략이다. 지역사회 기반의 교육거버넌스는 학교와 지방자치단체, 복지기관, 시민단체 등 다양한 주체가 책임과 자원을 공유하는 구조를 만들어 통합교육의 지속성과 실효성을 확보할 수 있다(이현철 외, 2020).

지역사회와 연계된 교육 프로그램은 단발적 체험에 머무르지 않고 정기적·반복적으로 운영될 때 학생들의 사회적 기술과 포용 태도 형성에 더 큰 영향을 미친다는 연구 결과가 보고되었다; 따라서 프로그램 설계 단계부터 장기성(지속성)을 고려한 로드맵이 요구된다(김주석, 2024).

학교와 지역사회의 협력 모델은 단순히 자원 제공을 넘어 학교 문화 자체를 포용적으로 전환하는 데 기여한다. 마을교육공동체와 같이 지역 단위의 협력 네트워크는 학교 내외에서 통합의 가치를 공유하고 지역 자원을 교육에 체계적으로 연계하는 데 유용하다(김미향, 2020).

통합교육의 질을 높이려면 교사의 전문성 강화가 필수적이다. 교사들은 현장 적용 가능한 행동중재, 통합학급 운영 역량, 그리고 지역사회 자원 연계 역량을 체계적으로 연수받아야 하며, 이러한 연수는 단발성보다는 경험 공유와 현장 적용을 중심으로 한 지속적 전문성 개발 체계로 운영되어야 한다(전제상, 2022; 이은주, 2023).

또한, 지역사회 협력은 학교의 거버넌스 · 정책 · 운영 측면에서 공식화되어야 한다. 정례적 협의체와 역할 분담, 책임 소재의 명확화는 프로그램의 안정성과 확장 가능성을 높이며, 지역사회 참여 주체들이 통합교육의 목표를 공유하도록 돕는다(이현철 등, 2020; 김필성 외, 2023).

마지막으로, 지역사회 연계는 단순한 물리적 통합에 그치지 않고, 학생과 가족의 심리사회적 지원을 함께 포함할 때 비로소 실효성을 갖는다. 지역 기반의 정서적 지지망과 사회적 지원은 장애 학습자의 지역사회 참여를 촉진하고, 통합교육의 장기적 내재화를 돕는다(김주석, 2024; 김필성 외, 2023).

결론적으로 통합교육의 활성화를 위해서는 단순히 프로그램을 마련하는 데 그치지 않고, 이를 실제로 효과적으로 운영할 수 있는 다각적인 노력이 필요하다. 다양한 기관과 전문가의 협력체계 구축, 프로그램의 지속성 및 다양성 확보, 교사의 역량 강화, 지원 인력 확충, 지역사회 협조 체계 강화, 학부모 및 지역사회 구성원의 인식 개선, 장애 학습자 참여 유도, 프로그램 평가 및 개선 시스템 마련 등이 종합적으로 이루어질 때 통합교육은 진정으로 활성화될 수 있을 것이다.

## 2 지역사회 및 공공기관 연계 학습

### 1) 도서관

도서관은 통합교육에서 매우 중요한 학습 공간이며, 장애 학생과 비장애 학생 모두에게 지식 및 정보에 대한 접근성을 보장하는 핵심적인 역할을 한다. 도서관은 문학적 경험을 확대하고 다양한 경험을 제공할 수 있는 복합적 공간임을 강조할 수 있다. 이러한 환경은 장애 학생의 자기 주도 학습 역량을 강화하고 교육 활동에 대한 자신감을 함양하는 데 크게 기여한다.

도서관이 통합교육에 효과적으로 활용되기 위해서는 교사와 도서관 사서 간의 긴밀하고 체계적인 협력이 필수적으로 선행되어야 한다. 교사들이 겪는 과중한 업무 부담을 실질적으로 줄이기 위해, 도서관의 전문 인력이 통합교육 프로그램의 기획 및 공동 운영을 지원하는 것이 효과적이다. 이는 학습자들의 다양하고 구체적인 요구를 충족시키는 맞춤형 프로그램을 제공하는 데 핵심이 된다.

또한, 학부모와 지역사회의 적극적인 참여를 유도하는 것이 매우 중요하다. 지역사회 협조 체계의 부족은 통합교육의 실질적인 문제점으로 지속적으로 지적되어 왔으며, 지역사회 구성원들의 참여가 장애 학생과 비장애 학생 간의 자연스러운 교류를 활성화하고 촉진하는 데 필수적이다. 따라서 도서관은 프로그램 홍보를 적극적으로 강화하고 지역주민의 자발적인 참여를 이끌어내야 한다(문병환, 김동례, 2016).

결론적으로 도서관은 통합교육의 핵심 장이 될 수 있다. 효과적인 활용을 위해서는 장애인과 비장애인이 동등하게 접근할 수 있는 환경 개선, 다양한 학습 프로그램 운영, 지역사회 참여 유도, 프로그램의 지속 가능성 확보, 그리고 전문 인력 협력을 통한 체계적인 운영이 필요하다. 이를 통해 도서관은 지식 습득을 넘어 상호 이해와 존중을 바탕으로 한 포용적 문화 형성에 기여할 것이다.

### 2) 복지관

복지관은 지역사회 복지 서비스를 총괄하는 핵심 기관으로서, 장애인과 비장애인 모두가 다양한 사회적 서비스를 경험하고 공동체 안에서 자연스럽게 상호작용할 수 있는 기반을 제공한다. 최근 연구에서도 복지관이 단순 서비스 제공 기관을 넘어 지역사회 통합을 촉진하는 복합커뮤니티 공간으로 기능하고 있음을 강조하고 있다.

조창빈, 김두영, 이상진(2018)은 전국 장애인복지관에서 운영되는 평생교육 프로그램 분석을 통해 복지관이 문화예술, 인문교양, 직업능력 등 다양한 교육 프로그램을 체계적으로 제공하고 있으며, 이러한 프로그램이 지역사회 구성원의 삶의 질 향상에 기여한다고 보고하였다. 이처럼 복지관은 지역주민의 참여를 촉진하며 장애인과 비장애인이 함께 모여 배우고 활동할 수 있는 공간으로서 공동체성 회복에 중요한 역할을 수행한다. 또한 복지관 프로그램은 단순한 서비스 제공을 넘어 지역 구성원의 사회적 관계망을 확장하는 기능을 한다.

김보배(2023)는 장애인복지관 종사자의 성인 발달장애인 평생교육 지원 경험을 분석하면서, 복지관의 교육 프로그램이 장애인의 삶의 의미를 재구성하고 사회참여를 확대하는 데 기여한다고 밝혔다. 특히 평생교육 활동에 지속적으로 참여하는 과정에서 발달장애인의 자존감이 향상되고, 지역사회 구성원과의 상호작용이 자연스럽게 이루어지는 등 관계 형성의 긍정적 효과가 나타났음을 제시하였다. 이는 복지관이 장애인에게는 공동체의 일원이라는 소속감을, 비장애인에게는 장애에 대한 이해와 포용의 태도를 기르는 기회를 제공함으로써 사회통합을 촉진하는 중요한 장이 될 수 있음을 보여준다.

복지관은 특히 통합교육의 실천적 장으로 기능할 수 있다. 김혜진(2023)은 "통합 돌봄 체계에서는 서비스 제공자 간의 협업이 필수적이며, 이를 위해 통합사례관리자의 역할이 중요하다"고 설명한다. 복지관에서는 통합사례관리자가 중심이 되어 다양한 기관과 전문가들이 협력하여 학습자 개인의 요구에 맞는 맞춤형 서비스를 제공할 수 있다(홍창호, 임종태, 2004). 장애인은 복지관의 통합 지원 체계를 통해 지역사회 내에서 자율적인 생활을 영위하는 역량을 키울 수 있으며, 이는 비장애인과의 통합교육 과정에서도 긍정적인 영향을 미친다.

### 3) 평생학습관

평생학습관은 전 생애에 걸친 학습을 지원하며, 모든 연령대의 지역주민들이 자기개발과 공동체 활동에 참여하는 데 중요한 역할을 한다(문병환, 김동례, 2016). 이러한 특성 덕분에 평생학습관은 장애인과 비장애인이 함께 배움과 상호 이해를 공유하는 통합교육의 핵심 자원으로 활용될 수 있다.

평생학습관은 지역사회와 밀접하게 연계되어 있어, 통합교육 프로그램을 장기적이고 지속적으로 운영하기에 매우 적합하다. 문병환과 김동례(2016)가 지적했듯, 연계 교육 프로그램은 일회성에 그치지 않고 지속되어야 하는데, 평생학습관은 이를 위한 기반을 제공하여 장애인과 비장애인 모두가 장기적인 학습과 상호작용을 통해 사회통합의 가치를 내면화할 수 있도록 돕는다.

평생학습관 프로그램의 활성화를 위해서는 다양성뿐 아니라 접근성 확보도 중요하다. 장애인들이 물리적 제약 없이 학습관을 이용하고 정보에 접근할 수 있도록 환경 개선이 필요하다. 김혜진(2023)은 통합 돌봄 체계에서 통합사례관리자의 협업이 필수적이라고 강조했는데, 평생학습관에서도 통합사례관리자가 프로그램 기획에 참여하여 장애인의 개별 요구를 반영한다면 프로그램 효과성이 높아질 것이다.

결론적으로 평생학습관은 통합교육의 주요 거점으로서 장애인과 비장애인의 동반 성장 및 사회통합 가치 내면화에 기여하는 공간이다. 이를 위해 프로그램의 다양성과 접근성을 확보하고, 통합사례관리자 및 교사의 적극적인 참여를 유도하며, 지역사회와의 협력체계를 강화하는 노력이 필요하다. 체계적인 평가와 개선 과정을 통해 프로그램의 지속 가능성을 높인다면, 평생학습관은 모든 학습자가 포용적인 사회의 일원으로 성장할 수 있도록 지원하는 중요한 교육적 기반이 될 것이다.

# 3 장애인 자조 모임 및 동아리 활동

## 1) 장애인 자조 모임

### (1) 자조 모임이란 무엇인가?

자조 모임은 동일하거나 유사한 문제를 경험하는 사람들이 자발적으로 모여 상호 도움을 주고받으며 해결 방안을 모색하는 집난이다. 카츠와 벤더(Katz & Bender, 1976)는 자조 모임을 "특정한 목적을 달성하기 위해 서로 돕는 소규모의 자발적인 집단구조이며, 비슷한 사람들(동료)이 함께 모여 형성하는 집단"이라고 설명한다. 이 정의는 자조 모임이 단순한 친목 도모나 정보 교류를 넘어, 구체적인 목적 달성을 위해 구성원들이 협력하는 적극적인 모임임을 강조한다. 즉, 자조 모임은 참가자들이 동등한 입장에서 서로의 문제를 공유하고 해결책을 모색하며 공동의 목표를 향해 나아가는 구조를 갖춘다.

특히 발달장애인 자조 모임은 발달장애인이 모임의 주체가 되어 구성원 간 상호 지지 및 협력을 통해 개인의 역량을 강화하는 것을 목적으로 한다. 최복천 외(2013)는 "공통의 관심을 가지고 있는 발달장애인들이 모여 모임을 구성하고 전문가나 일반인이 도움을 주는 방식과는 다르게 발달장애인이 서로 도움을 주고받으며 힘을 북돋우는 능력을 강화할 수 있는 그룹"이라고 정의한다. 이 정의는 발달장애인이 단순히 수동적인 지원의 대상이 아니라 능동적인 참여자로서 자조 모임을 통해 자기 결정력을 실현하고 있다는 점을 강조하며, 자조 모임의 본질이 당사자의 주체성과 자기 결정에 있음을 분명히 한다.

발달장애인 자조 모임은 또한 사회적 통합(social integration)을 촉진하는 중요한 수단이 된다. 참여자들은 자조 모임 활동을 통해 지역사회와 연계된 다양한 프로그램에 참여하면서 사회적 관계망을 확장하고, 궁극적으로 지역사회의 일원으로서 자리매김할 기회를 얻는다. 이를 통해 자조 모임은 참여자들의 사회적 고립을 완화하고,

사회적 배제(social exclusion)로부터 벗어나도록 돕는 적극적인 매개체가 된다. Katz와 Bender(1976)는 이러한 점에서 자조 모임을 "문제 해결을 위한 참여자들의 공동 노력의 장"으로 평가하며, 모임의 상호지원 체계가 참여자들의 사회적 역량 강화를 견인한다고 보았다.

자조 모임은 발달장애인을 비롯한 다양한 사회적 약자가 주체적으로 삶을 설계하고, 사회적 관계를 확장하며, 공동체 내에서 자신의 역할을 찾아가는 중요한 장이다. 개인적인 성장과 집단적 연대를 동시에 실현하는 이 모임을 통해, 참여자들은 단순히 지원을 받는 대상이 아니라 서로에게 긍정적인 영향을 주는 능동적인 존재로 거듭날 수 있다. 이러한 과정은 결국 참여자들의 삶의 질을 향상시키고, 더 나아가 포용적이고 통합적인 사회를 구현하는 밑거름이 된다.

### (2) 장애인 자조 모임의 필요성

장애인 자조 모임은 참여자의 자립과 사회적 참여 확장에 중요한 필요성을 갖는다. 파멘터와 톰슨(Parmenter &Thompson, 2017)은 "장애인이 시민으로 살아가기 위한 권리 인식의 확장, 권한 강화에 영향을 주는 전략으로 자조 모임이 제시되고 있다"고 언급하며, 자조 모임이 장애인의 권리 인식을 심화시키는 교육적 장임을 보여준다. 윤재영(2014)은 자조 모임이 "장애인의 권익 옹호와 자립 생활을 실현하는 효과적인 방법"임을 강조하며, 이를 통해 장애인이 사회적 차별과 편견을 극복하고 자주적인 삶을 실현할 수 있다고 보았다.

이호진(2024)은 "자조 모임을 통해 장애인은 개인적, 사회적 인식의 변화와 주도적인 사회 참여 기회를 가지면서, 당사자들의 자조와 자립 의지를 더욱 공고히 하고 역량을 강화할 수 있다"고 설명한다. 이는 자조 모임이 장애인의 자립, 권익 옹호, 사회 참여 촉진이라는 다층적 역할을 수행하며, 자기 효능감과 사회적 책임감 함양에 기여함을 의미한다.

또한, 자조 모임은 장애인의 사회적 배제를 해소하고 포용적 사회를 구현하는 데 핵심적인 역할을 한다. 이러한 자조 모임의 특성은 카츠와 벤더(Katz & Bender, 1976)가 정의한 대로 동료 간의 지지와 자발적인 협력을 통해 발현된다. 이는 자조 모임이 공동체적 연대를 통해 장애인이 사회적으로 고립되지 않도록 지원하는 중요한 메커니즘이며, 공동체 내 소속감 강화 및 사회적 통합 실현에 기여함을 보여준다.

즉 장애인 자조 모임은 권리 인식 확장, 자립생활 실현, 사회적 기술 향상, 자아존중감 고양, 사회적 소속감 강화 등 다방면에서 장애인의 삶의 질을 향상시키는 효과적인 전략이다. 자조 모임은 장애인이 사회적 주체로 성장하고 포용적 사회를 실현하는 데 필수적인 과정이므로, 지속적인 확대와 지원이 필요하다.

### (3) 사회적 의미와 교육적 의의

장애인 자조 모임은 단순한 개인 성장을 넘어 사회적 통합과 공동체 참여를 실현하는 데 중요한 역할을 한다. Adams(2007)는 "자조 모임이 자신들의 문제를 해결할 힘과 역량을 강화시킬 뿐만 아니라, 함께 힘을 모으면서 집단의 문제에 대응하는 자조단체(self-help organization)로 확장되어 나가기도 한다"고 언급하며, 자조 모임이 구성원들의 사회적 연대와 집단적 대응 능력을 촉진하는 의미 있는 조직임을 시사한다. 장애인은 이러한 자조 모임을 통해 공통의 목표를 향해 협력하면서 사회적 지지를 강화하고, 나아가 공동체 내에서 자신의 역할을 적극적으로 수행할 수 있는 역량을 키울 수 있다.

교육적으로도 자조 모임은 장애인이 실생활에 필요한 사회적 기술을 습득하는 실천적 학습장이 된다. 이호진(2024)은 "자조 모임을 통해 장애인이 사회적 관계를 형성하고 자기 결정 능력과 문제 해결 능력을 증진할 수 있다"고 강조한다. 이는 자조 모임이 장애인의 사회적 통합을 지원할 뿐만 아니라, 개인 역량 강화를 통해 일상생활 속 문제 해결 능력을 길러주는 효과적인 학습의 장임을 의미한다. 자조 모임은 다양한 활동을 통해 장애인이 실질적으로 필요한 생활 기술과 의사소통 능력을 배울 기회를 제공하며, 이는 장애인의 자립적인 삶 실현에 필수적인 요소로 작용한다.

요약하자면, 장애인 자조 모임은 참여자의 자율성과 자기 결정권을 실현하는 공간일 뿐만 아니라, 사회적 통합을 촉진하고 실천적 학습을 제공하는 교육적 장으로서 중대한 의미를 갖는다. 자조 모임은 장애인이 사회의 적극적인 구성원으로 성장하도록 지원하며, 이를 통해 포용적 사회 실현의 초석을 마련한다. 자조 모임은 장애인의 권익을 증진하고, 사회적 배제를 해소하며, 공동체 구성원으로서의 역할을 강화하는 데 필수적인 역할을 수행한다. 따라서 앞으로 자조 모임이 보다 체계적으로 운영되고, 다양한 자원과 지원이 결합되어 더욱 활성화될 필요가 있다. 이러한 과정을 통해 장애인은 사회적 주체로서의 위치를 확고히 하고, 나아가 포용적이고 통합적인 사회 구현에 기여할 수 있을 것이다(이호진, 2024).

## 2) 장애인 동아리 활동

### (1) 장애인 동아리의 개념과 의의

장애인 동아리는 장애를 경험한 사람들이 자발적으로 모여 소통하고 협력하며 공동체적 연대감을 형성하는 모임이다. 이는 단순히 여가나 취미 활동을 넘어, 장애인의 사회적 통합, 자아정체성 확립, 사회적 권리 실현을 위한 실천적 공간으로 자리잡고 있다. 특히 장애인들은 동아리 활동을 통해 "다른 장애인이 내 자신이고 또 다른 나라는 생각을 하게 되어, 더 이상 타자화하지 않는다"고 하며 자아정체성의 변화를 경험한다(김미혜 외, 2014; 황산, 2001).

장애인 동아리는 장애인으로서의 소속감과 자부심을 형성하는 중요한 기회를 제공한다. 동아리 참여를 통해 구성원들은 "다른 장애인을 만날 기회가 거의 없었던 대학 입학 이전과 달리, 대학 내 동아리 활동을 통해 생애 최초로 깊은 관계를 맺고 장애 경험을 공유하게 된다"고 이야기한다(Darling, 2013; Goode, 2007). 이러한 경험은 장애인들이 공동체 내에서 자신의 존재 가치를 인식하고, 장애 정체성을 긍정적으로 형성하는 데 중요한 영향을 미친다.

이러한 동아리의 의미는 장애인만의 내부 집단에 국한되지 않는다. 장애인과 비장애인이 함께하는 동아리는 더욱 포괄적인 사회적 관계 형성을 가능하게 한다. 지역, 국가, 국제 수준의 동아리 활동을 통해 참여자들은 "사회에 대한 넓은 시야를 갖게 되고 사회적 존재로서의 자기 이해를 갖게 된다"고 평가된다(한영실, 2015). 이는 장애인이 사회구성원으로서 스스로를 재인식하고, 보다 적극적인 사회 참여자로 성장하는 데 동아리가 기여하는 바가 크다는 점을 보여준다. 또한, 상호학습은 행복 찾기로 이어지고 있다(김정연, 이복희, 2022).

종합적으로 볼 때, 장애인 동아리는 장애인이 자기 존재를 긍정적으로 인식하고, 공동체 구성원으로서의 역할을 자각하며, 사회적 연대를 통해 사회적 변화를 도모하는 실천적 공간이다. 장애인들이 사회에서 경험하는 어려움을 함께 나누고 극복하면서 동아리는 이들에게 삶의 의미와 목표를 제공하는 든든한 기반이 된다. 이러한 동아리 활동은 장애 학습자들의 자아정체성 형성, 심리적 안정감 확보, 사회적 네트워크 확장, 권리 옹호 및 사회적 참여 촉진 등 다층적 의미를 지니며, 포용적 사회 실현의 중요한 기반으로 자리매김하고 있다(김미혜 외, 2014).

### (2) 장애인 동아리의 주요 기능과 역할

장애인 동아리는 장애인이 겪는 사회적 고립과 정보 부족을 해소하고, 구성원 간 상호 지원을 통해 사회적 연대감을 형성하는 핵심적 공간이다. 이러한 동아리 활동은 단순한 친목 모임을 넘어, 장애인들이 서로의 경험을 공유하고 삶의 어려움에 대한 집단적 해결책을 함께 모색하는 실천적 장으로 기능한다. 국내 연구에서도 발달장애인 자조 모임이 구성원에게 소속감과 사회적 지지를 제공하고, 자기 결정과 권한 부여의 경험을 촉진하는 중요한 과정임이 확인되었다(강승원, 김민경, 2020).

특히 동아리 활동은 장애인들이 개인적으로 겪어온 문제를 공동체적 관점에서 재해석하고 함께 대응할 수 있도록 돕는다. 이를 통해 구성원들은 자신의 어려움을 개인적 결함이 아닌 사회구조적 문제로 인식하게 되며, 동료들과 협력하는 과정에서 자기 효능감과 심리적 안정감을 높이게 된다. 이러한 자조적 활동은 장애인들이 장애를 수용하고 자아 정체성을 긍정적으로 형성하는 중요한 기반이 되며, 궁극적으로 사회참여와 자립을 촉진하는 실천적 의미를 갖는다. 실제로 한국의 장애인 자조 모임 연구는 이러한 모임이 당사자의 사회통합과 자립생활 역량을 강화하는 데 중요한 역할을 한다고 보고하고 있다(이경준, 2006).

결론적으로, 장애인 동아리는 단순한 교류와 친목을 넘어 장애인의 권리 옹호, 정보 공유, 사회적 지지, 그리고 사회 변화의 주체로서의 성장이라는 복합적 기능을 수행하는 핵심적인 공간이다. 이러한 기능들은 장애인이 사회에서 능동적인 시민으로 자리매김하고, 보다 포용적인 사회를 만드는 데 기여한다.

### (3) 장애인 동아리 활동의 효과

장애인 동아리 또는 자조 모임은 장애인이 사회장애인 동아리 또는 자조 모임은 장애인이 사회적 고립에서 벗어나 지역사회 안에서 동료들과 연결되고, 상호 지지와 연대를 경험할 수 있는 중요한 장이다. 실제로 장애인 자조 모임 참여가 소속감, 상호작용, 사회관계망 확대에 긍정적 영향을 미친다는 논의는 여러 연구에서 반복적으로 확인되고 있다. 예컨대 발달장애인 자조 모임 활동과정에 대한 질적 연구에서는, 참여자들이 초기에는 의심과 불안감을 경험하지만 점차 권한을 부여받고 자기 결정권을 회복해 가는 과정을 거친다고 보고하며, 이러한 모임이 장애인에게 심리적 안정과 소속감, 자율성 회복의 기회를 제공한다고 설명한다(강승원 외, 2020).

또한 최근 이루어진 발달장애인 자조 모임의 유형화 연구는, 서울의 복지관 지원 아래 운영되는 여러 자조 모임을 분석한 결과, 모임의 참여도·민주적 운영·목적 일관성 등의 조건이 충족될 때 "성장형 자조 모임"으로 분류되며, 이 경우 참여자의 집단 응집, 모임의 지속성, 사회참여 성과가 유의하게 높다는 점을 밝혔다(류주현, 2025). 이는 자조 모임의 구조적·운영적 특성이 참여자의 역량 강화와 사회적 성과에 실질적인 영향을 미친다는 것을 보여준다.

이처럼 장애인 동아리 및 자조 모임은 단순한 친목이나 여가 모임을 넘어서, 장애인들이 서로의 경험과 어려움을 공유하고 공통의 문제를 집단적으로 인식하며, 함께 해결 방안을 모색하는 공간으로 기능한다. 이는 장애인의 자기 결정권, 권한 부여, 사회참여, 공동체 소속감 및 자립 역량을 높이는 실천적 의미를 지닌다.

그러므로 장애인 동아리는 장애 수용과 정체성 형성, 동료 지지, 사회 통합, 자립생활로 나아가기 위한 중요한 기반 공간으로 재평가되어야 한다.

결론을 내리면, 장애인 동아리는 장애인의 자아정체성 확립, 사회적 관계 형성, 정보 공유, 공동체 의식 강화, 사회적 참여 확대 등 다양한 효과를 제공하는 다층적인 공간이다. 이러한 활동을 통해 장애인은 사회에서의 능동적 시민으로 성장할 수 있으며, 이는 포용적 사회 실현의 기반이 된다.

### (4) 장애인 동아리 활성화를 위한 과제 및 방안

장애인 동아리는 장애인들의 사회적 연대와 자아정체성 형성에 긍정적 역할을 하지만, 효과적인 활성화를 위해 몇 가지 과제가 남아 있다. 첫째, 장애인이 긍정적인 장애 정체성을 형성하도록 대학 차원의 체계적인 지원 프로그램이 필요하다. "동료 상담, 장애인 선배 멘토링 등의 프로그램을 개발하고 참여 기회를 확대할 필요가 있다"고 강조하며, 이는 대학 입학 초기 불안정한 시기에 장애인들이 사회적 지지망을 형성하고 장애 정체성을 긍정적으로 받아들이는 데 중요하다.

둘째, 장애인 동아리 활성화를 위한 대학 내 행정적 지원이 필수적이다. "대학 차원의 지원 강화"를 주장하며, 물리적 공간 제공, 활동 예산 지원, 홍보 활동 지원 등 다방면의 실질적인 지원이 동아리 활동의 지속 가능성을 높이는 기반이 된다.

셋째, 장애인 동아리의 자율성과 참여 확대가 중요하다. "장애인 동아리는 (일반 학교를 졸업한) 장애인이 생애 최초로 장애인과 깊은 관계를 맺고 장애 경험을 공유하며, 대학 교육환경 개선이라는 공통의 목표를 추구하는 공간이다"라고 언급한다. 이러한 공간이 자율적으로 운영되려면 구성원들의 주체적인 참여를 독려하고, 동아리

스스로 활동 계획과 방향성을 설정할 수 있도록 해야 한다(문영민, 2018).

이러한 맥락에서 장애인 동아리 활성화를 위해서는 대학의 적극적인 행정 지원, 동아리의 자율성과 참여 확대, 외부 네트워크 연계, 구성원 간 소통 강화, 장애 인식 개선 활동과의 연계 등 다각적인 노력이 필요하다. 이러한 노력들은 장애인 동아리가 장애인들의 권익 증진과 사회적 참여 확대에 기여하는 지속 가능하고 역동적인 공간으로 발전하는 데 기초가 될 것이다.

**연구문제**

1. 장애인 평생교육에서 철학적 관점과 학습이론이 통합교육 실천에 어떤 영향을 미치는지 토론해 보시오.
2. 지역사회 연계가 통합교육의 효과성과 장애인의 사회통합에 어떻게 기여하는지 논의해 보시오.
3. 장애인 자조 모임 및 동아리 활동이 참여자의 자기 결정성과 공동체 의식 형성에 미치는 교육적 효과에 대해 탐구하고 의견을 나누어 보시오.

## 실습가이드

### 같이, 그리고 가까이

▸ **소요시간** : 50분

**1단계 팀별로 큰 종이(A3 또는 전지)에 "우리 학교와 마을이 함께하는 모습"을 그리기 (15분)**

인물, 공간, 활동을 마음껏 상상하여 그림과 간단한 말풍선으로 표현. 장애인이 함께 어울릴 수 있는 모습이 반드시 포함되어야 함

- **예시** :
  - 도서관에서 동아리 활동 중인 장애인
  - 마을 카페에서 수업을 듣는 모습
  - 지역주민이 수업에 참여하는 장면 등
- **쉬운 점** : 그림과 말풍선만으로도 충분
- **준비물** : A3 용지 or 전지, 색연필, 네임펜

**2단계 활동 아이디어 뽑기 게임(20분)**

- **활동 목표** : 지역사회와 연계한 통합 수업 아이디어를 도출한다.
- **활동 방법** : 팀별로 카드를 10장 제공받음(※ 미리 준비된 활동 카드)
- **예** :
  - 지역 도서관 탐방
  - 카페 사장님 특강
  - 시장에서 수학 배우기
  - 장애인 예술단 초청 공연

  각 팀은 2~3장만 골라 자신들만의 수업 아이디어로 연결하여 짧게 스토리 만들기
- **정리** : Google Slides, Canva 보드, 포스트잇 정리 중 택 1

  시각장애인을 학생 고려 시 구두로 설명 정리, 청각장애인은 이미지 중심 안내
- **쉬운 점** : 정답 없는 아이디어 활동, 놀이처럼 진행
- **도구** : 활동 카드 / A4 용지 / 디지털 보드 선택 가능

**3단계 '우리가 만든 수업' 1분 자랑하기(10분)**

- **활동목표** : 만들어 본 수업 아이디어를 함께 나누고 공감하기
- **활동방법** : 각 팀은 앞에서 만든 활동 아이디어를 1분 이내로 소개
  말로 하거나, 그림 보드 보여주거나, 친구가 대신 말해줘도 OK
  다른 팀은 질문 대신 "좋아요!", "우리도 하고 싶어요!" 스티커나 손들기로 피드백
- **쉬운 점** : 발표 부담 없음, 표현 방식 자율

**교수자 마무리(5분)**

- **정리 포인트** :
  - "학교 밖에도 배움이 있어요"
  - "통합교육은 우리 모두의 일상 속에서 함께 이루어져요"
  - 구성주의나 사회적 상호작용 이론 등을 연결해 철학적으로 마무리

장애인평생교육

# 11 장애인 평생학습도시

## 학습개요

장애인 평생학습도시는 장애인의 학습권 보장을 넘어, 포용적 지역사회 구현과 사회통합을 실현하기 위한 핵심 전략으로 부상하고 있다. 이는 평생학습도시 개념의 확장된 형태로, 장애인의 생애주기별 요구를 반영하고 지역 기반의 맞춤형 학습 기회를 제공하는 데 그 의의가 있다.

본 장에서는 장애인 평생학습도시의 철학적 · 제도적 배경을 살펴보고, 그 특징과 운영 현황, 주요 과제를 분석한다. 또한 국내외 정책 동향을 이해하고, 디지털 접근성 강화, 지역사회 연계 및 협력 체계 구축의 필요성을 중심으로 지속 가능한 발전을 위한 실천 방안을 탐색하고자 한다.

## 학습목표

1. 장애인 평생학습도시의 개념과 조성 배경, 운영 목적을 설명할 수 있다.
2. 국내외 장애인 평생학습도시 정책 및 운영 사례를 비교하여 시사점을 도출할 수 있다.
3. 장애인 평생학습도시의 지속가능한 운영을 위한 주요 과제와 개선방안을 설명할 수 있다.

# 1 장애인 평생학습도시의 의의와 필요성

## 1) 평생학습도시의 개념과 장애인 평생학습도시의 정의

### (1) 평생학습도시의 개념

평생학습도시는 개인의 역량 개발과 사회적 통합을 목표로, 모든 주민이 언제 어디서나 학습할 수 있는 환경을 조성하는 도시를 의미한다. OECD는 이를 "도시의 학습 여건을 강화하여 모든 시민의 학습권을 실질적으로 보장하고 지역사회통합 및 경제 발전을 가능케 하는 지역 혁신 사업"으로 정의하며(서유경, 박재국, 장지현, 2022), 유네스코 또한 국제 네트워크(GNLC)를 통해 학습 공동체 조성과 '교육 2030' 이행을 촉진하는 도시임을 강조한다.

우리나라에서는 1999년 광명시를 시작으로 평생학습도시 사업이 전개되었으며, 특히 시·군·구 단위에서 지역 특성을 반영한 평생교육 기회 확대를 시도하고 있다(강주희, 정연수, 2023). 그러나 초기 사업은 비장애인 중심이어서 장애인의 학습권 보장에 한계가 있었다. 이에 2020년부터 장애인의 특성과 수요를 반영한 '장애인 평생학습도시 운영사업'이 시범적으로 진행되어 장애인 교육권 보장과 사회통합의 중요한 계기를 마련했다(서유경 외, 2022).

장애인 평생학습도시 사업은 안정적인 운영, 장애인 접근 및 참여 여건 마련, 시민 인식 개선, 기존 프로그램의 접근성 강화 등을 강조한다(강주희, 정연수, 2023). 2022년에는 사업 계획 평가 항목에 장애인 편의시설을 갖춘 교육장소 선정 여부가 포함되는 등 질적 수준 향상을 위한 노력도 이루어지고 있다(조은영, 정연수, 2023).

하지만 현재 프로그램이 장애인의 요구보다 운영기관의 여건에 맞춰 선정되거나 다른 지자체의 프로그램을 답습하는 경향이 있어, 지역 중심의 독자성이 부족하다는 지적이 있다(조은영, 정연수, 2023). 따라서 중앙정부 지침 이행을 넘어, 지역 실정과 장애인의 다양한 요구를 반영한 맞춤형 프로그램 개발이 필수적이다.

장애인 평생학습도시의 성공적 운영을 위해 지역사회와의 긴밀한 협력이 중요하다. 장애인 평생학습도시는 지역사회 기반으로 장애인의 교육권 보장을 추진하며, 이는 지역 내 인식 개선과 자원 연계를 통해 장애인의 평생학습 참여를 촉진할 수 있다(강주희, 정연수, 2023). 복지관, 주민센터, 평생교육기관, 민간기업 등 다양한 주체의 유기적 협력을 통해 장애인의 학습 참여를 지원하고 일자리 연계 등 실질적인 삶의 질 향상으로 이어져야 한다.

그리고 국제적으로도 장애인 평생학습의 중요성이 강조되고 있다. 독일에서는 시민대학 및 복지시설을 중심으로 정치, 사회·환경, 문화·디자인, 건강, 언어, 직업, 컴퓨터, 기초교육 등 다양한 프로그램이 운영되며, 미국에서는 지역사회 대학이 직업훈련, 독립생활 기술 교육을 활발히 제공한다(조은영, 정연수, 2023). 이러한 해외 사례는 장애인의 자립과 사회 참여를 촉진하는 방향으로 프로그램이 설계되어야 함을 시사한다.

궁극적으로 평생학습도시는 장애인과 비장애인이 평생학습을 통해 소통하고 공감하며 함께 성장하는 지역 공동체를 형성하는 중요한 도시 전략이다. 이를 통해 장애인과 비장애인 간의 학습 기회 및 참여 격차를 해소하고, 포용적 지역사회와 모두가 함께 성장하는 사회를 만드는 기반이 되어야 한다(송인애 외, 2022).

### (2) 장애인 평생학습도시의 정의와 특징

장애인 평생학습도시는 장애인의 학습권 보장을 넘어 자립생활과 사회 참여를 지원하는 도시를 의미한다. 이는 기존 평생학습도시가 비장애인 중심이었던 한계를 극복하고자 2020년부터 장애 특성과 수요를 반영한 지원 체계 구축을 목표로 시범 운영되었다(서유경 외, 2022).

국가가 선도하고 지자체가 참여하는 형태로, 지역 내 유관기관과의 협력을 통해 장애인의 평생학습 기회를 확대한다(강주희, 정연수, 2023). 특히 장애인의 생애주기별 요구를 반영한 맞춤형 프로그램과 지역사회 자원 연계를 통해 자립생활과 사회 참여를 촉진한다.

또한, 장애인 평생학습도시는 물리적 접근성 향상뿐 아니라 사회적 인식 개선을 중요한 목표로 삼는다. 안정적인 운영, 장애인 접근 및 참여 여건 마련, 시민 인식 개선, 기존 프로그램 접근성 강화 등을 강조하며(강주희, 정연수, 2023), 학습 환경 개선과 비장애인 인식 전환을 유도한다. 사업 평가지표에 장애인 편의시설 교육장소 선정 여부가 포함되는 등 질적 내실화도 추구된다(조은영, 정연수, 2023).

주요 특징은 '지역 중심성'으로, 각 지역의 실정과 장애인 요구를 반영한 맞춤형 프로그램 개발과 지역사회 기관과의 협력을 통해 학습 참여를 지원한다(강주희, 정연수, 2023). 재정은 국가와 지자체의 예산 매칭으로 마련되며, 지자체의 자체 예산 확보 노력으로 사업의 지속 가능성을 높인다(조은영, 정연수, 2023). 평생학습과, 장애인복지과 등 유관기관과의 협의체 구성을 통한 다층적 네트워크 구축으로 장애 친화적 평생학습도시 조성에 힘쓴다(송인애 외, 2022).

또한, 국제적으로도 장애인 평생학습의 중요성은 강조된다. 독일은 시민대학, 복지시설 등에서 다양한 평생교육 프로그램을 운영하며, 미국은 지역사회 대학을 중심으로 직업훈련, 독립생활 기술 등을 교육한다(조은영, 정연수, 2023). 이러한 해외 사례는 국내 장애인 평생학습도시의 체계적이고 포괄적인 프로그램 개발 필요성을 시사한다.

궁극적으로 장애인 평생학습도시는 학습자 중심의 프로그램을 통해 장애인의 자기 결정권을 존중하며, 장애인과 비장애인이 함께 소통하고 성장하는 포용적 지역사회를 구현하는 데 기여해야 한다(송인애 외, 2022). 이는 학습을 통해 장애인이 삶의 주체가 되고 지역사회와 더불어 성장하는 구성원으로 자리매김하도록 지원하는 정책적 실천 모델이다.

### 2) 장애인 평생학습도시 조성의 필요성

#### (1) 학습권 보장과 사회통합적 필요성

장애인 평생학습도시 조성은 모든 시민의 평등한 교육권을 보장하는 데서 출발한다. 유네스코는 “모두를 위한 학습 보장이 사회적 정의 실현의 필수적 요소”임을 강조하며, 전 세계적으로 장애인을 포함한 소외계층의 학습권 보장을 위해 노력한다(유네스코한국위원회, 2022). 국내에서도 이러한 국제적 흐름에 맞춰 장애인을 위한 맞춤형 평생학습 프로그램 개발과 지역사회 기반 학습 지원체계 마련이 중요한 과제로 제시된다.

또한 장애인 평생학습도시는 사회통합적 측면에서 매우 중요하다. 사회로부터의 소외와 배제는 장애인에게 관계 단절, 경제적 어려움, 심리적 위축 등 다양한 문제로 이어진다. 평생학습은 이러한 문제를 해소하고 장애인의 사회적 역량 강화 및 자립을 촉진하며, 사회구성원으로서의 역할을 가능하게 하는 효과적인 수단이다(서유경 외, 2022).

유네스코 글로벌 학습도시 네트워크의 핵심 목표인 사회적 통합 도모는 장애인 평생학습도시 정책에도 직접적인 영향을 미친다(유네스코한국위원회, 2022). 학습권 보장과 사회통합을 함께 추구하는 정책 방향은 장애인을 단순한 교육 수혜자가 아닌 지역사회의 적극적인 참여자이자 기여자로 성장하도록 돕는다. 장애인이 학습을 통해 지역사회 문제 해결에 동참하고 사회적 역할을 확장하는 과정이 가능해진다(서유경 외, 2022).

장애인의 학습권 보장은 시민의식 함양과 사회적 연대 강화에도 기여한다. 학습을 통해 사회적 관계망을 확대하고 다양한 배경을 가진 사람들과 소통하며 공감하는 경험은 사회 전체 통합의 원동력이 된다. 특히 평생학습도시의 공동체 기반 프로그램은 장애인과 비장애인이 함께 참여하여 서로 이해하고 존중하는 포용적 문화를 조성한다(신윤희 외, 2021).

핵심을 말하자면, 장애인 평생학습도시는 학습권 보장을 넘어 사회통합이라는 큰 가치를 실현하는 정책적 수단이다. 장애인의 학습권 보장은 헌법적 가치이자 국민 기본권 실현이며, 사회통합은 공동체 지속가능성 확보의 길이다. 궁극적으로 “모두를 위한 평생학습은 사회통합과 포용적 사회 구현의 핵심 요소”로서(유네스코한국위원회, 2022), 장애인과 비장애인 간의 사회적 장벽을 허물고 포용적 지역사회를 실현하는 데 기여한다.

### (2) 법 · 제도적 근거와 정책적 당위성

장애인 평생학습도시 조성은 법적 · 제도적 기반과 정책적 당위성에 의해 필요성이 명확해진다. 「평생교육법」은 국가와 지자체가 장애인을 위한 평생교육시설을 설치 · 운영하고 맞춤형 프로그램 및 편의 제공을 의무화하여 장애인의 학습권을 보장하는 법적 근거를 제시한다(법제처, 2023). 또한 「장애인 등에 대한 특수교육법」은 장애인의 자립과 사회 참여를 위한 전 생애 학습권 보장을 강조하며, 장애인 평생학습도시 조성의 제도적 기반이 된다(국립특수교육원, 2023).

정책적으로 정부는 「장애인 평생교육 활성화 방안('20~'22)」을 통해 지역 중심의 장애 친화적 평생교육 환경 조성과 다양한 프로그램 개발 · 지원을 추진했다(교육부, 2020). 이는 장애인의 학습 접근성 향상과 실질적인 학습권 보장을 목표로 하며, 장애인 평생학습도시가 장애인 삶의 질 향상과 사회통합을 위한 실천적 방안임을 보여준다.

장애인의 낮은 평생학습 참여율은 법적 · 제도적 지원의 절박성을 환기시킨다. 정부는 장애인 평생학습도시를 통해 이러한 학습 격차를 해소하고 사회통합을 실현하고자 한다(강혜민, 2019). 이 도시는 장애인의 학습권을 보장하며 장애인과 비장애인이 함께 배우고 성장하는 포용적 학습 공동체를 조성한다.

특히 교육부는 「제6차 특수교육 발전 5개년 계획(2023~2027)」을 통해 장애인 평생학습도시 확대를 포함한 고등 · 평생교육 기회 확대를 지속적으로 추진하고 있다(교육부, 2022). 이러한 정책적 흐름은 장애인 평생학습도시 조성이 국가적 의무에 가깝다는 점을 시사한다.

결국 장애인 평생학습도시는 장애인의 학습권을 법적으로 보장하고 정책적으로 실현하는 장치로서 기능하며, 포용 사회의 기반을 구축하는 데 중요한 역할을 수행한다. 법과 정책의 방향성을 바탕으로, 장애인 평생학습도시는 장애인이 지역사회 안에서 자립적으로 살아가며 사회구성원으로 적극 참여할 수 있도록 하는 중요한 발판이 된다.

## 3) 국내 · 외 장애인 평생학습 정책 동향과 시사점

### (1) 국내 정책 동향 및 평가

국내 장애인 평생학습 정책은 지속적으로 발전하여 「평생교육법」 개정 이후 정부의 다양한 정책 추진과 지역사회 기반의 장애인 평생학습도시 지정으로 이어졌다(조창빈, 2023; 국회입법조사처, 2022). 2020년부터 시작된 장애인 평생학습도시는 5개 도시에서 15개 도시로 확대되었으며, 지역 맞춤형 프로그램 개발과 장애인 접근성 강화를 통해 학습 기회 확대와 사회통합을 도모하고 있다(조창빈, 2023; 국회입법조사처, 2022).

특히 현장에서는 프로그램 효과성 제고를 위한 체계적인 평가가 요구된다. 평생학습기관 관계자들은 현재 학습자 만족도에 국한된 평가를 넘어, 표준화된 평가도구 개발과 기관의 평가 역량 강화를 통한 질적 향상이 필요하다고 인식한다(조창빈 외, 2023).

요약하자면, 장애인 평생학습 정책은 법적 · 제도적 지원 속에서 성과를 거두었으나, 실제 참여 확대와 프로그램 질적 개선을 위한 지속적인 노력이 필요하다. 지역사회 연계 강화, 전문 인력 양성, 학습자 중심 프로그램 개발 등 다각적인 전략이 동반되어야 장애인의 평생학습 참여를 촉진하고 사회통합을 실현할 수 있을 것으로 기대된다(국회입법조사처, 2022; 조창빈 외, 2023).

### (2) 해외 사례와 국내 시사점

핀란드, 에스토니아, 스웨덴 등 북유럽 3개국과 일본은 장애인을 포함한 모든 시민의 평생학습 참여를 위한 적극적인 정책을 추진하고 있다. 핀란드는 지역 주민 참여 기반 학습 환경을 조성하는 데 중점을 두며, 지방자치단체는 자율적인 교육정책과 지역 기업 연계 프로그램을 통해 장애인 등 소외 계층의 사회 통합을 지원한다. 특히 헬싱키의 오디도서관은 시민 참여형 학습 공간으로서 모든 시민의 학습과 문화 활동을 적극적으로 지원한다. 에스토니아의 경우, 탈린 시민학교가 약 1,100개의 평생교육 프로그램을 운영하며 인문학 및 직업 교육을 지원하는데, 이곳은 지역

산업 연계 맞춤형 직업 교육을 제공하여 시민들의 직업 역량을 강화하는 역할을 한다. 한편 스웨덴은 장애인 통합교육을 원칙으로 삼고, 특수학교는 맞춤형 특수교육과 등하교 지원(스쿨 택시)을 제공한다. 이러한 지원을 바탕으로 장애 학생들이 일반학교에서 비장애 학생들과 함께 학습하는 통합교육이 점차 확대되고 있는 추세이다(전상현, 2024).

그리고 일본은 가케가와시(1979년 세계 최초 평생학습도시 선언)와 야시오시('생애학습 마을만들기 출장배달강좌' 운영) 사례처럼 장애인을 포함한 모든 시민에게 평생학습 기회를 제공한다(김군수, 2025; 장호형, 2025).

이러한 북유럽과 일본 사례는 국내 장애인 평생학습도시 추진에 세 가지 시사점을 제공한다. 첫째, 핀란드와 에스토니아처럼 지역 주도 맞춤형 학습 기회를 확대해야 한다. 둘째, 일본 야시오시처럼 시간·장소 제약을 최소화하는 이동형 프로그램 개발 및 공공시설 활용으로 학습 접근성을 높여야 한다. 셋째, 스웨덴처럼 통합교육 원칙을 적용하여 장애인과 비장애인이 함께 학습하고 사회적 장벽을 낮추는 포용적 학습 환경을 구축해야 한다(전상현, 2024; 장호형, 2024).

결론적으로, 북유럽과 일본 사례는 지방정부의 적극적 역할, 지역 맞춤형 프로그램 개발, 학습 접근성 강화, 포용적 학습 환경 조성이라는 네 가지 핵심 전략을 강조하며, 이는 국내 장애인 평생학습도시 정책 설계에 중요한 참고가 될 것이다(전상현, 2024; 김군수, 2025; 장호형, 2025).

## 2 장애인 평생학습도시의 운영 현황과 과제

### 1) 프로그램 운영 및 참여자 특성

#### (1) 프로그램 유형과 참여 현황

장애인 평생학습도시는 장애인의 학습권 보장을 넘어 지역사회 통합을 위한 중요한 플랫폼이다. 운영 프로그램은 직업능력 향상, 문화예술, 생활기술, 인식개선 및 시민참여 등으로 나뉜다. 경기 광명시는 장애 유형별 일자리 과정(관제 관리, 전화 상담, 도서관 사서 보조)과 학습동아리(악기 연주, 인형극, 1인 유튜버 등)를 지원한다. 부산시는 미술치료, 놀이치료, 원예치료와 사회적응 훈련, 인식 개선 지도사 양성 과정을 운영하며, 전북 군산은 부모 교육, 수어 교실로 소통을 촉진하고, 충북 청주는 읍·면·동 행정복지센터 기반 '행복한 마을 만들기' 프로젝트를 추진한다(교육부, 2019).

그러나 장애인의 평생교육 참여율은 여전히 낮다. 김성희 외(2014)에 따르면 장애성인의 평생교육 참여율은 0.3~2.6%로 매우 저조하며, 이는 법적·정책적 노력에도 불구하고 실질적인 활성화가 부족함을 보여준다(김성희, 2014). 이는 프로그램 접근성 및 질적 개선의 필요성을 시사한다(국회입법조사처, 2022).

그래서 맞춤형 프로그램 개발이 절실하며, 김원호 외(2023)는 기획 단계부터 장애인 요구를 반영하고 이동성, 정보 접근성 등 물리·심리적 장벽 해소가 필요하다고 강조한다. 장애인 평생학습도시 사업은 '저조한 참여율을 높이고 모두 함께 성장하는 평생학습 여건 마련'을 목표로 한다(교육부, 2019).

참여자 특성 분석에 따르면, 교육 취약계층 학습자 중 노년층과 저학력자의 비율이 높으며 이는 정보 접근성 부족과 연관이 있는 것으로 나타났다.

특히, 학습에 대한 동기가 낮거나 중도 탈락 위험이 높은 '비판적 선택 집단'은 주로 장애인과 저소득층으로 이루어져 있어, 이들을 위한 맞춤형 프로그램과 기관의 적극적인 관심이 절실히 요구된다. 한편, 높은 참여 의지를 보이는 '순응적 수용

집단' 역시 노년층 및 저학력자 비율이 높게 나타났다.

이러한 참여자 특성 분석은 효과적인 프로그램 설계를 위한 중요한 시사점을 제공한다. 장애인의 다양한 욕구, 연령, 학력 등을 고려한 개별 맞춤형 전략이 필요하며, 학습자의 주체성 강화와 참여 지속성을 위한 후속 프로그램 개발이 중요하다고 할 수 있다(박재경, 2022).

종합적으로 볼 때, 장애인 평생학습도시의 프로그램 유형과 참여 현황은 장애인의 평생학습권 보장과 사회통합 실현의 주요 지표이다. 프로그램 다양화, 맞춤형 설계, 참여자 특성 분석 기반의 전략적 운영이 이루어질 때 장애인 평생학습도시는 사회적 포용과 지역사회 발전을 견인하는 핵심 플랫폼이 될 것이다(교육부, 2019; 김성희 외, 2014; 박재경, 2022; 김원호 외, 2023).

### (2) 참여자의 특성 및 요구 분석

장애인이 평생학습도시에 참여하는 양상은 학습자의 특성, 참여 동기, 학습 접근성 등의 요인에 따라 매우 다양하게 나타난다. 질적 연구 동향 분석에서는 장애인 평생교육 연구에서 학습동기 · 참여형태 · 프로그램 적합성 등 주제가 꾸준히 다뤄지고 있으며, 특히 학습자 특성에 따른 참여 경로와 지역사회 기반의 접근성 문제가 반복적으로 제기되고 있다. 이처럼 학습 지향성(지식 · 기술 습득), 활동 지향성(소속감·집단활동), 목표 지향성(자격·직업 목표) 등 다양한 동기 유형이 공존하며, 학력 · 연령 · 장애유형 · 거주지역 등에 따라 그 우선순위가 달라진다(조재규, 2023).

다음으로 학력 수준에 따라 동기 차이가 있어, 무학 학습자는 활동지향성이, 중졸 학습자는 목표지향성이 높았다. 성별로는 여성이 학습지향성이 높았고, 61세 이상 및 무학 학습자는 활동 · 학습지향성이 높았으나 목표지향성은 낮았다. 수입이 있는 학습자는 목표지향성이 더 높았다(김미아 외, 2017). 장애 유형별로 지체장애인은 목표지향성이 높았고, 중증(1~2급) 장애인은 학습지향성이 낮았다. 비수도권 학습자가 수도권보다 학습지향성이 높은 지역적 요인도 확인되었다(김미아 외, 2017).

다음으로, 장애인 평생학습 프로그램에 대한 주요 요구는 △ 맞춤형 프로그램 개발(장애 특성과 욕구 반영, 지자체-운영 주체 연계), △ 교강사 역량 강화(장애 이해도 향상, 인력 풀 확충), △ 물리적 접근성 및 이동권 확보다(김원호 외, 2023). 프로그램이 생활 밀착형으로 설계되어 실생활에 도움이 될수록 참여자의 만족도와 재참여 의향이 높아진다(박재경, 2022).

종합하면, 장애인 평생학습 참여자의 다양하고 복합적인 특성과 요구를 반영한 맞춤형 프로그램 설계와 교육환경 개선이 필수적이다. 특히 기관적 요인을 최소화하고, 지역적 · 사회적 특성을 고려한 정책적 접근이 병행될 때 장애인 평생학습도시는 학습권 보장 및 사회통합에 기여할 수 있을 것이다.

### 2) 운영상의 주요 과제

#### (1) 인프라 및 전문 인력 부족

장애인 평생학습도시를 성공적으로 운영하려면 인프라 확충과 전문 인력 확보가 필수적이지만, 현재 이 두 가지가 모두 부족하여 프로그램 운영에 제약이 따른다. 지역 네트워크를 활용할 수 있는 모델임에도 불구하고, 실제로는 형식적인 네트워킹에 그쳐 질적인 성장에 한계가 있다는 지적이다. 특히 재정적 어려움이 심각한 과제로 꼽힌다. 장애인 평생학습도시는 3년간 국비 지원을 받은 후 미지원으로 전환되면서 예산 확보에 큰 어려움을 겪는다. 따라서 기존 인프라를 활용하는 것 외에 새로운 인적 및 물적 자원을 유입시킬 전략이 시급하다. 더불어 전문 인력 부족 문제도 심각하다. 현재 인력은 사회복지사, 프로그램 지도 자격 소지자, 특수교육 교원 등으로 구성되지만, 지도 관련 자격 소지자의 장애 관련 전문성이 낮을 가능성이 크다. 실무자의 장애 전문성 부족은 프로그램 기획부터 실행까지 전 과정에서 어려움을 유발하여 사업의 효과성을 저하시키는 주요 원인이 된다(김원호 외, 2023).

또한, 담당자의 순환보직이나 임기제 운영은 사업 연속성을 약화시키고 전문성 축적을 방해하며, 담당 부서별 강조점 차이는 혼란을 야기한다(강주희, 정연수, 2023). 교강사 또한 평생교육 경력이 짧아 프로그램 수정 및 적합화에 어려움을 겪고 있어, 새로운 인적 자원 유입과 역량 강화가 필요하다(김원호 외, 2023).

이러한 문제 해결을 위해 국가 차원의 교강사 리스트, 프로그램 사례집 등 인프라 정보 체계적 관리와 지역 간 벤치마킹 활성화가 요구된다(김원호 외, 2023). 또한, 명확한 행정체계, 실무자 대상 전문 교육 및 매뉴얼 마련으로 사업 일관성을 확보해야 한다(김원호 외, 2023).

결론적으로, 장애인 평생학습도시의 인프라 및 전문 인력 부족은 운영체계 불안정성, 실무자 및 교강사 전문성 결여 등 복합적 요인에서 비롯된다. 인프라 확충, 전문 인력 양성, 행정체계 정비를 병행하여 질적 성장을 도모해야 할 것이다.

### (2) 재정 지원 및 지속 가능성 문제

장애인 평생학습도시의 지속 가능한 운영을 위해 안정적인 재정 지원은 필수적이다. 현재는 지정 후 3년간만 국비 지원이 이루어지고 이후 중단되면서 예산 확보에 어려움이 발생한다. 특히 2024년을 기준으로 2021년 지정된 도시들은 국비 지원 없이 자체 예산으로 사업을 이어가야 하는 상황이다. 사업 초기에는 국비와 지방비가 5:5로 매칭 투자되지만, 국비가 중단된 후에는 지자체의 재정 여건에 따라 사업의 지속 여부가 결정되어 지역 간 격차가 심화될 우려가 있다. 실제로 일부 지자체는 재정 악화로 사업 축소 또는 중단 위기에 처해 장애인 평생학습 기회 불균형을 초래한다.

이러한 문제를 해결하기 위해 중앙정부, 지방자치단체, 지역사회가 참여하는 협력적 재정 지원 체계를 마련하여 지속가능성을 확보하고 재정 불안정성을 완화해야 한다. 소규모 도시나 비수도권 지역의 낮은 재정 자립도를 고려한 중앙정부의 집중 지원 또한 필요하다. 궁극적으로 장애인 평생학습도시의 지속가능성을 위해서는 중앙정부의 장기적인 재정 지원 계획 수립, 지자체의 자율적인 재원 마련, 그리고 민간 자원 유입이 복합적으로 이루어져야 한다. 이러한 노력이 병행될 때 장애인 평생학습도시는 장애인의 평생학습권을 실질적으로 보장하는 지역 기반 모델로 자리매김할 수 있을 것이다(김원호 외, 2023; 강은영 외, 2021).

## 3 장애인 평생학습도시의 활성화 방안

### 1) 프로그램 다양화 및 접근성 향상

#### (1) 찾아가는 평생교육 및 맞춤형 프로그램 개발

장애인 평생학습도시를 활성화하기 위해서는 '찾아가는 평생교육'과 맞춤형 프로그램 개발이 필수적이다. 충청북도 충주시의 사례를 보면, 장애인의 생애주기별 욕구와 장애 유형별 맞춤형 평생학습 기회 제공을 강조하며, 특히 이동이 어려운 장애인을 위한 '찾아가는 학습 프로그램'을 중점적으로 운영한다.

대표적인 '찾아가는 평생학습 사랑방'은 강사가 직접 학습자를 방문하여 민화, 리빙플라워, 오카리나, 스마트폰 활용 등 30여 개의 과정을 제공한다. 이 프로그램은 중증·중복 장애인에게 생활권 근거리 학습 기회를 제공하여 이동의 어려움을 해소하고 평생학습 기회를 보장한다.

맞춤형 프로그램 개발 측면에서는 장애인 평생학습의 다양한 수요를 반영하여 장애 유형과 정도별로 프로그램을 세분화한다. 충주시는 장애인의 자립과 자활에 필요한 프로그램을 개발하고, 중증장애인 복지시설 프로그램 참여와 찾아가는 서비스를 병행한다(충주시, 2022). 이는 김원호 외(2023)가 강조한 "장애 유형별 맞춤형 프로그램 제공이 장애인의 학습 참여를 높이는 핵심 요인"이라는 점과 일맥상통한다.

교육부(2020) 또한 "장애인의 평생학습 참여 확대를 위해 지역 단위에서 이동형, 찾아가는 학습 프로그램을 마련하는 것이 효과적"임을 강조하며, 충주시의 '사랑방'

과 같은 시도의 전국적 확산 필요성을 뒷받침한다.

핵심을 말하자면, 찾아가는 평생학습과 맞춤형 프로그램 개발은 장애인의 학습권 보장을 넘어 지역사회 통합 발전에 기여하는 중요한 전략이다. 장애 유형과 생활 환경에 따른 맞춤형 프로그램 개발 및 이동 불편 해소 서비스 확대는 장애인 평생학습도시의 실질적인 의미를 강화할 것이다(김원호 외, 2023; 교육부, 2020).

### (2) 디지털 접근성 및 활용성 증진

장애인 평생학습도시 활성화를 위해 디지털 접근성과 활용성 증진은 중요하다. 충주시는 장애인 정보 접근성 강화를 위해 스마트폰 및 키오스크 사용법 등 디지털 교육과정을 개설하여 정보 소외를 해소한다. 특히 중증 및 고령 장애인을 대상으로 맞춤형 교육을 실시하여 디지털 기기 활용 이해도를 높이고 실생활 적용을 돕는다(충주시, 2022).

2022년 장애인 평생학습 운영 계획에서도 '디지털 문해력 향상을 위한 스마트 기기 활용 교육'을 강조하며, 이는 장애인 평생학습도시의 핵심 프로그램으로 자리매김하고 있다. 장애인 대상 ICT 활용 교육 확대를 통해 디지털 환경 변화에 대응하고 사회 참여 기회를 확대하는 것이 목표다(교육부, 2022).

충주시의 스마트폰 기초 및 활용 교육은 장애인 디지털 접근성을 높이며 삶의 질 향상에 기여한다. 특히 키오스크 활용법 교육은 장애인이 일상생활 속 공공 서비스를 원활하게 이용하도록 돕는 실질적인 프로그램이다(충주시, 2022).

김원호 외(2023)도 디지털 격차 해소를 위해 장애인 대상 디지털 기기 활용 교육 확대가 필요하다고 강조하며, 이는 충주시와 교육부의 정책 방향과 일치한다. 향후 전국적으로 이러한 교육 프로그램의 확산이 필요하다.

결론을 내리자면, 장애인 평생학습도시에서 디지털 접근성 및 활용성 증진은 정보격차 해소뿐 아니라 장애인의 사회 참여 확대와 직결되는 핵심 전략이다. 스마트 기기, 키오스크 활용법, 맞춤형 ICT 교육 등 다각적 노력을 통해 장애인이 디지털 환경에서 주체적으로 생활하도록 지원해야 한다. 이러한 지속적인 노력이 장애인 평생학습도시를 더욱 포괄적이고 실효성 있는 평생학습 기반으로 만들 것이다(충주시, 2022; 교육부, 2022; 김원호 외, 2023).

## 2) 참여 확대를 위한 홍보 및 인식 개선

### (1) 인식 개선 캠페인 및 네트워크 활성화

장애인 평생학습도시 활성화를 위해 인식 개선 캠페인과 네트워크 활성화가 핵심적이다. 충북 충주시의 사업계획서는 "장애인 평생교육에 대한 긍정적 이미지 형성 및 학습자 참여 확대"를 목표로 홍보물 제작, 언론보도 등 다양한 캠페인을 진행한다. 이는 장애인 평생학습의 가치를 확산하고 참여를 유도하는 데 중요하다. 또한, 지역 내 유관기관과의 협력 체계 구축이 필수적이다. 충주시는 "장애인 평생학습 관계기관 네트워크 구축 및 활성화"를 목표로 실무협의회 운영, 기관 간 네트워킹 및 성과 공유를 통해 정보 공유와 공동 활동을 강화하며, 이는 지속가능성에 기여한다(충주시, 2022).

2022년 장애인 평생학습 운영 계획에서도 온·오프라인 홍보를 통한 필요성 확산과 "지역사회 중심의 네트워크 강화 및 협업 체계 마련"을 강조한다(교육부, 2022). 이러한 접근은 장애인 평생학습이 지역사회와 밀접하게 연계되어 지속적으로 활성화되도록 하는 전략이다.

교육부(2022)는 장애인 평생학습 활성화를 위해 "지역사회 내 다양한 주체들과의 협력을 통해 장애인 학습자의 참여를 촉진할 수 있는 환경 조성"이 필요하다고 강조했으며, 이는 충주시와 교육부의 정책 방향과 일치한다.

결국, 장애인 평생학습도시의 성공적인 운영을 위해서는 인식 개선 캠페인과 네트워크 활성화가 유기적으로 결합되어야 한다. 장애인 평생학습의 가치와 필요성을 지역사회에 지속적으로 알리고, 다양한 유관기관의 협력을 통한 실효성 있는 네트워크 구축이 이루어질 때 장애인 평생학습도시는 더욱 활성화될 수 있을 것이다(충주시, 2022; 교육부, 2022).

### (2) 성공 사례 확산과 지역사회 연계

장애인 평생학습도시의 활성화는 성공 사례 확산과 지역사회 연계를 통해 이루어진다. 충주시는 '장애인 평생학습 사랑방' 등 우수 프로그램을 발굴하여 전국 및 지역 소식지에 수록하고, 다른 지역에 벤치마킹 기회를 제공한다. 이러한 노력은 장애인 평생교육 프로그램의 전국적 확산에 기여한다.

성공 사례 확산을 위해서는 지역사회 내 협력 체계가 중요하다. 충주시는 평생학습도시 성과 공유회와 실무 협의회를 통해 지역 간 정보 교환 및 확산을 추진하며, 이는 장애인 평생학습도시가 전국적 성공 모델로 자리 잡는 데 도움을 준다.

지역사회 연계 측면에서, 장애인 평생학습도시는 지역 주민과의 협력을 중시한다. 운영 계획에 따라 다양한 협력 기관과 지역사회가 프로그램에 참여하여 장애인 학습자의 사회 참여와 자립적 삶을 지원한다. 충주시는 "성과를 지역사회와 협력하여 발전시키고, 다양한 기관 참여 네트워크 활성화"를 모색하고 있다(충주시, 2022).

이러한 맥락에서, 장애인 평생학습도시의 성공적 운영을 위해서는 성공 사례 확산과 지역사회 연계가 필수적으로 결합되어야 하며, 이는 장애인 평생학습도시가 전국적으로 확대되고 포용적인 사회로 나아가는 중요한 초석이 될 것이다(충주시, 2022; 교육부, 2022).

**연구문제**

1. 장애인 평생학습도시의 차별성과 그 교육적 의의를 중심으로 토론해 보시오.
2. 운영 사례를 통해 효과적인 연계 전략과 프로그램 요소를 탐색해 보시오.
3. 지속 가능한 운영을 위한 제도적 기반 마련 방안을 논의해 보시오.

## 실습가이드

### 가상 평생학습도시 만들기

▸ **주제**: 지역사회, 디지털, 포용을 키워드로 한 장애인 평생학습 아이디어 실습
▸ **총 소요 시간**: 50분

**1단계 팀 만들고 역할 정하기(10분)**

- 팀명 짓기
- 규칙 3가지 정하기(예: 말 끊지 않기, 서로 존중하기 등)
- 역할 분담: 발표자, 기록자, 아이디어 정리자
- TIP: 전공, 지역, 관심 분야를 서로 말해보며 팀 구성

**2단계 주제 선택하고 이야기 나누기(15분)**

- 팀별로 주제 1개를 골라 아이디어 나누기
- 주제 예시(중 택1 또는 자율 선택)
  - "우리 지역에 장애인 평생학습도시가 생긴다면 어떤 프로그램이 필요할까?"
  - "장애인이 쉽게 디지털 기기를 사용할 수 있게 하려면 어떤 변화가 필요할까?"
  - "해외 좋은 사례를 우리 지역에 적용하려면 어떤 전략이 필요할까?"
- 활동 방법
  - 편하게 의견 나누(그림으로 그려도 좋고, 키워드로 써도 좋음)
  - 구성원 중 말하기가 어려운 사람은 그림, 제스처, 포스트잇으로 참여 가능

**3단계 아이디어 정리하기(10분)**

- 우리 팀의 생각을 보기 쉽게 정리
- A4용지나 전지에 키워드, 그림, 간단한 표로 정리
- 아래 항목을 포함해 정리해 보기
  - 어떤 문제를 해결하고 싶은지
  - 어떤 프로그램이나 아이디어를 제안하는지
  - 그걸 통해 어떤 변화가 일어날지
- 활용 도구: 종이, 색연필, 포스트잇

**4단계 발표와 의견 나누기(10분)**

- 우리 아이디어를 다른 팀에 소개하고, 의견 들어보기
- 팀당 3분 발표(말로 하거나, 그림 보여주거나, 친구가 대신 발표 가능)
- 다른 팀은 질문 또는 "좋은 점 1가지" 말하기

**5단계 함께 정리하고 마무리하기(5분)**

- 발표에서 나온 공통된 생각, 좋은 아이디어 정리

**교수자 정리 내용 예시**

- 어떤 주제가 가장 많이 나왔는가?
- 어떤 아이디어가 현실에서 해볼 수 있을까?
- 장애인을 위해 지역사회가 함께할 수 있는 건 뭘까?

**마무리 철학 한마디(교수자 피드백)**

- "모든 사람에게 배움은 권리입니다.
- 철학 강조: '포용', '평등', '공동체'가 함께 만들어 가는 교육

# 12 국제 장애인 평생교육 정책

## 학습개요

유네스코는 모든 인간에게 교육받을 권리가 있음을 전제로, 차별 없는 포용적 교육(Inclusive Education)을 장애인 교육의 핵심 원칙으로 삼는다. 특히, 장애 학생을 일반 교육 체계 내에서 통합하여 교육받도록 하는 것이 가장 바람직하다고 강조한다.

이 장은 국제적 기준에 부합하는 장애인 평생교육 정책의 방향성과 국가별 특성에 맞는 실행 모델의 다양성과 유네스코와 UN의 국제적 장애인 평생교육 정책을 중심으로 미국, 유럽, 일본의 사례를 비교 탐색하고자 한다.

## 학습목표

1. 유네스코와 UN이 제시하는 국제적 장애인 평생교육 정책의 발전 과정을 이해하고 설명할 수 있다.
2. 미국, 유럽, 일본의 장애인 평생교육 시스템의 특징과 실행 사례를 비교 분석할 수 있다.
3. 국제적 흐름 속에서 한국 장애인 평생교육 정책의 발전 방향을 비판적으로 탐색할 수 있다.

# 1 유네스코 및 UN 장애인 교육 정책

## 1) 유네스코의 장애인 교육 정책

UN의 장애인교육정책은 인간의 존엄과 평등을 핵심가치로 하는 인권기반접근(Human Rights-Based Approach)에 기초한다. 장애인은 '보호의 대상'이 아닌 권리의 주체로서 교육은 보편적 인권이며, 모든 사람은 능력, 성별, 출신, 장애 여부와 관계없이 동등한 학습권을 가진다는 것을 다양한 국제문서 및 보고서에 명시하였다. 유네스코는 1960년 「교육에서의 차별금지 협약」부터 1994년 「살라망카 선언」, 2006년 「장애인권리협약」 제24조, 2015년 SDG 4번 목표 등을 통해 포용적 교육을 장애인의 기본 권리로 규정하고 확산시켜 왔다. 특히 포용교육을 "특수한 사람만을 위한 별도 교육"이 아닌, "모든 사람을 위한 통합적 교육"으로 개념화하였다.

### (1) 유네스코 장애인 교육 정책의 역사적 흐름

유네스코는 교육 분야에서 "누구도 배제하지 않는(Inclusion)" 원칙을 오래전부터 강조해 왔다. 1960년에 채택된 「교육에서의 차별금지에 관한 유네스코 협약」은 모든 이의 교육 권리를 확인하며 교육상 어떤 형태의 차별도 금지하였다. 이는 장애인을 포함한 소수자 집단의 교육권 보장의 토대를 마련한 국제 협약으로 평가된다. 이후 1990년 태국 좀티엔에서 열린 '세계 교육을 위한 선언(Education for All, EFA)'에서 "모든 이를 위한 교육" 목표가 채택되었고, 이는 교육 접근에서 장애인을 비롯한 소외계층도 모두 포함해야 한다는 국제적 합의를 보여주었다. 1993년에는 UN 장애인표준규칙(표준규칙)이 제정되어 장애인의 교육 포함을 촉구하였고, 이듬해 1994년 스페인 살라망카에서 유네스코 주최로 개최된 세계 특수교육 회의에서 포용교육의 방향성이 구체화되었다(UNESCO, 1994). 이 회의에서 채택된 살라망카 선언은 이후 전 세계 포용교육(inclusive education) 운동의 획기적 전환점이 되었다.

유네스코(1994)는 포용적인 학교의 근본 원칙은 모든 아이들이 보이는 어려움이나 차이에도 불구하고 가능한 한 함께 배워야 한다는 점이다. 포용적인 학교는 학생들의 다양한 요구를 인식하고 대응해야 하며 서로 다른 학습 스타일과 속도를 수용하고 적절한 교육과정, 체계적 배치, 교수 전략, 자원 활용, 지역사회와의 협력을 통해 모든 학생들에게 질 높은 교육을 보장해야 한다. 각 학교에서 직면하는 학생들의 특별한 교육적 요구에 맞추기 위해 지속적인 지원과 서비스가 제공돼야 한다(전남일보, 2023).

2000년 세네갈 다카르 세계교육포럼에서는 2015년까지 EFA 목표를 재확인하였으며, 특히 교육에서의 형평성과 포용성이 질적 교육의 기초임을 강조하였다. 다카르행동계획(Dakar Framework for Action: Education for All 2000-2015)은 포용적 교육을 통해 사회통합을 실현하고, 모든 학습자에게 양질의 기본교육 및 평생학습 제공을 목표로 한다(UNESCO, 2000).

2006년 UN 총회에서 「장애인의 권리에 관한 협약(Convention on the Rights of Persons with Disabilities)」이 채택되면서 포용교육을 장애인의 권리로 명시하였다(United Nations, 2006).

장애인 권리협약은 총 50개 조항으로 구성되었으며, 18개 조로 이루어진 선택의정서를 포함하고 있다(한국보건사회연구원, 2006).

**표 12-1 장애인의 권리에 관한 협약 제24조(교육)**

1. 당사국은 장애인의 교육을 받을 권리를 인정한다. 당사국은 이러한 권리를 균등한 기회에 기초하여 차별 없이 실현하기 위하여, 모든 수준에서의 통합적인 교육제도와 평생교육을 보장한다. 이는 다음과 같은 목적을 지향한다.
   가. 인간의 잠재력, 존엄성 및 자기 존중감의 완전한 계발과, 인권, 기본적인 자유 및 인간의 다양성에 대한 존중의 강화
   나. 장애인의 정신적, 신체적 능력뿐만 아니라 인성, 재능 및 창의성의 계발 극대화
   다. 장애인의 자유사회에 대한 효과적인 참여의 증진
2. 당사국은 이러한 권리를 실현함에 있어 다음의 사항을 보장한다.
   가. 장애인은 장애를 이유로 일반 교육제도에서 배제되지 아니하며, 장애아동은 장애를 이유로 무상 의무초등교육이나 중등교육으로부터 배제되지 아니한다.
   나. 장애인은 자신이 속한 지역사회에서 다른 사람과 동등하게 통합적인 양질의 무상 초등교육 및 중등교육에 접근할 수 있다.

다. 개인의 요구에 의한 합리적인 편의가 제공된다.
라. 장애인은 일반 교육제도 내에서 효과적인 교육을 촉진하기 위하여 필요한 지원을 제공받는다.
마. 학업과 사회성 발달을 극대화하는 환경 내에서 완전한 통합이라는 목표에 합치하는 효과적이고 개별화된 지원 소치가 제공된다.

3. 당사국은 장애인의 교육에 대한 참여 그리고 지역사회의 구성원으로서 완전하고 평등한 참여를 촉진하기 위하여 생활 및 사회성 발달 능력을 학습할 수 있도록 한다. 이를 위하여, 당사국은 다음의 사항을 포함한 적절한 조치를 취한다.
가. 점자, 대체문자, 보완대체 의사소통의 방식, 수단 및 형식, 방향정위 및 이동기술의 학습을 촉진하고, 동료집단의 지원과 조언 및 조력을 촉진할 것
나. 수화 학습 및 청각장애인 집단의 언어 정체성 증진을 촉진할 것
다. 특히 시각, 청각 또는 시청각장애를 가진 아동을 포함하여 이러한 장애를 가진 장애인의 교육이 개인의 의사소통에 있어 가장 적절한 언어, 의사소통 방식 및 수단으로 학업과 사회성 발달을 극대화하는 환경에서 이루어지도록 보장할 것
4. 이러한 권리 실현의 보장을 돕기 위하여, 당사국은 장애인 교사를 포함하여 수화 그리고/또는 점자 언어 활용이 가능한 교사를 채용하고 각 교육 단계별 전문가와 담당자를 훈련하기 위한 적절한 조치를 취한다. 그러한 훈련은 장애에 대한 인식과 더불어, 장애인을 지원하기 위하여 적절한 보완대체 의사소통의 방식, 수단 및 형태, 교육기법 및 교재의 사용을 통합한다.
5. 당사국은 장애인이 차별 없고 다른 사람과 동등하게 일반적인 고등교육, 직업훈련, 성인교육 및 평생교육에 접근할 수 있도록 보장한다. 이를 위하여 당사국은 장애인에 대하여 합리적인 편의 제공을 보장한다.

출처:국가법령정보센터

이 협약은 각국에 장애 학생이 일반 교육 체제에서 배제되지 않을 것, 지역사회 내에서 교육받을 기회, 그리고 개별적 필요에 따른 합리적 편의 제공을 의무화하며 포용적 교육 시스템 구축을 요구하였다.

유네스코는 이러한 국제 흐름에 맞춰 2008년 국제교육회의(ICE)에서 "미래를 위한 길: 포용교육"을 주제로 정책 논의를 이끌었고, 2009년에는 「포용적 교육에 관한 정책 지침」을 발간하여 회원국의 정책 수립을 지원하였다. 더불어 2015년 인전에서 열린 세계교육포럼에서는 지속가능발전목표(SDG) 4번에 "모두를 위한 포용적이고 공평한 양질의 교육"이 명시되었고, "단 한 사람도 소외되지 않도록(leave no one behind)" 하는 포용성이 글로벌 교육 의제로 부각되었다.

이후 각국은 2020년대에도 포용교육의 증진을 위한 정책협약과 실천을 이어가고

있으며, 2024년 유네스코는 살라망카 선언 30주년을 맞아 포용교육의 성과와 과제를 재조명하기도 했다(european-agency.org).

포용적 관점을 통한 교육(Education through the Inclusive Lens)

- 교육시스템이 모든 사람의 교육권을 완전히 보장해야 함
- 교육시스템은 다양성을 다룰 준비가 되어 있어 야함
- 교수 보조 도구, 장비, ICT활용 등 혁신적 접근을 포함한 유연한 교수 방법 제공
- 아동 친화적이고 반응적인 환경 조성
- 포용성을 촉진하기 위해 의도적이고 능동적으로 일하는 전문적인 환경 조성

→

- 유연한 교수 학습법
- 유연한 교수-학습방법
- 교사 교육 재정비
- 유연한 교육과정
- 다양성 수용
- 학부모 및 지역사회 참여
- 학습 실패 위험이 있는 아동 조기 발견 및 지원

**그림 12-1 유네스코의 포용적 교육에 관한 정책 지침(2009)**

출처: www.slideshare.net

## 2 미국, 유럽, 일본 등의 장애인 평생교육 시스템

### 1) 미국의 유네스코 정책 수용 및 실행

미국의 장애인 평생교육 철학의 핵심은 '동등한 교육 기회에 의하여 장애인도 비장애인이 받을 수 있는 높은 수준의 성인교육을 받을 수 있다'는 논리에 기초하여 통합된 환경을 강조하고 있다(김두영, 2022).

미국의 장애인 평생교육 지원체계는 상향식 접근 방식(Bottom-up Approach)을 기반으로 한 수요자 중심 모델로 운영되고 있다. 이는 정부 주도의 공급 중심 정책이 아니라,

장애인 학습자의 실제 요구에 기반하여 지역사회와 교육기관이 자율적으로 프로그램을 기획하고 운영하는 구조이다.

미국 연방정부는 장애인을 위한 별도의 평생교육 전담 부서나 기관을 설립하기보다는 모든 평생교육 환경에서 장애인이 차별 없이 학습에 참여할 수 있는 조건을 조성하는 데 초점을 맞추고 있다. 이러한 접근은 장애인의 사회통합을 지향하며 분리된 특수교육보다는 일반 학습 환경 내에서의 접근성과 포용성을 강화하는 방향으로 전개된다.

특히, 장애인만을 위한 독립적인 교육기관이나 전용 과목 개설보다는 지역 커뮤니티 센터, 커뮤니티 칼리지, 종합대학 등 지역 내 다양한 고등교육기관에서 통합적 학습환경을 기반으로 장애인의 특성과 요구에 적합한 프로그램을 개발·제공하는 방식이 주류를 이루고 있다. 이러한 실천은 장애인의 자율성과 자기 결정권을 존중하며, 지역사회의 적극적인 참여를 통해 지속가능한 평생학습 생태계를 구축해 나가고 있다(Prince & Jenkins, 2005).

뿐만 아니라 장애인 교육 권리를 보장하는 법률을 일찍이 마련하여 유네스코가 추구하는 포용교육의 많은 원칙을 국내 정책에 반영해 왔다. 대표적으로 1975년 제정된 장애아교육법(현재 장애인교육법, IDEA)은 장애아동에게 "적절한 무상교육"을 보장하고 가능한 한 또래와 함께 교육받도록 즉, 최소제한환경(LRE)을 제공할 것을 의무화하였다. 비록 미국 연방법에는 "포용교육(inclusive education)"이라는 용어가 명시적으로 등장하지는 않지만, 모든 장애 학생에게 일반 학급에서 교육을 받을 수 있는 공평한 기회를 제공하고 필요한 보조 서비스를 지원하도록 함으로써 포용교육 이념을 구현하고 있다.

예컨대 1995년 미 전국교육재구조화센터(NCERI)에서는 포용교육을 "중증 장애를 포함한 모든 학생에게 근거리 일반학급에서 필요한 지원을 제공하여 효과적인 교육 서비스를 받도록 함으로써, 이들이 사회의 완전한 일원으로 성장하도록 준비시키는 것"이라고 정의하기도 하였다.

미국의 장애인 교육 정책은 연방법과 주(州)교육 정책을 통해 다층적으로 실행된다. 연방법 ADA(1990)와 재활법 504조(1973) 등은 장애로 인한 교육 접근 차별을 금지하고, 학교 시설과 프로그램의 접근성을 요구한다. 2001년 제정된 "낙오아동방지법(No Child Left Behind, NCLB)"은 비장애 학생과 장애 학생 모두의 학업 성과에 학교가 책임지도록 규정하여 사실상 모든 학생을 일반 교육과정과 평가에 포함시키는 결과를 가져왔다.

이처럼 미국은 장애 학생도 일반 교육 시스템의 일부로 간주하여 통합하는 정책 기조를 발전시켜 왔으며, 연방 교육부와 각 주 교육청은 개별화교육계획(IEP), 보조 인력 배치, 교수-보조 공동체제(co-teaching) 등 다양한 방법으로 포용적 교육 환경 조성을 추진하고 있다(UNESCO, 2025).

미국 내 현장의 포용교육 사례로, 워싱턴주 노스쇼어 교육구의 루비 브리지스 초등학교(Ruby Bridges Elementary)를 들 수 있다. 루비 브리지스 초등학교는 포용적 관행을 중심으로 학년 수준의 또래와 시간의 80% 이상을 보내는 학생의 비율을 늘리기 위한 주 전체의 공동 추진의 일부였던 수십 개의 워싱턴 학교 중 하나이다. 이 학교는 특수교육 대상 학생들을 별도 교실이 아닌 일반학급에서 또래와 함께 교육하는 것으로 유명하다.

첫 번째 종이 울리면 특수 교육 또는 장애 편의 시설을 이용하는 학생도 전일 일반 교실에서 수업을 듣고 따로 분리되지 않는다. 모든 능력의 아이들이 동일한 교실에서 같은 교과를 배우고, 수업은 학습자 차이를 반영하여 유연하게 운영되며, 수업 자료 및 도구도 다양한 표현 및 참여방식으로 제공한다(https://www.nsd.org/n/~).

> 한 1학년 교실에서는 모든 학생이 같은 파닉스 수업을 배우고 있지만, 어떤 학생들은 대형 터치스크린에서 교사와 함께 공부하고 있고, 다른 학생들은 워크시트 위에 옹기종기 모여 앉아 있고, 또 다른 학생들은 헤드폰을 끼고 태블릿으로 수업을 하고 있습니다.
>
> 쉬는 시간에는 놀이 공간 전체에 수많은 대형 표지판이 게시되어 있으며, 찡그린 얼굴과 웃는 얼굴과 함께 "그네", "아니오", "놀이", "교사", "간호사"와 같은 어린이 관련 개념의 그림이 그리드로 표시되어 있습니다. 학생들은 또한 끈에 착용할 수 있는 카드에 액세스할 수 있으므로 학생이 목소리를 낼 수 있는지 여부에 관계없이 게임을 하는 동안 서로 의사소통할 수 있습니다(Ruby Bridges 교장 Cathi Davis).

출처: https://www.nsd.org/fs/pages/2(2022)

예컨대 어떤 학생에게 별도의 보조교사가 붙거나 특별한 학습자료가 제공되지만, 수업 자체는 분리되지 않고 통합된다. 쉬는 시간에도 장애가 있는 학생과 없는 학생이 함께 어울려 놀며 자연스러운 또래 관계를 형성한다. 이러한 작은 디테일들이 학교의 일상에 포용이 얼마나 뿌리내렸는지를 보여준다.

루비 브리지스 초등학교는 워싱턴대와 협력하여 포용교육 모델을 연구·실천하는 선도 학교로 알려져 있으며, "통합교실(Inclusive Classroom)"을 통해 장애학생과 비장애학생 모두의 사회성 향상과 학업 참여도 제고라는 긍정적 성과를 거두고 있다(CASCADE PBS, 2023).

### 2) 유럽의 유네스코 정책 수용 및 실행

독일, 영국, 호주 등 소위 교육 선진국에서는 통합된 평생교육 환경을 강조하며 별도의 장애인 평생교육 부서나 기관을 신설하기보다는 장애인 학습자가 일반 평생교육 환경에서 차별받지 않는 환경을 구성하는 것을 최우선 가치로 설정하고 다양한 장애인 평생교육을 추진하고 있다(정동영, 정동일, 정인숙, 2003; 정인숙 외, 2005).

유럽 지역은 살라망카 선언 이후 포용교육을 적극적으로 수용하여, 비교적 제도적

·문화적 기반이 탄탄한 포용교육 시스템을 발전시켰다. 특히 EU 및 유럽평의회 차원에서 각국의 경험 공유와 협력을 뒷받침함으로써, 유럽 전역에 걸쳐 "특수"에서 "포용"으로의 전환이 가속화되었다. 유럽연합은 2000년대에 장애인 권리 장전과 포용교육에 관한 각료 결의 등을 통해 회원국들의 정책을 조율했고, 유럽특수교육개발기구(European Agency for Special Needs and Inclusive Education)를 설립하여 자료 공유와 통계를 제공하고 있다. 그 결과 다수의 유럽 국가에서 장애 학생의 대다수가 일반 학교에서 교육받게 되었으며, 포용교육이 교육 평등의 핵심 지표로 모니터링되고 있다.

특히 이탈리아는 유럽에서 포용교육을 가장 선도적으로 구현한 나라로 꼽힌다. 이탈리아는 1970년대부터 관련 법령을 정비하여 장애아동을 일반학급에 통합하기 시작했고, 1977년 법률 517호를 통해 모든 초중등 학교의 특수학교·특수학급을 공식적으로 폐지하였다.

현재 이탈리아 법률상 어떠한 형태의 특수학교나 특수학급도 존재하지 않으며, 전체 장애학생의 99.6%가 일반 학교에 재학하고 있다.

불가피하게 의료재활시설 등에 있는 0.4%가량의 학생만 예외로 하고, 이들조차 교육부 소속 교사가 파견되어 교육을 제공한다는 점에서, 명실상부 전면 통합교육 체제를 구축한 것이다. 이는 "학교는 모든 학생을 위한 것"이라는 유네스코 정신을 철저히 구현한 사례로, 이탈리아 교육부(MIUR)는 이후로도 1992년 장애인법(Law 104)과 2017년 통합교육 지원 법령 등 추가 정책을 통해 지원교사제도, 개별화교육계획, 지역 협력체계 등을 발전시켜 왔다.

다른 유럽 국가들도 각기 특색 있는 포용정책을 전개하였다. 북유럽의 노르웨이, 덴마크 등은 일찍이 "한 학교, 하나의 교육 시스템" 원리를 도입하여 특수학교를 최소화했고, 핀란드는 일반학교 내 특별지원교실과 협동 교수제를 운영하여 포용교육을 실천하고 있다. 영국의 경우 1981년 교육법 이후 통합교육을 추진, 2000년대 특수학교 상당수를 폐교 또는 일반학교로 전환하고 Equalities Act 2010을 통해 장애인 차별을 법적으로 금지하였다. 독일, 프랑스 등은 이중체제를 부분적으로 유지하면서도 최근 통합률을 높이고 있으며, 동유럽 국가들도 EU 가입 이후 포용교육 개혁을 가속화하였다.

요컨대 유럽은 문화적 포용성 전통과 결합하여 장애인 교육의 포용화를 비교적 성공적으로 이행한 지역으로 평가된다.

유럽의 실천 사례로는 앞서 언급한 이탈리아의 전국 단위 통합교육 시스템 자체가 가장 대표적이다. 이탈리아에서는 모든 공립학교가 장애학생을 배치받아 교육해야 할 법적 의무를 지니며, 각 학교에는 장애학생 수 및 장애 정도에 따라 지원교사(Insegnante di Sostegno)를 배정한다. 지원교사는 담임교사와 협력하여 클래스룸 내에서 장애학생을 도와주거나 개별화 교육조치를 취하지만, 수업은 같은 교실에서 다른 학생들과 함께 진행된다. 예를 들어 시각장애 학생이 있는 경우 점자 교재나 보조공학기기를 지원하고, 발달장애 학생의 경우 개별화 교육목표를 세워 같은 활동을 조정된 수준으로 참여시키는 식이다. 모든 아동에게 공통 반에서 교육을 받을 권리를 부여한 법률 118/1971호 이후 이러한 통합이 단계적으로 이루어져 왔고, 장애학생의 일반학급 완전 수용률이 99%를 넘는 유일한 유럽국가가 되었다.

이로 인해 특수학교에 격리되지 않고 성장한 장애학생들이 또래와 사회적 상호작용을 하며 학습할 수 있었고, 비장애학생들도 다양성에 대한 존중과 협력 학습능력을 키우는 효과를 거두었다는 평가가 있다. 이탈리아의 이러한 통합교육 모델은 유네스코와 국제사회에서 모범 사례로 자주 언급되며, 다른 국가들이 포용정책을 수립하는 데 하나의 참고 틀로 활용되고 있다.

### 3) 일본의 유네스코 정책 수용 및 실행

일본에서는 '평생교육'을 '생애교육(生涯教育)'이라는 용어로 사용하고 있으며, 이를 규정하는 법적 근거로는 1990년 제정된 「생애학습진흥법(生涯学習振興法)」이 있다. 이 법은 국민의 평생학습 기회 보장 필요성이 높아진 시대적 상황에 대응하여 각 도도부현이 추진하는 평생학습 진흥 사업의 체계적 운영과 필요한 사항을 규정하고 있다. 특히, 특정 지역에서 평생학습 기회를 종합적으로 제공할 수 있도록 관련 조치를 마련하고, 평생학습에 관한 중요 사항을 조사·심의하는 위원회를 설치하는 등의 내용을 포함하고 있다. 이를 통해 평생학습 진흥을 위한 지역 단위의 체계적 기반을 마련하는 데 목적을 두고 있다.

일본은 전통적으로 장애 학생을 위한 분리된 교육체제(특수학교 중심)를 운영해 왔으나, 2000년대 들어 포용교육 시스템 구축을 국가적 목표로 전환하기 시작했다. 결정적인 계기는 2007년 일본의 학교교육법 개정으로, 이때 "특수교육(特殊教育)"이라는 용어를 "특별지원교육(特別支援教育)"으로 바꾸고 모든 학교에서 장애 학생 지원을 강화하도록 법제화한 것이다.

이 개정으로 일본의 장애 학생 교육은 단순히 특수학교에서 장애 학생만 가르치는 것이 아니라 "장애 유무나 개인차에 상관없이 다양한 사람들이 생생하게 활약할 수 있는 공생사회를 이루는 기반"이라는 이념이 추가되었다. 즉 장애 학생 교육을 넘어서 사회 전체의 포용을 지향하는 철학적 전환이 이루어진 것이다. 2007년 특별지원교육 도입 이후 일본에서는 통합학급(特別支援学級)과 통합지원(通級) 제도 등이 정착되었다. 통합학급은 일반 학교 내에 소규모로 설치된 특별학급으로, 주로 경도 장애나 발달장애 학생이 소속되어 필요시 개별 지도를 받는다. 통합지원(통급)은 학생이 소속된 일반학급에서 학습하다가 일정 시간 별도로 분리되어 전문적인 지도를 받는 형태를 말한다. 이러한 방식을 통해 일본은 일반학급-통급지도-특수학급-특수학교에 이르는 연속체(continuum)를 마련하여, 각 아동의 필요에 가장 적합한 교육환경을 탄력적으로 제공하도록 하고 있다.

이는 2014년 일본 정부가 CRPD(장애인권리협약)를 비준하면서 더욱 가속화되었다. 일본 중앙교육심의회는 "가능한 한 지역의 동일한 장소에서 함께 배우도록 노력하되 개별 아동의 교육적 요구에 가장 잘 응답할 수 있는 다양한 선택지를 준비하는 것이 중요"하다고 보고하여 포용 교육 시스템 구축을 위한 특별 지원교육 추진 방안을 제시하였다. 이후 문부과학성(MEXT)은 장애 학생을 위한 합리적 편의 제공, 특수학교와 일반학교 간 연계, 교원 연수 강화 등을 포함한 정책을 시행하며 포용교육을 촉진하고 있다.

일본의 포용교육 사례는 특정 학교보다는 전국적으로 진행 중인 통합 모델에서 찾을 수 있다. 예를 들어, 한 초등학교에서 지적장애가 있는 학생이 있다고 가정하면, 이 학생은 기본적으로 일반학급에 소속되어 가능한 한 또래들과 같은 수업에 참여한다. 다만 국어나 산수 등 일부 과목에서 따라가기 어렵다면 학교 내 통급(리소스룸)에 가서 개별 지도를 받는다. 필요한 경우 특별지원 학급에서 소수의 학생과 집중적인 생활 능력 훈련이나 치료적 교육을 받기도 한다. 그러나 이러한 지원이 이루어지더라도 학생의 기본 생활과 대부분의 학습은 일반 또래와 어울려 진행된다. 일본 문부과학성은 이를 "연속적인 다양한 학습의 장"이라고 부르며, 동일한 장소에서 함께 배우는 것을 추구함과 동시에 개별 필요에 따른 지도를 병행하는 다층적 포용 모델로 보고 있다.

이러한 유연한 시스템 덕분에 지원이 필요한 학생은 필요할 때만 개별 도움을 받고 그 외 시간에는 친구들과 동일한 교실에서 배우며 사회성을 키울 수 있다. 예컨대 도쿄도의 한 통합학교에서는 청각장애 학생이 수업 시간에는 수화 통역사와 함께 일반 수업을 듣고, 방과 후 별도의 보충 지도를 받는 형태로 완전 통합에 가까운 교육을 실현하고 있다. 물론 일본의 포용교육 체제가 이상적으로 완성된 것은 아니다. 여전히 특수학교에 재학하는 장애 학생 비율이 서구에 비해 높고, 통합교육을 둘러싼 사회적 인식과 자원 부족 등의 과제가 지적된다..

그런데도 일본은 유네스코가 지향하는 "같이 배우는 교육"으로 꾸준히 나아가고 있으며, 특별지원 교육을 통해 포용교육 시스템으로의 이행을 모색하는 대표적인 사례로 평가된다(https://www.mext.go.jp).

## 연구문제

1. 유네스코의 포용교육 정책은 국가별 장애인 평생교육 제도에 어떤 영향을 미쳤는가?
2. 미국, 유럽, 일본의 장애인 평생교육 사례를 비교할 때, 각각의 정책적 강점과 한계는 무엇인가?
3. 국제적 포용교육 흐름을 고려할 때, 한국 장애인 평생교육 정책의 개선을 위해 필요한 핵심 전략은 무엇인가?

## 실습가이드

- **형　태**: 조별 토론 및 발표
- **준비물**: 사전 조사자료
- **기　타**: 포스트잍, 전지, 유성매

1. 국제 사례에서 배우는 핵심 요소는 무엇이며, 한국에 적용 가능한 요소는 어떤 것이 있는가?

2. 한국의 현행 장애인 평생교육 정책에서 국제 흐름에 부합하지 않는 부분은 무엇인가?

3. 포용교육 국제 기준을 반영한 장애인 평생교육 정책 개선 전략 3가지를 선정하고 구체적 실천방안을 제시하시오.

   1)

   2)

   3)

4. 개인별 성찰 및 배운 점을 쓰시오.

# 13 장애인 평생교육의 전략과 과제

## 학습개요

장애인 평생교육은 단순한 학습 기회 제공을 넘어, 개인의 자율성과 사회 참여를 촉진하는 핵심적 수단으로 자리 잡고 있다. 그러나 현재의 교육 환경과 정책, 프로그램은 여전히 개선과 확장이 필요한 상황이다. 기술 발전, 사회적 인식 변화, 정책적 지원 확대 등은 장애인 평생교육의 새로운 가능성을 열고 있으며, 이러한 변화에 적극적으로 대응하는 것이 미래 교육의 핵심 과제가 된다.

이 장에서는 장애인 평생교육의 향후 발전 방향을 조망한다. 학습자의 다양한 욕구와 잠재력을 반영한 맞춤형 교육, 디지털 기술과 통합된 학습 환경, 지역사회와 연계된 평생학습 네트워크 등 변화하는 교육 환경 속에서 장애인 평생교육이 나아가야 할 전략과 과제를 살펴본다. 또한 정책, 제도, 프로그램 차원의 실천적 접근을 함께 논의하여, 장애인교육의 실무자와 연구자가 참고할 수 있는 방향성을 제시한다.

## 학습목표

1. 현재 장애인 평생교육 접근성의 한계점과 접근성 확대를 위한 구체적 방안을 4가지 이상 제시할 수 있다.
2. 장애인 평생교육을 운영하는 데 있어 전문인력의 중요성을 설명할 수 있다.
3. 장애인 평생교육의 효과적 운영에 대한 방안을 제시할 수 있다.

# 1 장애인 평생교육 접근성

세상에는 많은 사람이 있다. 키 큰 여자, 머리 긴 남자, 피부가 옅은 사람, 피부가 짙은 사람, 채소를 좋아하는 사람, 채소를 싫어하는 사람 등 다양한 사람들이 함께 어울려 살아간다. 이 가운데 장애인도 있다(박정경, 2024). 이 다름은 평생교육 접근성에서도 배제할 수 없는 현실이다.

## 1) 접근성 확대

장애인의 학습권 보장은 「헌법」과 「장애인권리협약」에서도 명시된 기본 권리이다. 현재 많은 장애인은 물리적 제약, 정보 격차, 제도적 장벽으로 인해 평생교육 참여가 제한되고 있다. 장애인 평생교육의 핵심은 모든 장애인이 동등하게 교육에 참여할 수 있는 접근성을 보장하는 것이다. 장애인들이 교육을 받기 어려운 환경을 극복하기 위해서는 물리적, 사회적, 기술적 접근성이 강화되어야 한다.

장애인들이 교육에 참여하는 데 있어 가장 큰 장애물 중 하나는 물리적, 사회적, 그리고 기술적 접근성의 부족이다. 장애인들이 학습 환경에 자유롭게 접근할 수 있어야 하지만, 현실적으로 이는 여전히 부족한 경우가 많다.

물리적 접근성 부족은 많은 교육기관이 장애인 접근이 어려운 환경을 가지고 있다. 예를 들어, 장애인 전용 시설, 엘리베이터, 편의시설 등이 부족해 이동에 불편을 겪는 장애인들이 많다. 또한, 교육 장소가 교통이 불편한 지역에 위치해 있어 교통 접근성이 떨어지는 경우도 있다.

디지털 접근성 문제는 온라인 교육의 중요성이 커지면서 디지털 기술을 활용한 교육이 늘어나고 있지만, 장애인들이 이를 충분히 활용할 수 있는 환경은 여전히 부족하다. 예를 들어, 웹사이트나 학습 플랫폼이 장애인에게 비접근적인 경우가 많고, 보조 기술이 제대로 지원되지 않으면 온라인 학습에 참여하기 어려운 상황이 발생한다. 디지털 기술을 활용하여 장애인들이 온라인 교육에 참여할 수 있도록 해야 한다. 웹사이트나 학습 자료가 음성 안내, 자막, 촉각 자료 등 다양한 형태로 제공되어야 하며, 보조 기술을 활용한 학습 도구가 중요하다.

사회적 접근성은 장애인들이 교육에서 차별을 받지 않도록 사회적 태도 변화가 필요하다. 인식 개선 교육, 장애인에 대한 이해 증진 등을 통해 장애인들이 평생교육에 자유롭게 참여할 수 있도록 유도해야 한다.

진정한 평생학습사회로 나아가기 위해서 교육 접근성을 제도적으로 확보해야 한다.

### 2) 접근성 확대를 위한 구체적 방안

① 물리적 접근성 강화를 위해서는 교육기관, 평생학습관, 복지관 등에 장애인용 경사로, 엘리베이터, 점자 안내 설치, 이동 지원 서비스 연계: 휠체어 탑승 가능 차량, 셔틀 운행 등의 확충이 필요하다.

② 정보 접근성 강화로 웹사이트 및 앱의 웹 접근성 기준(WCAG) 준수, 모든 교육자료에 자막, 수어, 점자, 음성 안내 포함, 이해 쉬운 콘텐츠 제공(발달장애인을 위한 쉬운 글, 그림 중심 설명)이 필요하다.

③ 교육 콘텐츠 접근성 확대를 위해 다양한 장애 유형에 맞춘 개별화 학습 자료 개발, 실시간 피드백이 가능한 온라인 수업 플랫폼 구축, 보조공학기기 연계 콘텐츠 제공(예: 스크린리더와 호환되는 자료)이 중요하다.

④ 심리적 · 사회적 접근성 확대를 위해서는 차별과 편견 없는 교육환경 조성, 통합교육 및 팀 프로젝트 활동 통해 비장애인과의 긍정적 상호작용 유도, 강사 대상 장애인 이해 교육 실시로 학습자의 자존감 및 소속감 증진을 들 수 있다.

⑤ 경제적 접근성 보장으로는 교육비 전액 지원 또는 소득 기준에 따른 차등 지원 교통비, 보조기기, 교육 도우미 인건비 등 간접비용 지원이 필요하다.

## 2 지원과 협력

### 1) 정책적 지원

장애인 평생교육의 발전을 위해서는 정부와 지역사회의 정책적 지원이 뒷받침되어야 한다. 장애인 교육의 법적 지원과 재정적 지원이 확대되면 장애인들에게 더 나은 교육 기회를 제공할 수 있다.

정책적 지원을 위해 정부는 장애인 평생교육을 위한 법적 프레임 워크를 마련하고, 지원 정책을 통해 교육기관에 대한 재정적 지원을 강화해야 한다.

지역사회와의 협력에서 장애인 평생교육은 지역사회와의 협력도 중요하다. 지역 내 교육기관, 직업훈련센터, 사회복지기관 등과 협력하여 장애인들에게 다양한 지원을 제공할 수 있다.

장애인 평생교육의 미래 방향은 접근성의 확대, 개별화된 교육, 사회적 통합, 디지털 기술의 활용, 포용적 교육문화 등을 중심으로 발전해 나갈 것이다. 장애인들이 평생교육을 통해 자립적인 삶을 영위할 수 있도록 하는 것이 목표이며, 이를 위해 다양한 학습 방법과 프로그램이 필요하다. 또한, 정부와 지역사회의 적극적인 지원이 장애인 평생교육의 발전을 견인할 것이다.

### 2) 재정적 지원

장애인 평생교육을 제공하는 기관이나 단체는 재정적 지원이 부족한 경우가 많다. 이는 교육 프로그램의 질적 향상과 지속적인 운영을 어렵게 만든다.

재정적 지원을 통해 많은 장애인 평생교육 프로그램이 재정적 자원의 부족으로 어려움을 겪고 있다. 정부의 지원 예산이 충분하지 않거나, 지자체에서 제공하는 서비스가 부족한 경우, 장애인들이 실질적인 혜택을 누리기 어려운 상황이 발생한다.

### 3) 포용적 교육 문화

장애인 평생교육은 모든 사람을 위한 교육이어야 하므로, 포용적 교육을 통해 다양한 배경과 능력을 가진 사람들이 서로 상호작용하고 배울 수 있는 환경을 조성해야 한다. 장애인들이 일반인들과 함께 학습할 수 있는 통합교육 환경을 조성하여, 서로 다름을 인정하고 존중하는 문화를 만들어 간다.

장애인과 비장애인이 함께 활동할 수 있는 협동 학습을 통해 서로의 경험을 나누고 이해를 증진힐 수 있다. 또한 교수자 역량 강화를 통해 장애인 평생교육을 제공하는 교사나 강사의 역량을 강화하여, 학습자에게 더 나은 교육을 제공할 수 있도록 한다. 교사들은 장애에 대한 이해와 다양한 교수법에 대한 훈련을 통해 효과적인 교육을 제공해야 한다.

### 4) 사회적 인식 개선과 협력

#### (1) 사회적 인식 개선

장애인 평생교육에 대한 사회적 인식 부족은 또 다른 큰 과제이다. 장애인들이 교육을 받을 자격이 충분히 있음에도 불구하고, 일부 사람들은 장애인에 대해 여전히 편견을 가지고 있으며, 장애인들이 교육에 참여하는 것에 대한 저항이나 편견이 존재한다.

장애인이 일상생활 속에서 자연스럽게 획득하는 개인적인 능력이 사회적응 행동이며, 이는 인간이 발달의 과정을 거치면서 터득되는 것이다. 그러나 지적인 장애를 수반하고 있지 않더라도 그들의 장애에 대한 편견과 사회 문화적인 환경으로 인하여 적응 행동을 터득할 기회를 상실되는 경우가 있다고 하였다(유정희, 2006).

그러므로 장애인이 다른 사람들과 상호작용을 적절히 하며 정해진 규칙을 지키고 자기 역할에 대한 책임감을 다하는 사회적 적응 행동은 더불어 살아가야 하는 사회에서 그 필요성이 매우 절실하다. 지역사회에서 장애인은 사회참여와 활동을 통해 비장애인들과 일상생활 및 직업적 자립을 이루며 더불어 살아가야 하지만, 이는 발달장애인이 속한 환경에서 사회적응의 적절한 행동이 전제되어야 한다. 이에 발달장애인이 겪는 사회적 적응의 어려움은 단순한 인지능력뿐만 아니라 사회 심리적 요인도 작용한다고 하였다(백정연, 2004).

따라서 인식 개선을 위한 교육과 캠페인이 필요하다. 장애인들이 평생교육에 참여하는 것이 정당한 권리임을 사회적으로 인식할 수 있도록 해야 한다. 이를 위해서는 사회적 캠페인, 인식 개선 교육 등을 통해 장애인에 대한 긍정적인 시각을 확산시켜야 한다.

### (2) 커뮤니티와의 협력

장애인 평생교육은 학교뿐만 아니라 지역사회와의 협력도 중요하다. 그러나 많은 지역사회에서 장애인 교육과 관련된 협력체계가 부족하여, 장애인들이 다양한 교육 기회를 누리지 못하는 경우가 많다.

따라서 지역사회 내에서 장애인 교육을 위한 협력체계를 구축하고, 다양한 지역 자원을 활용해 장애인 교육의 기회를 확대해야 한다. 예를 들어, 직업훈련센터, 지역 커뮤니티 센터, 복지시설 등과 협력하여 장애인들에게 다양한 교육 자원을 제공할 수 있어야 한다.

장애인 평생교육 현장에서의 실제적 과제는 장애인들이 평등한 교육 기회를 누리기 위한 여러 제도적, 사회적, 물리적 문제들이 얽혀 있는 복합적인 상황이다. 이러한 과제들을 해결하기 위해서는 교육환경의 개선, 교사의 전문성 강화, 사회적 인식 변화, 재정적 지원 확대, 직업 훈련 강화 등 다양한 측면에서의 노력이 필요하다. 장애인들이 평생교육을 통해 자립적이고 풍요로운 삶을 살 수 있도록 하는 것이 가장 중요한 목표이며, 이를 위해 각계각층의 협력이 필수적이다.

## 3 장애인 평생교육 전문인력 확보

장애인 평생교육을 효과적으로 장애인 학습자에게 제공하려면 전문 교사와 훈련된 인력이 필수적이다. 그러나 현재 많은 교육기관에서는 장애인 교육에 특화된 전문인력이 부족한 상황이다. 일반적인 교사들은 장애인 특성에 대한 이해가 부족하거나, 장애인 맞춤형 교수법에 대한 훈련을 받지 못한 경우가 많다. 장애인에게 적합한 교육 방법과 자료 개발이 이루어지지 않으면, 교육 효과가 제한적일 수 있다.

또한 장애인 평생교육 종사자의 장애인 평생교육 업무 비중은 '타 업무 중심 장애인 평생교육 병행'이 가장 많아서 장애인 평생교육 업무에 집중할 수 있는 인력확충의 필요성이 제기된다. 그리고 장애인 평생학습을 지원할 수 있는 장애인 평생학습매니저 등의 전문인력 양성이 긴급하고도 중요하다.

따라서 이와 같은 문제를 해결하기 위해서는 먼저 장애인 평생교육 인력을 채용할 수 있도록 예산을 배정해야 하며, 다음은 장애인 평생학습을 보조할 수 있는 전문인력 양성 및 배치가 우선되어야 할 것이다.

## 4 장애인 평생교육 프로그램 활성화

「평생교육법」 제5조에 따라 장애인이 평생교육의 기회를 충분히 부여받을 수 있도록 장애인 평생교육 정책을 수립·수행하기 위해 장애인 평생교육에 관련하여 시행령을 개정('17.5.29), 장애인 평생교육 활성화를 도모하고자 교육부 내 장애인 평생교육전담부서 설치 및 국가장애인평생교육진흥센터(국립특수교육원 내, '18.4.3.)를 설립하였다. 또한 지역의 장애인 평생교육의 지원을 위해 예산편성을 확보하여 지역의 장애인 평생교육시설 수 및 예산지원을 지속적으로 확대하고 장애인 맞춤형 프로그램 개발 · 보급 노력에도 불구하고 수요자의 다양한 프로그램 요구에는 못 미치는 상황이다(수원시, 2021).

따라서 장애인 수요자의 요구기반 설계에 기반하여 장애인의 특성을 고려한 생애주기와 장애 유형에 따른 맞춤형 프로그램 도입의 필요성이 요구된다.

장애인들이 인식하는 장애인 평생교육의 목적은 '자립생활능력 향상'을 가장 우선적으로 보고 있다. 하지만 편의시설, 접근성, 발전 방향 전반에 대해 장애인들이 요구하는 자립기반 평생교육 프로그램을 제공하지 못하고 문화예술 등 여가생활 프로그램에 그치는 경우가 많다.

장애인 학습자의 현실적인 요구를 반영하여 자립기반 평생교육 프로그램을 개발해야 한다. 이러한 평생교육 프로그램은 '메타버스' 같은 가상 공간에서 활용 가능한 첨단 미디어 기반 프로그램 개발이 필요하다.

그리고 장애인 평생교육 프로그램의 적극적 홍보가 필요하다. 장애인 이용자 측면에서는 '장애인 평생교육 참여에 대한 두려움 및 자신감 부족', '수강 신청 절차로 인한 어려움' 등을 어려움으로 보고 있다. 따라서 장애인 평생교육 프로그램 접근에 대한 적극적인 홍보의 필요성이 제기된다(백석대학교, 2020).

## 5 장애인 평생교육 운영

### 1) 교육 내용과 방법의 다양화

장애인들은 각기 다른 능력과 학습 스타일을 가지고 있어, 일률적인 교육 내용과 방법으로는 효과적인 교육이 이루어지지 않는다. 교육 현장에서 장애인들에게 맞춤형 교육을 제공하는 것이 중요한데, 실제로 이러한 개별화된 교육이 잘 이루어지지 않는 경우가 많다.

장애인들이 자기 주도적인 학습을 할 수 있도록 다양한 교수 방법을 도입해야 한다. 예를 들어, 시각적 학습 자료, 청각적 자료, 촉각 자료 등 다양한 형태의 교육자료를 제공하고, 인터랙티브 학습이나 맞춤형 교육 계획을 통해 장애인들의 필요를 충족시켜야 한다(강대옥, 2017).

### 2) 교사의 전문성

장애인 평생교육을 담당하는 교사들이 장애에 대한 충분한 전문 지식과 교수법을 갖추지 못한 경우가 많다. 교사들이 장애인들에게 필요한 맞춤형 교육 방법을 제대로 이해하지 못하면 교육의 효과가 제한적일 수 있다.

교사들에게 장애 특성에 대한 교육과 다양한 교수법 훈련을 제공해야 한다. 장애인 교육에 특화된 교사 양성 프로그램을 통해 교사들의 전문성을 향상시키는 것이 필요하다. 또한 보조 교사와 자원 부족으로 많은 프로그램에서 장애인에게 필요한 보조 교사나 보조 기술을 지원하는 데 필요한 자원이 부족하다. 이를 해결하기 위해서는 더 많은 전문 교사와 보조 인력이 필요하지만, 현실적으로 이러한 지원은 충분하지 않다.

### 3) 맞춤형 교육 확대

맞춤형 교육은 장애인의 장애 유형, 연령, 인지 수준, 흥미, 학습 속도 등을 고려하여 개인별로 최적화된 교육 내용을 제공하는 교육 방식이다. 평생교육에서는 더욱 다양한 삶의 단계와 상황을 반영해야 하므로 개별화의 중요성이 더욱 강조된다.

장애인들은 각기 다른 장애 유형과 학습 스타일을 가지고 있기 때문에 개별화된 학습이 필요하다. 하지만 현실적으로 개인 맞춤형 교육을 제공하는 데에는 한계가 있다. 일반화된 교육 프로그램 및 대부분의 평생교육 프로그램은 장애인 개별성을 고려한 맞춤형 교육보다는 일괄적인 교육 방안에 초점을 맞추고 있다. 이로 인해 장애인들은 자신의 특성과 수준에 맞지 않는 교육을 받게 될 수 있다.

장애인 맞춤형 교육의 필요성과 실행 방안을 살펴보면 다음과 같다.

① 필요성으로 장애인은 각자 매우 다양한 교육적 요구를 지니고 있다. 그러나 획일적인 프로그램은 교육 효과가 낮고 참여율도 저조할 수 있으며, 자존감 회복과 삶의 질 향상을 위해 자기 주도적 학습 기회가 필수이다.

② 구체적 실행 방안을 위해서는 개별 교육 계획 수립(IEP) 기반의 프로그램 운영이 필요하다. 이를 위해서는 발달장애인을 위한 시각 중심 교육, 지체장애인을 위한 온라인 콘텐츠 활용, 적절한 교수법 및 보조공학 활용, 청각장애인을 위한 자막 · 수화 통역 포함, 시각장애인을 위한 점자 · 음성 안내, 소그룹 중심의 상호작용 강화 참여자 간 관계 형성을 통해 사회성도 함께 키움, 진단 및 사전 평가 도입, 학습자의 현재 역량을 파악해 교육 내용 조정, 유연한 학습 시간과 장소 제공, 가정 · 지역사회 · 온라인 등 다양한 환경에서의 접근성 확보가 필요하다.

그리고 장애인 평생교육은 학습자의 개별적 특성을 고려한 맞춤형 교육을 제공하는 방향으로 발전해야 한다. 각 장애 유형, 학습 속도, 필요와 능력에 따라 교육 내용과 방법을 조정할 수 있어야 한다.

개인화된 학습 계획으로 장애인 학습자의 능력에 맞춘 개별 학습 계획이 필요하다. 이를 위해서는 학습자의 강점과 약점을 정확히 파악하고, 그에 맞는 맞춤형 교육 콘텐츠와 학습 자료를 제공해야 한다.

보조 기술 활용으로는 장애인들이 학습할 때 필요한 보조 기술을 활용하여, 각기 다른 장애 유형에 맞는 학습 환경을 제공해야 한다. 예를 들어, 시각장애인을 위한 화면 리더나 청각장애인을 위한 자막 시스템 등을 도입할 수 있다.

또한 장애인의 욕구를 장애인 지원 인력이 충분히 고려한 다음, 다양한 의사소통 방식으로 사전에 결정될 내용을 알기 쉽게 잘 전달하고 지적장애인이 동의하는 것만으로도 자기 결정은 실현될 수 있다고 하였다(이복실, 2012). 자기 결정은 장애인에게 긍정적인 성과를 주는 것으로 사회적응 행동에서 중요한 요인으로 볼 수 있다.

### 4) 직업교육과 사회적 통합

장애인들이 사회와 직장에서 적극적으로 활동할 수 있도록 직업 교육과 사회적 기술 훈련이 강화되어야 한다. 장애인 평생교육은 단순히 지식을 전달하는 데 그치지 않고, 학습자들이 자립적인 생활을 할 수 있도록 돕는 교육이어야 한다.

직업훈련을 위해 장애인들이 직업을 갖고 자립할 수 있도록 직무 훈련과 직장 내 의사소통 기술, 팀워크, 문제 해결 능력 등을 배울 수 있는 프로그램이 필요하다. 이를 통해 장애인들이 취업 시장에서 경쟁력을 갖추게 될 것이다.

사회적 기술 훈련으로는 장애인들이 사회적 환경에서 원활하게 소통하고 관계를 맺을 수 있도록 사회적 기술을 배우는 것도 중요하다. 예를 들어, 갈등 해결, 의사소통 능력 등을 향상시키는 교육이 필요하다.

또한 장애인들이 교육을 통해 배운 내용을 실제 직업과 연결시킬 수 있는 기회가 부족하고 직업 교육과 관련된 실습 기회나 인턴십 등이 마련되지 않으면, 장애인들이 교육을 통해 배운 기술을 실제 직장에서 활용하기 어렵다.

이를 위해 장애인들이 교육 후 취업으로 이어질 수 있는 경로를 마련하여, 취업 지원과 직업 연계 프로그램을 강화해야 한다(김두영, 2024).

### 5) 디지털 기술과 온라인 학습의 활용

인공지능(AI) 디지털 기술과 온라인 학습 환경은 장애인 평생교육의 큰 발전 가능성을 열어준다. 장애인들이 자기 주도적으로 학습할 수 있도록 디지털 학습 플랫폼과 온라인 교육을 적극 활용하는 것이 중요하다.

온라인 교육 플랫폼은 장애인들이 언제 어디서든 학습할 수 있도록 온라인 학습

시스템을 도입한다. 이 시스템은 장애 유형에 맞춰 음성 안내, 자막, 인터랙티브 기능 등을 제공해야 한다.

디지털 학습 자료의 영상 콘텐츠, 오디오 자료, 인터랙티브 퀴즈 등을 통해 장애인들이 더 효과적으로 학습할 수 있도록 자료를 제작한다. 또한, 가상 현실(VR)이나 증강 현실(AR)을 활용하여 실습 교육을 온라인 환경에서도 제공할 수 있다.

장애인 학습자들이 '학습 및 수강 편의'를 위해서는 장애인들의 교육기관 접근 애로와 같은 예측하지 못한 외부 환경의 변화에 유연하게 대비하고 안정적으로 학습할 수 있는 원격기반 체제 구축의 필요성이 제기된다.

## 연구문제

1. 장애인 평생교육 전문인력의 확보방안에 대해 논하여 보시오.
2. 장애인 평생교육에 대한 사회적 인식 부족에 대한 개선점을 토론하여 보시오.
3. 장애인 평생교육의 운영 방향에 대하여 토론하여 보시오.

## 실습가이드

### 윈도우 패닝으로 수업 정리

- **준비물** : A4, 네임펜
- **소요시간** : 30분

  수업의 마지막(정리 단계)에 활용

**1단계** 개인별로 A4 한 장을 6등분(6칸)으로 접는다.

**2단계** 학습한 내용을 각자가 키워드와 이미지로 6칸을 채운다.

- 장애인평생교육론의 한 학기 학습을 통해 기억나는 요소를 이미지로 그려보고 간단한 키워드로 작성

**3단계** 시간에 따라 전체 또는 팀별로 발표를 한다.

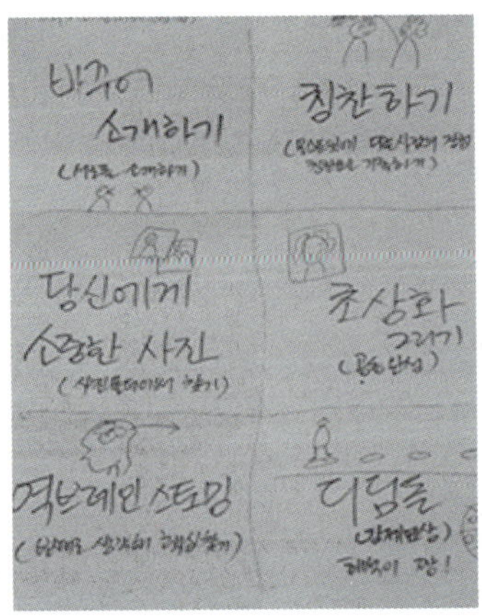

# 참고문헌


강대옥 외(2017). **특수교육학개론**. 학지사.

강승원, 김민경(2020). 발달장애인 자조모임 활동과정에 대한 질적 연구. **인문사회 21, 11**(6), 1367-1382.

강영실(2016). **장애인복지의 이해**. 신정.

강인애(2006), 구성주의 연구에 대한 회고와 전망. 한국교육공학학회.

강주희, 정연수(2023). 장애인 평생학습도시 사업 실무자의 운영 경험. **장애인평생교육복지연구, 9**(1), 1-26.

강진령(2018). **DSM-5 진단사례집**. 학지사.

공마리아 외(2013). **장애인을 위한 직업적응훈련 이론과 실제**. 학지사.

국가장애인평생교육진흥센터(2023). 2023장애인 평생교육 현황조사 결과 보고서. 국가장애인평생교육진흥센터.

국립특수교육원(2017). 장애학생 부모 양육 지원가이드북 지체장애(뇌병변장애) 편. 도서출판 생각나눔.

국립특수교육원(2017). 장애학생 부모양육 지원가이드북 시각장애 편.

국립특수교육원(2017). 장애학생 부모양육 지원가이드북 자폐성장애 및 정서·행동장애 편.

국립특수교육원(2017). 장애학생 부모양육 지원가이드북 지적장애 편.

국립특수교육원(2017). 장애학생 부모양육 지원가이드북 청각장애 편.

국립특수교육원(2018). 발달장애인 평생교육과정.

국립특수교육원(2019). 2019 시도별 장애인 평생교육 기관 시범운영을 통한 일반화 모델 개발 연구.

국립특수교육원(2020). 배움을 잇다. 즐거움이 있다. pp. 98-99.

국회입법조사처(2022). 장애인 평생교육 현황과 개선과제(NARS 현안분석). 국회입법조사처.

권대봉(1999). **성인교육방법론**. 학지사.

권두승(2000). **성인학습 지도방법의 이론과 실제**. 교육과학사.

권미영(2019). STEAM기반 장애학생 경제교육(SEED)에 대한 특수교사 요구. **특수교육재활과학연구 58**(1), 79-100.

권보민, 권순우(2022). COVID-19상황에서 청각장애대학생의 온라인 교육 지원 실태에 관한 사례 연구-D대학을 중심으로. **특수교육 저널: 이론과 실천, 23**(1), 81-110.

권석만(2012). **현대 이상심리학**. 학지사.

권선진(2005). **장애인복지론**. 청목출판사.

권선진(2007). **장애인복지론**. 청목출판사

권영선, 배철우, 윤영남, 이종훈, 조용(2021). **평생교육방법론**. 동눈사.

권혜진, 김민정(2022). 음악 실기교육을 위한 온·오프라인 혼합형 수업 설계원리 개발연구. **음악교육공학**, (53), 21-50.

김경양, 남보람(2021). 발달장애인을 위한 읽기쉬운자료 제작 교재 개발 연구. **한국콘텐츠학회논문지**, 21(5), 477-487.

김기룡, 강성하, 박미진 외 4인(2023). 제2차 장애인 평생교육 활성화 방안 수립 기초연구. 국가장애인평생교육진흥센터.

김남진(2011), 건강장애학생을 위한 화상강의의 효과성 인식과 만족도 연구. **특수교육저널: 이론과 실천**, 12(2), 69-89.

김동일, 이경준(2017). UN 장애인권리협약 제24조와 장애인 평생교육의 방향.

김동일, 한경근, 지은, 김은혜, 김은삼(2020). 발달장애인 학력보완교육 프로그램 개발 보고서. 국립특수교육원.

김두영 외(2019). **장애인평생교육강사 양성과정 2급**. 신구문화사.

김두영(2022). **장애인 평생교육의 이해**. 창지사.

김두영(2022). 한국 장애인 평생교육 정책의 발전과정에 관한 연구. **평생교육학연구**, 28(3), 229-260.

김두영(2024). **장애인 평생교육의 이해**. 창지사.

김미나(2022). 장애인 직업적응훈련시설의 면접기술훈련 프로그램 개발 연구. 단국대학교 특수교육대학원 석사 학위논문

김미미(2022). 정신장애인의 낙인지각이 사회적응에 미치는 영향. 대구가톨릭대학교 대학원 석사학위논문.

김미아, 김두영(2017). 장애인야학 학습자의 평생교육 프로그램 참여 동기 및 저해 요인. **특수교육학연구**, 51(4), 1-20.

김미향(2020). 학교와 지역사회 간 연계·협력에 기반한 마을교육공동체의 개념 탐색. **평생학습사회**, 16(1), 27-52.

김미혜, 김지혜, 원형중(2014). 대학생의 동아리 참여 유형에 따른 여가정체성이 심리적 웰빙에 미치는 영향. **여가학연구**, 12(1), 21-42.

김보배(2023). 장애인복지관 종사자의 성인 발달장애인 평생학습 지원 경험에 관한 연구. **장애인평생교육복지연구**, 9(2), 29-56.

김삼섭 외(2012). **특수교육학개론**. 신정.

김삼섭 외(2019). 장애인 평생교육 중장기계획 수립을 위한 기초 연구. 국립특수교육원.

김삼섭(20216). 양육 길라잡이: 발달장애. 국립특수교육원.

김성희, 이연희, 황주희, 오미애, 이민경, 이난희, 강동욱, 권선진, 오혜경, 윤상용, 이선우(2014). 2014년 장애인 실태조사.

김송희(2021). 코로나19로 인한 구글 클래스룸 도입 과정에서 형성된 실행공동체(CoP)에 대한 실행연구. 한국교원대학교 교육정책전문대학원 석사학위논문.

김수일(1995). **평생교육방법론**. 박영사.

김신일(2008). **평생교육학개론**. 학지사.

김용현 외(2025). **평생교육론**. 양서원.

김원호, 김주영, 이윤우, 김용탁, 이범수(2023). 장애인 평생학습도시 운영 활성화 방안 연구. 국립특수교육원 국가장애인평생교육진흥센터.

김은하, 박승희(2012). 개인중심계획: 발달장애인의 개별화계획 개발을 위한 적용. **정서·행동장애연구, 28**(3), 259-292.

김재연(2021). 환경기술인의 온라인 교육 효과 강화를 위한 교육과정 개선방안에 관한 연구: 대기 환경기술인 교육과정을 중심으로. 서울과학기술대학교 대학원 석사학위논문.

김정연, 박은혜, 김유리(2014). 병원학교와 화상강의 시스템 교육에 대한 건강장애학생 부모의 인식 및 지원 요구. **지체·중복·건강장애연구, 57**(3), 231-250.

김정연, 이복희(2022). 평생교육 교수자의 성인 발달장애인 교수경험 의미탐색. **평생교육 인적자원개발연구, 1**(2), 91-114.

김정희, 손인봉, 이은영(2009). 발달장애인 가족시원체계에 관한 연구. 한국장애인개발원.

김종표, 이복희, 이영희, 홍성욱(2016). **NCS 기반 교수법**. 양서원.

김주석(2024). 지역사회 연계교육이 지방대학생의 지역협력활동 인식에 미치는 영향. **인문사회과학연구, 6**(4), 11-30.

김진학(2001). **프로그램개발과 평가**. 학지사.

김진화, 김소현, 고영화, 김경미(2009). 농촌여성 평생학습센터 실태분석과 운영모델개발. 농업교육과 인적자원개발.

김필성, 정상원, 권다남(2023). 한 초등학교가 지역사회 연계 교육협력으로 폐교 위기를 극복한 내러티브. **질적탐구, 9**(4), 413-442.

김현집(2021). 장애인 교사 연구 동향 분석과 지원 방안 탐색. **특수교육논총, 41**(1), 145-166.

김형일 외(2018). **장애인의 이해**. 양서원.

김혜진(2023). ICF기반 장애인 통합 돌봄(Integrated care)을 위한 연구. 중앙대학교 대학원 박사학위논문.

나운환(2008). **장애학: 통합재활적 접근**. 나눔의집.

남용현, 한용현, 이민희(2022). 장애유형별 직업능력향상교육 프로그램 개발을 위한 델파이 연구. **재활복지 26**(1), 1-27.

노정숙(2001). 정신장애인에 대한 사회적 지지가 사회적응에 미치는 영향에 관한 연구. 연세대학교 대학원 석사학위논문.

류인환, 김기룡, 김지환, 기민지(2024). 장애인 평생교육 현황조사. 국가장애인평생교육진흥센터.

류주현(2025). 퍼지셋 이상형 분석을 활용한 발달장애인 자조모임 유형화 연구. **한국산학기술학회논문지, 26**(11), 567-575.

문병환, 김동례(2016). 지역사회 연계교육에 대한 유아교사의 인식 및 실태조사. **어린이문학교육연구, 17**(2), 493-520.

문영민(2018). 장애인 대학생의 장애정체성 형성 과정 연구:대학 내 장애인 동아리 활동을 중심으로. **특수교육학연구, 53**(3), 35-66.

박경희(2014). 장애인 평생교육 개념 정립 연구. **특수교육학연구, 49**(2).

박광효(2018). 4차 산업혁명시대장애인 창업에 대한 고찰. 부산대학교 대학원 석사학위논문.

박상훈(2015) 온라인 국제교류학습 성과에 영향을 미치는 변인 간의 구조적 관계 분석. 건국대학교 대학원 박사학위논문.

박상훈(2018). 온라인 국제교류 협력학습 설계모형 탐구. **디지털융복합연구, 16**(10).

박순희(2007). **시각장애아동의 이해와 교육**. 교육과학사.

박연화(2010). Blended Learning적용 수업이ADHD성향이 있는 아동의 수업시 주의집중력과 학업성취도에 미치는 영향. 중앙대학교 교육대학원 석사학위논문.

박원희(2009). **특수교육학**. 교육과학사.

박자경(2009). 장애인의 삶의 만족도 모형 구축 및 검증에 관한 연구. 성균관대학교 대학원 박사학위논문.

박재경(2022). 평생학습도시 교육취약계층 프로그램에 대한 학습자의 평가 특성에 관한 연구. 동의대학교 대학원 석사학위논문.

박정경(2024). **발달장애인과 함께하는 경계존중 이야기**. 도서출판 사슴뿔.

박희찬, 김용득(1997). 발달장애인을 위한 기능적 생활기술 프로그램 실현화 방안. **직업재활연구, 7**, 91-114.

배호순(1994). **프로그램 평가론**. 원미사.

백석대학교(2020). 2020년 장애유형별 평생교육프로그램 개발.

백은령, 김기룡, 유영준, 이명희, 최복천(2013). **장애인 가족지원**. 양서원.

백정연(2004), 쉬운 정보로 '발달장애인들 살맛 나는 인생을 꿈꾼다. 한국사회적 경제신문.

변선옥(2023). 발달장애 성인 자녀의 사회적응을 위한 어머니의 학습경험 의미탐구.

서유경, 박재국, 장지현(2022). 장애인 평생교육 관계자의 장애인 평생학습도시 운영 실태와 활성화 방안에 대한 인식: 부산광역시를 중심으로. **발달장애연구, 26**(1), 97-118.

서한나(2021). 대학수업에서 온라인 플립러닝을 위한 실재감 증진전략 개발 및 적용. 단국대학교 대학원 박사학위논문.

손지영(2011). 장애학생을 위한 보편적 학습 설계의 적용에 대한 온라인 학습 콘텐츠의 분석 연구: 에듀넷의 사이버가정학습을 중심으로. **특수교육재활과학연구, 50**(4), 39-63.

송인애, 김영민, 김정연, 정지선(2022). 화성시 장애인 평생학습 실태 및 욕구조사 연구(연구보고서). 화성시청.

신선숙(2020). 발달장애인 부모의 윤리적 딜레마에 관한 인식연구. 나사렛대학교 일반대학원 박사학위논문.

신성수(2024). 발달장애학생을 위한 NCS 기반 바리스타 교육과정 내용체계 개발. 국립공주대학교 대학원 석사학위논문.

신용주(2004). **평생교육의 이론과 방법**. 형설출판사.

신윤희, 박경옥(2021). 장애인 평생학습도시 운영사업에 참여한 당사자의 참여 현황 및 지원 요구에 대한 인식 조사: 경기도G시를 중심으로. **특수교육재활과학연구, 60**(3), 115-140.

앤드루릴런드(2024). **나는 점점 보이지 않습니다**. (옮긴이 송섬별). 어크로스 출판그룹.

양수진(2017). 팀리더의 코칭리더십이 조직유효성에 미치는 영향. 한양대학교 대학원 박사학위논문.

엄윤서(2010). 정신장애인의 지역사회자원 활용 정도가 사회적응에 미치는 영향에 관한 연구. 대구대학교 대학원 석사학위논문.

에두아르드 C. 린드만(2013). **성인교육의 의미**. (김동진, 강대중 역). 학이시습.

염희정, 나동석(2013). 청소년 자녀가 지각한 부부갈등이 또래관계에 미치는 영향-우울의 매개효과-. **청소년시설환경, 11**(3), 39-49.

오인경, 최정임(2005). **교육프로그램 개발방법론**. 학지사.

우영국(2020). 후천적 뇌병변 장애인의 일상생활 수행능력이 자립생활에 미치는 영향. 전주대학교 일반대학원 석사학위논문.

유동철(2007). **장애와 차별**. 한국학술정보(주).

윤관식(2007). **교육과정개발과 평가**. 학지사.

윤인호(2020). 역사 인물 탐구 온라인 수업 프로그램 개발 및 적용. 서울교육대학교 교육전문대학원 석사학위논문.

윤중오(2013). 청각장애인의 직업훈련 목표별 교수-학습 모형 개발. 단국대학교 대학원 박사학위논문.

윤태호, 정백근, 신용일, 유동철, 김수연, 한준희, 최민혁(2016). 장애인 보건의료센터를 이용한 장애인 건강보건관리 전달체계 구축 연구. 보건복지부.

이경아(2005). 원격교육 발달과정 연구. 단국대학교 대학원 석사학위논문.

이경준(2006). 장애인 자조모임의 발전과정 분석과 자립생활에의 실천적 함의. 한국사회복지학회 학술대회 자료집, 171-176.

이규식, 국미경, 김종현, 김수진, 유은정(2004). **청각장애아 교육**. 학지사.

이금지(2011). 발달장애학생을 위한 상황학습 기반 스마트 러닝 시스템의 개발. 서울교육대학교 교육대학원 석사학위논문.

이동석(2018). 장애인복지관의 평생교육사업의 성과와 영향요인. **장애인복지연구**, **9**(2), 1-29.

이미나, 이해주, 김진화(2009). **평생교육방법론**. 한국방송통신대학교 출판문화원.

이미정(2020). 유치원 원격수업 가능성 탐색을 위한 실행연구. 삼육대학교 대학원 석사학위논문.

이복실(2012). 거주시설 성인 지적장애인의 자기결정 요인연구. 성공회대학교.

이복희, 김차순, 박수진(2023). **평생교육방법론**. 양성원.

이복희, 유인숙(2023). **평생교육프로그램개발론**. 양성원.

이복희, 유인숙, 이소희, 장나리, 최세이(2024). **평생교육론**. 양성원.

이석진(2005). 한국 특수교육정책 발전과정에 관한 연구. 공주대학교 대학원 박사학위논문.

이성호(1999). **교수방법론**. 학지사.

이쌍철, 박상완(2017). 방송통신고등학교의 역할 재정립을 위한 교사와 학생의 요구 분석. **한국교육**, **44**(3), 33-63, 181-204.

이예지(2019). 농·어촌 및 도서 지역 원어민 원격화상 수업이 초등학생들의 학습 동기와 태도에 미치는 영향. 중앙대학교 교육대학원 석사학위논문.

이용주(2012). **예비교사를 위한 특수아동교육의 이해**. 파란마음.

이윤희(2020). 원격수업 관련 초등학교 통합학급 교사의 경험. 서울교육대학교 교육전문대학원 석사학위논문.

이은주(2023). 초등 통합학급 운영을 위한 교사 자질 및 통합학급 운영의 어려움. **학교와 수업**

**연구, 8**(1), 1-27.
이해주(2010). **평생교육프로그램 개발**. 한국방송통신대학교 출판부.
이현숙(2013). 현장중심의 직업교육이 지적장애청소년의 직업 준비에 미치는 효과. 대구대학교 재활과학대학원 석사학위논문.
이현정(2006). 멘토링과 핵심인재의 직무몰입 및 조직몰입과의 관계. 고려대학교 대학원 석사학위논문.
이현정(2017). 사회참여미술에 기초한 지역연계 프로그램 개발 및 효과 분석. 한양대학교 대학원 석사학위논문.
이현철, 주동범, 김광석, 이원석(2020). 지역사회 협력적 교육거버넌스 구축을 위한 모델 개발. **한국자치행정학보, 34**(4), 115-132.
이호진(2024). 자기결정에 기반한 요리활동 자조모임의 효과성 연구. 한신대학교 대학원 석사학위논문.
이화정, 양병찬, 변종임(2003). **평생교육 프로그램 개발의 실제**. 학지사.
임경옥, 박경화, 조현정(2019). **특수교육학개론**. 학지사.
장영경(2020). 지역사회 협력기반 특수학교 방과후학교의 활성화 방안 연구: 경기도 지적장애 특수학교를 중심으로. 중부대학교 대학원 박사학위논문.
장영경, 조흥순(2020). 지역사회 협력기반 특수학교 방과후학교의 활성화 방안. **홀리스틱융합교육연구, 24**(4), 1-30.
전미현, 김영숙(2022). 발달장애인 맞춤형 신체매뉴얼 프로그램이 성인발달장애인의 지각-운동능력 향상에 미치는 영향. **발달장애연구(KADD), 26**(3),215-240.
전정화(2020). 발달장애인 경제교육에 대한 부모와 장애인 복지시설종사자의 요구 분석. 숙명여자대학교 인적자원개발대학원 석사학위논문.
전제상, 윤지희(2022). 교원 전문성 개발을 위한 교원연수 경험적 일화 탐색. **지방교육경영, 25**(2), 1-30.
정동영, 김희규, 신영숙(2014). **특수학급 경영론**. 학지사.
정동영, 정동일, 정인숙(2003). 장애인 평생교육 실태 및 개선 방안 연구. 국립특수교육원.
정미란, 이재준(2024). 평생교육 연계협력 사업의 평가준거 개발연구. **지방교육경영, 27**(3), 111-130
정승원(2024). 코로나 시기와 이후의 장애인 고등교육에 관한 질적사례연구. 연세대학교 대학원 석사학위논문.
정연수, 김재익, 이정주, 정중규(2019). **장애이해와 재활**. 정민사.

정영식, 서정희(2020). 비대면 시대의 원격수업 방향. 한국교육학술정보원.

정인숙, 김현진, 김형일, 정동영, 정희섭(2005). 장애인 평생교육 실태 및 개선방안연구. 국립특수교육원

조보원, 최윤희(2011). 언어적 자기지시전략을 활용한 물건사기훈련이 지적장애 초등학생의 구매관련행동에 미치는 영향. **특수교육, 10**(1), 23-45.

조은영, 정연수(2023). 장애인평생학습도시 사업 운영 현황 분석. **재활복지, 27**(2), 107-132. 10.16884/JRR.2023.27.2.107.

조인수, 유정희(2006). 정신지체아와 신체장애아 부모의 스트레스와 가족기능의 수준 비교. **한국지적장애교육학회, 8**(1), 35-56.

조재규(2023). 장애인 평생교육 관련 질적연구 동향 분석. **발달장애연구, 27**(3), 341-362.

조창빈(2018). 경기도거주 성인 지적장애인의 평생교육 참여 실태 분석. **장애인평생 교육복지연구, 4**(2), 29-48.

조창빈, 김두영, 류재연(2019). 일반 장애인 평생교육기관 간 연계체제 구축현황 및 방해요인 분석. **평생학습사회, 15**(1), 79-104.

조창빈, 김두영, 이상진(2018). 장애성인의 평생교육 참여 실태 및 요구 분석: 장애인복지관 이용자를 중심으로. **특수교육재활과학연구, 57**(1), 195-217.

소창빈, 장철승, 김두영(2023). 지역사회 기반 장애인 평생학습도시 실행과제 도출 연구. **특수교육연구, 30**(1), 1-29.

차현진, 손지영(2019). 보편적 학습설계를 적용한 장애학생 디지털교과서 제작 지침 개발 연구. **컴퓨터교육학회 논문지**, 51-66.

채정화(2021). 코로나19 상황에서 특수교사의 원격수업 운영 실태 및 인식에 관한 연구. 조선대학교 교육대학원 석사학위논문.

최복천, 이미정, 윤은호, 조윤경, 백정연, 장지용(2013). 발달장애인 자조집단 지원 매뉴얼. 한국장애인개발원・중앙장애아동발달장애인지원센터.

최선영(2017). 성인발달장애인 보호자의 사녀 미래 순비에 대한 경험 연구. 백석대학교 보건복지대학원 석사학위논문.

최운실, 송성숙, 박수정(2017). **평생교육방법론**. 양서원.

최진혁, 박재국, 고혜정, 김은라, 이미숙, 조영희, 표운희, 이선민, 장지현(2024). 특수교육 및 통합교육 지원 성과와 향후 과제 연구. 국립특수교육원.

한국교육학술정보원(2020a). 원격교육 수업 실행 방안. 연구보고.

한국장애인개발원(2014b). 2014 발달장애인 바리스타 일자리 직무매뉴얼.

한국지능정보사회진흥원(2020). 웹 접근성 실태조사.

한영실(2015). 수학영재프로그램을 적용한 중학교 수학동아리활동 후 수학적 자기효능감, 흥미도 및 태도의 변화 연구. 고려대학교 대학원 석사학위논문.

홍창호, 임종태(2004). 양방향 맞춤형 방송 단말기의 설계 및 구현. **방송공학회논문지**, 9(4), 283-296.

황 산(2001). 사회복지관의 청소년 동아리에 관한 연구. 단국대학교 대학원 석사학위논문.

Adams, R.(2007). **임파워먼트와 사회복지실천**. 최명민 역. 나남. (원전: *Social Work and Empowerment*, 2003).

American Psychiatric Association(2013). *Diagnostic and statistical manual of mental disorders* (5th ed.). Washington, DC: Author.

Anglin, G., & Morrison, G.(2000) An analysis of distance education research: Implications for the field. *Quarterly Review of Distance Education, 1*(3), 189-194.

Bandura, A.(1977). *Social Learning Theory*. Englewood Cliffs, NJ: Prentice Hall.

Belanger, F., & Jordan, D. H.(Ed.).(1999). *Evaluation and Implementation of Distance Learning: Technologies, Tools and Techniques*. IGI Global.

Berge, Z. L.(1999). Interaction in Post-Secondary Web-Based Learning. *Educational Technology, 39*(1), 5-11.

Boone, E. J.(1985). *Developing Programs in Adult Education*. Prentice-Hall

Brolin, D. E.(1992). *Life centered career education: Overview of the lcce curriculum*. Reston, VA: The Council for Exceptional Children.

Candy, P. C.(1991). *Self-direction for lifelong learning*. San Francisco, CA: Jossey-Bass.

CASCADE PBS(2023). 베니스 부하인.

Chambers, C. R., & Childre, A. L.(2005). Fostering family-professional collaboration.

Darling, R. B.(2013). *Disability and identity: Negotiating self in a changing society*. CO: Lynne Rienner Publishers.

Dave, R. H.(1976). *Foundation of LIfe-Long education*. Oxford: Pergamon Press.

Dewey, J.(2019). *Experience & education*. NY: A Touchstone Book.

Elias, J. L., & Merriam, S. B.(1980). *Philosophical Foundations of Adult Education*.

Glaser, R.(1962). Instructional technology and the measurement of learning outcomes. *American Psychologist, 17*(9), 519-521.

Goode, J.(2007). 'Managing' disability: Early experiences of university students with disabilities. *Disability and Society, 22*(1), 35-48.

Hanson, D., Maushak, N., Schlosser, C., Anderson, M., & Sorensen, M.(1997). *Distance education: Review of the literature*(2nd ed.). Washington, DC: Association for Educational Communications and Technology.

Herrington, C.(2011). *Family, school and community partnerships*. The Florida State University. The Global Human Resources Forum.

Jarvis, P.(1972). *Adult Education and Lifelong Learning: Theory and Practice.* London: Routledge.

Katz, A. H., & Bender, E. I.(1976). *The strength in us: Self-help groups in the mordern world.* NY: New Viewpoints.

Keegan, D.(1986). *The foundations of distance education*. London: Croom Helm.

Kim, D. Y., & Ko, D. Y.(2016). The parents' perception on the importance by area of lifelong education programs for people with developmental disabilities. *Journal of Special Education, 23*(2), 241-258.

Kirkpatrick, D. L.(1975). *Evaluating Training Programs*. Madison, WI: ASTD

Kolb, D. A.(2015). *Experiential Learning: Experience As The Source Of Learning And Development*. NJ: Pearson Education Inc.

Kowalski, T.(1988). *The organization and planning of adult education*. Albany: State University of New York Press.

Lengrand, P.(1970). *Introduction to Lifelong Education*. Paris: UNESCO.

Lindeman, E. C.(1926). *The Meaning of Adult Education.* New York: New Republic.

Paramenter, T. R., & Thompson, J. R.(2017). 4. Trends and Issues in Intellectual and Developmental Disabilities. MichaelL, Wehmeyer ... [et al.], *A comprehensive guide to intellectual and developmental disabilities*. Brookes Publishing, 47-61.

Park, H. R. et al.(2014). *2014 A national-wide survey on special education*. Asan: NISE (National Institute of Special Education).

Prince, D., & Jenkins, D.(2005). Building pathways to succes for low-skill adult students: Lessons for community college policy and practic from a statewide longitudinal tracking study. *Community Collage Research Center 25*, 1-4.

Stock, A.(1996). Lifelong learning: Thirty years of educational change. In Raggatt, P., Edwards, R. & Small, N.(1999). *The learning society: Challenges and trends, Adult learners, education and training 2*. London: ROUTLEDGE.

Thorndike, E. L.(1913). *Educational Psychology: The Original Nature of Man*(Vol. 1). Teachers College.

Keyhe, J., & Keyhe, C. (2005). Supporting families through person-centered IEP meetings: The true direction model. *Young Exceptional Children, 8*(2), 20-29.

Tomlinson, P.(1995). *Understanding mentoring*. Buckingham: Open University Press.

UN CRPD(2006). *United Nations Convention on the Rights of Persons with Disabilities*. United Nations.

UNESCO(1994). *The Salamanca Statement and Framework for Action on Special Needs Education*. UNESCO.

UNESCO(2015). *Education 2030: Incheon Declaration and Framework for Action*.

UNESCO(2015). Education for All 2000-2015: Achievements and challenges; *EFA global monitoring report, 2015*. UNESCO.

UNESCO(2020). *Global Education Monitoring Report 2020: Inclusion and Education*.

UNESCO(2025). *Global Education Monitoring Report*. https://education-profiles.org.

United Nations(2015). *Transforming our world: the 2030 Agenda for Sustainable Development*. United Nations.

United States Congress(1990). *Developmental Disabilities Assistance and Bill of Rights Act of 1990 (PL 98-527)*. https://www.congress.gov

Vandenbroeck, M., Roets, G., & Roose, R.(2012). Why the evidence-based paradigm in early childhood education and care is anything but evident. *European Early Childhood Education Research Journal, 20*(4), 537-552.

Wain, K.(2001). *Lifelong learning: Small adjustment or paradigm shift?*, in Aspin, www.slideshare.net(포용적 교육에 관한 정책 지침, 유네스코 2009).

강혜인(2019). [2019년 결산] 2019년 한 해, 장애운동계에서는 어떤 일이?. 비마이너. https://www.beminor.com/news/articleView.html?idxno=14186&utm_source=chatgpt.com

교육부(2018). 제4차 평생교육 진흥 기본계획 2018-2022.

교육부(2019). 2020 평생교육백서. https://www.nile.or.kr/usr/wap/list.do?app=11407

교육부(2020). 장애인 평생교육 활성화 방안('20~'22)」. https://blog.naver.com/coretalent21/222114360472

교육부(2020). 장애인 평생교육 활성화 방안(2020-2022). 정책 보도자료.

교육부(2022). 제6차 특수교육 발전5개년 계획(2023~2027). https://if-blog.tistory.com/13832?utm_source=chatgpt.com

교육부(2023). 2023 특수교육 연차보고서.

국가법령정보센터(2025). 장애인 등에 대한 특수교육법, 평생교육법, 장애인차별금지법.

국가장애인평생교육진흥센터. https://www.nise.go.kr

국가평생교육진흥원 (2023). 평생교육백서.

국가평생교육진흥원(2019). 장애인 평생교육 발전 방향 연구. NILE.

국립국어원(2022). 우리말샘. https://opendict.korean.go.kr

국립서울맹학교 https://bl.sen.sc.kr

국립특수교육원 홈페이지. https://www.nise.go.kr

국립특수교육원(2009). 특수교육 용어사전. 국립특수교육원.

국립특수교육원(2009). 현장특수교육_제16권 2호 2009년 여름 이야기.

국립특수교육원(2018). 장애학생 진로·직업교육 및 평생교육 지원체제 구축.

국립특수교육원(2023). 장애인 등에 대한 특수교육법. https://www.nise.go.kr/field/page/vol122/post10.html?utm_source=chatgpt.com

국립특수교육원(2024). 국가장애인평생교육진흥센터 소개.

국립특수교육원. 교육 및 통합교육 지원 성과와 향후 과제 연구.

국회입법조사처(2022). 장애인 평생교육 현황과 개선과제. https://www.nars.go.kr/report/view.do?brdSeq=39087&cmsCode=CM0043&utm_source=chatgpt.com

김군수(2025). 김하수 군수'평생교육 벤치마킹.. 세계 최초 평생학습도시日, 가케가와시' 방문. 웹플러스뉴스미디어. http://www.webplusnews.kr

김형록(2024). 예산과 지출의 청렴. 헤드라인 제주. https://www.headlinejeju.co.kr/news/articleView.html?idxno=539917

대한민국법령정보센터(2024). 장애인복지법. 국가법령정보센터. http://www.law.go.kr

동아일보(2019. 12. 13). 어디로 들어가는 건지 모르겠어요.

법제처(2023). 평생교육법. https://www.law.go.kr/LSW//lsInfoP.do?ancYnChk=0&chrClsCd=010202&efYd=20240517&lsiSeq=253401&urlMode=lsInfoP&utm_source=chatgpt.com#0000

보건복지부 누리집. 보도자료 https://www.mohw.go.kr

유네스코한국위원회(2022). 유네스코 글로벌 학습도시 네트워크 안내서. 정부간행물.

장호영(2008). 마을(도시)을 바꾸는 생애낙습 야시오시의 출장배달강좌. 인천투데이. https://www.incheontoday.com

전상현(2024). 전국평생학습도시협의회, 북유럽3개국 방문해 '평생학습 역량 강화' 해외연수 진행. 광명포스트. https://www.thegmpost.com/news/articleView.html?idxno=22565

충주시(2022). 장애인 평생학습도시 공모사업 2년 연속 선정. https://chungju.kpnnews.org/news/2406060000002051?utm_source=chatgpt.com

충주시(2025). 충주시, '찾아가는 장애인 평생학습 사랑방' 운영. https://chungju.kpnnews.org/news/2503210000000039?utm_source=chatgpt.com

한국장애인개발원(2014). 꿈앤카페 바리스타 매뉴얼.

한국장애인개발원(2018). 발달장애인을 위한 쉬운 바리스타 업무 매뉴얼. 나도 바리스타!.

한국장애인개발원(2019. 12. 23). 보도자료.

한국장애인고용공단 홈페이지. www.kead.or.kr

CASCADE PBS. (2023). 베니스 부하인.

hhkhcc(n.d.). 보청기 작동원리. 네이버 블로그. https://blog.naver.com/hhkhcc/220876342167

https://life.asan.go.kr/index.do?menu_id=00005406

https://www.jnilbo.com/ 2023. 11. 26. 교육의 창·하정호〉 내 맘 속의 분리장벽.

https://www.law.go.kr/LSW//lsInfoP.do?ancYnChk=0&chrClsCd=010202&efYd=20240517&lsiSeq=253401&urlMode=lsInfoP&utm_source=chatgpt.com#0000

https://www.mext.go.jp

journal.kci.go.kr.

KDI경제정보센터(2019). 이거 얼마예요?

# 찾아보기

# 저자약력

## 이복희 (교육학 박사)

백석대학교 대학원 평생교육HRD전공 교수
백석대학교 평생교육HRD 연구소 소장
한국평생교육HRD학회 회장

[주요 저서]
평생교육론(2025), 평생교육 프로그램 개발론(2023),
평생교육방법론(2023), 대인관계(2020) 등

## 유인숙 (교육학 박사)

숭실대학교 교육대학원 겸임교수
수원시 신중년센터 센터장
한국평생교육HRD학회 학술부위원장

[주요 저서]
평생교육론(2025), 평생교육 프로그램 개발론(2023), 지혜의 나무(2013) 등

## 김정연 (교육학 박사)

백석문화대학교 외래교수
오산대학교 겸임교수
국제평생교육원 부원장
한국평생교육HRD학회 조직부위원장

[주요 저서]
인성과 리더십-강사들을 위한 교수법(2021) 등

## 변선옥 (교육학 박사)

송곡대학교 객원교수
런칭플랫폼협동조합 이사장
한국평생교육HRD학회 이사

[주요 저서]
늦어도 괜찮아, 성장하고 있으니까(2025) 등

# 장애인 평생교육

1판 1쇄 인쇄 2026년 1월 25일
1판 1쇄 발행 2026년 1월 30일

저　　자 | 이복희 유인숙 김정연 변선옥
발 행 인 | 박철용
발 행 처 | 양서원
주　　소 | 경기도 파주시 직지길 522
전　　화 | 031-955-8000(代)
팩　　스 | 031-955-8005
홈페이지 | www.yswpub.co.kr
이 메 일 | yswgroup@naver.com
출판등록 | 1987년 11월 24일 제406-2003 037호

ISBN 978-89-994-1632-3

정가 23,000원